世纪波
Century Wave

SELF DEVELOPMENT

How to Maximize Self-Value in Enterpreneurial Era

自我发展

个体时代如何释放自我价值

曾双喜　徐金菁　著

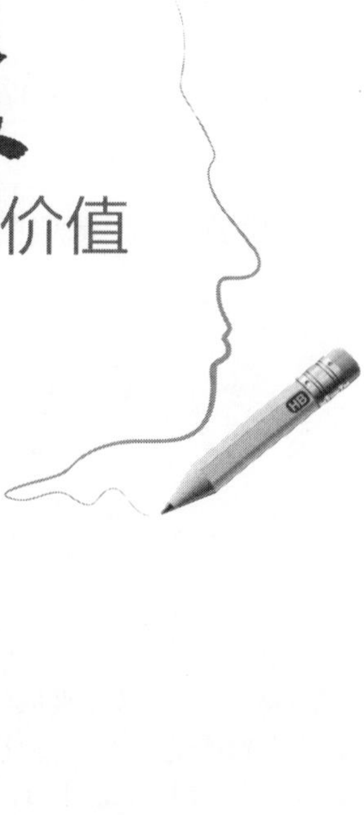

電子工業出版社

Publishing House of Electronics Industry

北京 · BEIJING

图书在版编目（CIP）数据

自我发展：个体时代如何释放自我价值 / 曾双喜，徐金菁著. —北京：电子工业出版社，2019.6

ISBN 978-7-121-35491-5

Ⅰ. ①自… Ⅱ. ①曾… ②徐… Ⅲ. ①人生哲学－通俗读物 Ⅳ. ①B821-49

中国版本图书馆 CIP 数据核字(2018)第 251342 号

责任编辑：吴亚芬
印　　刷：天津嘉恒印务有限公司
装　　订：天津嘉恒印务有限公司
出版发行：电子工业出版社
　　　　　北京市海淀区万寿路 173 信箱　　邮编 100036
开　　本：720×1000　1/16　印张：14.75　字数：248 千字
版　　次：2019 年 6 月第 1 版
印　　次：2019 年 6 月第 1 次印刷
定　　价：59.00 元

凡所购买电子工业出版社图书有缺损问题，请向购买书店调换。若书店售缺，请与本社发行部联系，联系及邮购电话：（010）88254888，88258888。

质量投诉请发邮件至 zlts@phei.com.cn，盗版侵权举报请发邮件至 dbqq@phei.com.cn。

本书咨询联系方式：（010）88254199，sjb@phei.com.cn。

本书的逻辑结构图（自我发展八步法）

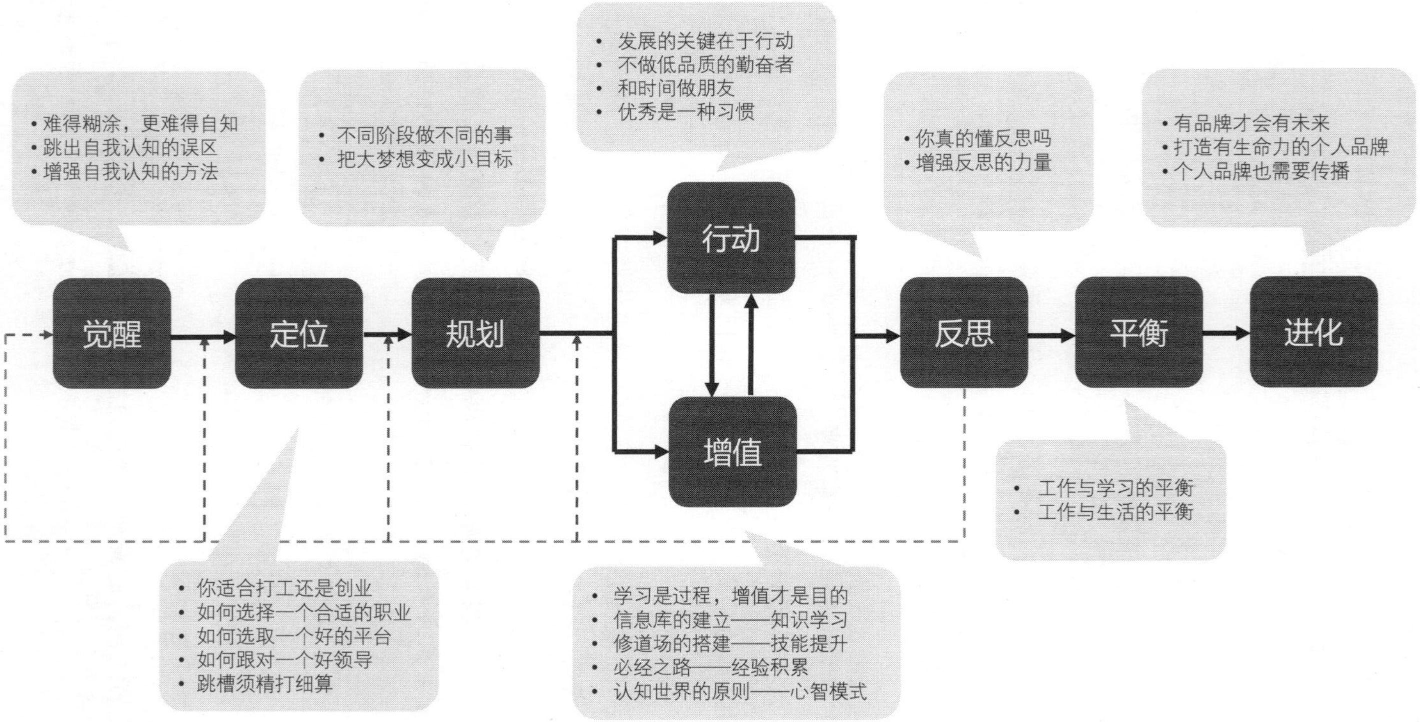

本书赞誉

第一次看到八步法模型时，其前半段架构诱发我头脑中浮现出王守仁“龙场悟道”的情形，可谓知行合一的现代版本；模型后半段，又使我联想起达利欧《原则》中的修正反思算法，有异曲同工之处。细读各章节后，愈加感到对于不同人生阶段中的职场人，如而立之年之前的组织新锐，独当一面、年富力强的企业中锋，或者刚过中年危机、静心再次放手一搏的中国独子时代的空巢人士，都会有很多启发。

2017 年有幸和双喜、金菁共事一年，今天拜读两人合著，又一次近距离向两位学习了个人成长的理念。在欣赏他们的专业积累之际，也提醒我延续思考着曾与两位共同探讨的“战略、组织、人”的问题，这本书新的视角、观点令我重新看待个体在组织和企业战略中的互动作用，从“本我”到“超我”，从“利己”到“利他”，从“经济人”到“社会人”，通过个体修为的改变，推动组织发展和企业战略演变等问题。这本书有诸多理论体系和实践方法，堪称佳作，特为推荐。

——孟凡宇（罗普斯金铝业股份有限公司副总经理、
埃森哲中国首批战略咨询顾问；曾任美世中国南方区总经理，
创办了本土知名咨询公司“远迅战略”，后赴美主持多个跨境并购咨询项目）

“我是谁？我从哪里来？我要到哪里去？”也许我们并不用时时刻刻思考柏拉图的哲学三问，但“我的（职业）发展目标是什么？我现在离它有多远？我如何达成这个目标？”是必须及早思考清楚的问题。这本书通过层层剥茧，循循善诱，带领读者一步一步抵达“发展三问”的终点，对大家熟知但未必真知的问题进行了有说服力的诠释，进而增强读者自我发展的定力。

——曹敬莉（《人力资源》杂志社原社长、研究员）

曾先生和徐女士学识渊博，游历广泛，在人才管理领域颇有见地，每与两位相谈，都觉受益匪浅。之前在人才管理上，更多地强调企业和组织在其中的作用，如今两位老师的新作，却揭示出这个时代的特点，即组织中的个人自我发展越来越重要，我相信这对于读者而言，更具有实际的指导意义。两位老师以严谨的治学态度、丰富的实操经验、平实的管理语言，阐述着人才自我发展的基本逻辑，正所谓“是真佛只话家常”，值得学习和领悟。

——陆箐（宗申产业集团人力资源总监）

相信很多人经历过职业发展的起伏，不少人为此感到困惑、沮丧。这本书不是尝试教人一步登天，走捷径通向成功；反之，这是一个探索、自我发现的旅程。在追求梦想与发展的路上磕磕碰碰，在不断的自我察觉又重新出发的岁月中打造个人品牌。重要的是，两位作者用心地一一揭示了许多误区，使用真实事例、分析工具，结合与时俱进的思维，生动地描绘出自我发展的蓝图，帮助读者发现释放自己价值的方法和途径。

——韩易勇（永旺华南商业有限公司原董事）

对于每个追求自我进步和卓越的人来说，在思想和行动上都要成为自己的首席执行官。这本书引领我们思考在人生长达50年的职业生涯中，如何掌握自我管理的技巧，如何清晰自我定位与规划、打造个人品牌和核心竞争力。两位作者结合多年的工作实践，将内容写得深入浅出，易于理解和接受，是我见过的最好、最全面的自我发展著作之一。

——袁清华（广东珠江投资管理集团生产运营中心副总监）

良好的职业生涯自我规划和发展无疑对每个人来说都是至关重要的大事，但是现实中不尽如人意的现象又非常普遍。两位作者精到地点出，选择一个细分领域，扎实形成自己的核心竞争力，逐步打造个人品牌和提升资源整合能力，这是自我发展的真正捷径。这本书通过丰富的理论、案例和非常接地气的职场生态描述，由浅入深地向读者阐释了这一深刻的自我发展方法论，的确是处于自我发展规划困惑中的人们的一盏指路明灯。

——唐鹤群（广州洋明投资有限公司总经理）

我们常常会听到一句话“选择比努力更重要”，企业选择了正确的行业、战略，意味着企业有更广阔的发展空间和更优质的发展环境，对一个人来说亦然如此。我们选择了正确的“人生战略”，就会帮助我们以更高的效能和效率获得我们想要的人生，而职业发展就是一个人的人生战略中非常重要的一部分。这本书实际上就是一本“职业生涯的选择之书”，通过两位作者多年的实战经验和总结思考，详细阐述了如何通过有效的职业发展方法，做出正确的职业抉择，确保在战略机会点上投入战略资源，从而在这个 VUCA 时代建立稳定、强大、不依赖组织的个人优势和品牌。欲解此中真意，诸君可细细品来。

——刘东畅（阿里巴巴组织发展专家，华为人才管理前 COE 专家，前沿管理研究者，多个著名人力资源专业类杂志、公众号的特约作者；拥有自媒体“畅想者”）

从事人才发展 15 年，经常在思考一个问题：发展员工到底是谁的责任？是 HR 的？还是直线经理的？发展员工的第一责任人是员工自己，因为我们掌控我们自己的职业生涯，这个不能代理。

这本书对于自我发展总结出了一个最佳实践模式，人如企业，要发展之前首先要定位好自己，如同制定企业战略，找到自己的细分市场；市场又是动态的，在实践时需要不断调整和修正自己，如同互联网的产品需要不断迭代，最终进化到自己内心渴望的境界。

阅读始终是发展自我的一种非常不错的手段，人生不会有白读的书，哪怕我们用批判的思维阅读完都会有收获，相信这本书能够为大家的自我发展带来更多的启发和帮助。

——章森（SMG 集团东方明珠新媒体股份有限公司原人才发展总监；拥有自媒体“章法森言”）

你如果不重视自己的成长，那还有谁会为之负责？成功学和心灵鸡汤不会给你的成长带来直接的帮助，你需要的是经过系统梳理的易学易用的方法论。这本书融理念、案例、方法和工具于一身，系统性强，通俗易懂，值得借鉴。但需要提醒你的是仅靠读书不会带来改变，你需要的是读书后的行动！

——张立志（《培训进化论：从培训专家到学习设计师》的作者；擅长学习设计与内训师培养，拥有自媒体“培训每日谈”）

老王从事十余年的猎头工作，也经常给众多的求职者提供职业规划辅导。和这本书的观点一样，老王认为要取得职场上的成功、要获得能力的进步，必须要对自身能力优劣势有清晰的自我认知，并且能够洞察到外部的变化，做好自身的准确定位，千万不要读了一些心灵鸡汤的文章就头脑发热，进入自己不适合的领域，否则就很难摆脱职业焦虑和迷茫。在此，老王向你强烈推荐这本书，这本书方法论清晰、逻辑严密、案例翔实，能为你的职业发展指点迷津，是一本值得一读的好书。

——王付有（猎头老王、薪职网创始人兼 CEO、“猎头老王”自媒体主理人、猎头行业知名 IP）

从自我发展的角度去看职场、看人生，一切都将豁然开朗。在近距离接触各行业精英人士之后，将理论与实际工作、生活结合起来，此时，自我发展并不是一个枯燥、学究的话题。在自我发展八步法引导下的成长，是一个逐步深入、科学严谨的过程，用自我发展八步法指导职业生涯规划，是切实可行的。将两位作者精心总结的方法论，用于团队培养、自我提点、朋友劝诫等，均能得心应手、颇有成效。

——叶彬（“新九段 HR”系列文章作者、知名人力资源专家；拥有自媒体“BingoYe 叶彬”）

无论是在学业上还是职场的道路上，路途遥远，难免会觉得无从下手或力不从心，但只要你抱有提升自身能力和价值的想法，就可以在这本书中找到自己的影子，并获得相应的指导。通过书中生动真实的案例、系统客观的思想、易付诸实践的方法，相信只要假以时日，读者会有所裨益。

——杜宇（宾夕法尼亚大学医学院博士后）

不少人或许在初入职场时，都曾有个理想榜样，但往往经历了现实中的一次次受挫方才醒悟，看起来通畅的职场康庄大道上处处都有壁垒。作为人才测评与发展的咨询顾问，两位作者通过对工作中积累的丰富的职场发展路径的深入分析，系统性地打造了自我发展八步法，使得这本书不仅为职场发展提供了可操作的指南，更是探索个人的自我实现之路的一盏明灯。

——Ice（阿里巴巴集团天猫国际运营专家）

这是一个全新的时代，一个开放的时代，一个百花齐放的时代。有初中没毕业的人成为上市公司老板，有北大毕业生跑去卖猪肉，还有外企白领转身去养鸡；有人从技师、工程师、经理、总监一直干到 CTO（首席技术官），也有人从技术转到质量、质量转到采购、采购转到销售，最后做到了 CEO。这是好事，个人发展不再局限于一条直线，但也会造成困惑，身在职场的我，究竟是应该一条路走到黑，还是半路掉头寻找自己的真爱？这本书，恰如航行中的明灯，给你指明方向，告诉你何时加速、何时刹车、何时转弯，能让你尽情释放自我价值。

——吴明清（GE 家电全球合规经理）

本人曾经有幸与本书作者之一曾双喜同在一知名民企共事 4 年，风趣幽默是他的特点，才子是他的标签。对传统文化深有研究，兼具时代的气息，具有丰富多彩的职场经历，体现在他的作品上，则是展示生活与行业研究的经验总结和探索，没有心灵鸡汤的浸润和说教，没有空洞的大道理，而是娓娓道来如何打造个体品牌和实现个体价值的实操方法，为你的职场指点迷津。在越来越开放、自由、快节奏的现代社会，这本书不愧为个人职场的行动指南，你值得拥有。

——陈华（中广核集团台山核电合营有限公司合同管理主任）

“拉力优于推力”，拉力是一种自发的力量，它比外部的推力更有效。当你没有先天的力量时，真正厉害的人，基本上都是自我发展起来的。那么，如何自我发展？当你没有找到成功路径前，也许这本书会给你启迪。在企业工作了近 10 年，经历过形形色色的人，见证过许多人的成长与成功，对关键因素的总结，竟能在这本书中悉数找到。这本书整合了许多人的好习惯、好做法，加以理论支持，其中所述内容不分年龄和职位，所有人均适用。

——栾永宁（万科集团南方区域人力资源合伙人）

个体价值崛起时代，如何最大化地释放自我价值，是很多人迫切需要解决的问题，而这本书给出了极具价值的行为指引。自我发展八步法，每一步都兼顾个体需求与价值展现的复杂性、多样性，引入实用方法帮我们找到适合自己的价值释放路径，真正为个体赋能。轻松、有趣、接地气的写作风格，让我开心畅读、收获满满。

——许华（海尔集团人力资源规划经理）

作为一名“斜杠青年”，我的本职工作在金融业，副业在音乐文学领域。我曾经因为没有做好自我认知，没能定位好自己的方向，导致出现多头不靠岸的尴尬局面。这本书能对我的职业发展进行系统化的指导，帮助我进行自我认知，定位好人生发展方向，找到自己的差异化竞争优势，使我在前进的路上拨开云雾，重寻生命光亮。

**——杨帆（平安银行广州分行政府金融部总经理助理；
藏歌作词人，艺名“藏情者”，代表作有《高原一夜》
《梦在草原》《心约青海湖》《光芒》等）**

推荐序

做自己的首席执行官

随着人类进入移动互联时代，不久的将来还将迎来人工智能时代，个体的力量越来越强大，自我价值逐渐崛起。这给人们的价值观带来了巨大的变化，反映在职业发展中则形成两种极端倾向。

一种是保守僵化型，将个人的发展寄希望于组织，期望组织能为自身的发展提供各种资源和帮助，自己则不做任何努力。

另一种是焦虑浮躁型，希望能找到成功的捷径，一步登天，快速获得回报，不愿进行一点一滴的积累。

这两种做法无疑都是错误的，很难获得真正意义上的持续成功。

我在《战略罗盘》一书中提出：战略是一场旅行，其实人的一生也是一场旅行，都需要回答 3 个问题，即我在哪里？我要去哪里？怎么去？

如果说，管理的起点是员工、投资的起点是股东、战略的起点是客户，那么自我发展的起点就是自我认知。这是这本书的两位作者提出的观点，这同样符合古希腊哲学家亚里士多德提出的第一性原理。

就像企业不能外包自己的战略思维一样，个体的自我发展也不能依赖别人。

马云曾说，任何团队的核心骨干，都必须学会在没有鼓励、没有认可、没有帮助、没有理解、没有宽容、没有退路，只有压力的情况下，一起和团队获得胜利。马老师的这段话，同样强调了自我发展的重要性。

其实，在工作中你收获多少、有多少发展空间、未来会怎样，公司和领导的影响最多只有 30%，而超过 70%的决定因素在于你自己。多想想自己那 70%，少抱怨那 30%！这在心理学里面称为“内归因”。

就像在《成事在人》这部电影中，曼德拉反复诵读的一句诗歌：

我，是我命运的主宰，

我，是我灵魂的统帅。

曼德拉喜欢的诗，和德鲁克所说的话是一个意思："每个人都要成为自己的首席执行官。"这就是这本书提出的观点：在个体时代，对成长担负最大责任的不是组织，而是个人。

习近平总书记指出："好干部不会自然而然产生，必须经过严格的教育。成长为一个好干部，一靠自身努力，二靠组织培养。"这充分说明，自我发展是个体时代的主旋律。

这本书的两位作者曾双喜和徐金菁都是凯洛格的同事，一位是咨询合伙人，另一位是高级咨询顾问，曾为众多的行业标杆企业提供人才管理咨询服务。他们基于多年的人才测评与人才发展实战经验，将人的职业发展提炼为"觉醒、定位、规划、行动、增值、反思、平衡、进化"八步法，创作了《自我发展》这本书。这本书不打鸡血、不灌鸡汤、不"贩卖"焦虑，非常具有实操性，堪称佳作。

成立14年以来，凯洛格咨询集团业务不断发展，我们按照"战略引领、人才驱动"的原则来逐步完善自身的业务结构，致力于打通"战略·组织·人"，帮助客户保持战略领先和人才驱动，创建价值型增长。自我发展是人才发展当中非常重要的一个方面，因此，这本书的出版丰富了凯洛格一体化人才管理的内涵，是对学习发展的进一步深入研究，也是凯洛格"专业主义"价值观的体现。同时，书中呈现了诸多的实操方法和大量的鲜活案例，这种毫无保留的干货式分享，也体现了凯洛格"赋能于人"的使命。

在个体时代，如果你想获得能力提升与职业发展上的成功，《自我发展》是一本难得的好书，值得一读。

王成

凯洛格咨询集团、华成战略集团董事长

华为全球学习委员会专家委员

柳工股份等企业独立董事

2008年"中国十大创业新锐"

国内知名战略专家与人才管理专家

著有《战略罗盘》《全面客户体验》《从培养到学习》等畅销书籍

序　言

成功有方法，发展有路径

自我发展的困境

我和金菁从事人才管理咨询工作多年，发现许多人在职业发展上或多或少会遇到一些困惑。以下是几个典型案例。

（1）小丁是一名刚毕业的大学生，他满怀梦想和激情地加入了一家公司。入职后，他发现理想很“丰满”，现实很“骨感”，因为自己在学校学到的很多知识根本就派不上用场，原以为很高大上的职业却是每天都做琐碎的事务性工作。他对自己的未来比较迷茫，不知道自己应该朝什么方向发展、如何努力。

（2）大李工作快 7 年了，现在是一名主管。他很想获得职位上的晋升，当上 CEO，买房买车等，走上人生巅峰。他对目前的工作并不满意。一是，眼看着自己的很多同学已经是经理、总监了，他们的年薪高达几十万元，而他的工资却少得可怜；二是，当主管 3 年了，一直没有得到提拔。他为此非常苦恼，甚至不想参加同学聚会。

（3）陈生今年 35 岁，是一位部门经理。他很想提升自己的管理能力，因此报读了 MBA，考了不少职业资格证，经常参加各种论坛、沙龙，订购了一些网上的语音课程，关注了不少微信公众号。但很长时间过去了，他的能力并没有获得实质性的提升。他想是不是因为自己老了，学不进去东西了？

（4）大卫是某互联网公司的副总裁。他平时工作非常忙，应酬也多，经常加班、出差，但是家里有很多需要处理的琐事，小孩也需要人照顾，他常常无暇顾及，太太对此颇为不满，责怪他在家庭方面投入的时间太少。他经常感到力不从心：外部环境变化得太快，他要学的新东西太多，他很想给自己充一充电，却很难挤出时间。

（5）老邓已经42岁了，一直在工程师岗位上，天天跟机器和图纸打交道。时间长了，他开始产生职业倦怠感，感觉自己面对工作时缺乏激情和动力。他想换个工作，却不知道该从事什么工作，也害怕风险太大；不换工作，却总觉得再这样下去，自己也没什么出息。总之，原来的初心好像没有了。

（6）丽萨是一名职场精英。她本有自己的事业追求，工作也一直顺风顺水，但是休完产假后，她发现自己有点跟不上工作节奏了，同事笑话她“一孕傻三年”。自从有了孩子以后，她每天的大量时间都用在照顾家庭上，生活中的琐事扰乱了她原有的计划。在工作日的晚上，她拖着筋疲力尽的身体回到家，只想睡一个安稳的好觉。她觉得已经迷失了自我。

（7）郑总是一家创业公司的合伙人，技术出身；公司的另一位合伙人黄总是销售出身。前几年公司发展得非常好，但近两三年业绩一直没有取得突破。对此，郑总认为这是因销售方面出了问题而导致的，黄总认为这是因技术研发不足而导致的。此外，两人都认为出现此种情况和下属的执行力不够有关，员工却认为和两人的决策与战略失误有关。大家各持己见，问题一直没有得到解决，而公司效益越来越差了。郑总和黄总十分郁闷。

如果你从上述人物的身上看到了自己的影子，那么需要问自己以下10个问题。

（1）你是否了解自己的优劣势、性格特征和职业兴趣？

（2）你是否思考过5年以后的职业目标，并为此制定了具体规划？

（3）除了岗位职责规定的工作内容，你还承担了多少额外工作？

（4）你每周花在工作上的时间有多少？最晚加班到几点？一周内最少连续加班多少天？

（5）你对最擅长的一项工作技能持续投入了多少的练习时间？坚持了多少天？

（6）你最近一两年掌握了多少新知识和新技能？

（7）你每天下班后和周末都在忙什么事情？每周投入多少时间在自己的学习上？

（8）你每年看多少本书（技能类书籍，不包括文娱图书和期刊）？

（9）你一年用于买书、参加培训和其他学习活动的花费是多少？

（10）你是否定期对自己过去的工作进行总结反思？

我和金菁问过很多人以上 10 个问题，其中大部分人听了之后都觉得自己在自我发展的很多方面做得不够好。如果你觉得自己做得也不够好，那么你需要认真地阅读本书。

本书的定位

我和金菁在多年的人才管理咨询工作中，有幸近距离接触了各行各业的精英人士，他们当中有企业创始人、首席执行官、副总裁、总经理、部门总监、经理，也有技术专家和员工等，在工作中我们获得了丰富的、关于能力发展的一手资料。我们也阅读了大量国内外关于学习发展的书籍和文献，并且将自己的调查研究、实践经验和心得感悟总结出来，整理成书，希望对在职业发展上存在困惑的朋友们有所帮助。

本书围绕上述 10 个问题，从以下 6 个方面提供帮助。

（1）正确认识、觉察自我，明确自己的优劣势。

（2）掌控自己的职业方向，制定适合自己的职业发展规划。

（3）使自己的心智更成熟，使自己的信念更坚定，持之以恒。

（4）培养良好的综合素质，并且不断自我增值，让自己在社会上更有竞争力。

（5）拥有一项专长，并且持续自我升级，成为一个有能力的人。

（6）打造个人品牌，更好地实现自己的人生价值。

以上 6 方面的内容涵盖本书的 9 章内容。其中，第 1 章“探寻”、第 2 章“觉醒”、第 3 章“定位”、第 5 章“行动”、第 6 章“增值”是本书的核心章节。

同时，需要说明的是，本书不吹嘘、不打鸡血、不灌鸡汤、不宣扬成功学，也做不到无所不能。本书具有一定的局限性，具体如下。

（1）不研究天才的成长规律，不能使你成为天才。

（2）不教你成功的捷径和投机取巧的方法，不能使你一夜成名。

（3）不教你投资理财方法和生意经，不能让你一夜暴富。

（4）不教你吹牛经，不教你如何讨好上司与老板，不能让你立即晋升。

（5）不针对团队的学习与发展，只针对个体的自我学习与发展，不能让你掌握团队建设技巧。

（6）不针对官场、商场、情场，只针对职场，不能教你如何做生意和谈恋爱。

我和金菁也曾因并没有取得较大的个人成就而想放弃写作此书，但后来一位朋友的观点让我们打消了这个念头。他说在商学院里讲授经营管理课程的教授既没有做过很高的管理职位，也没有经营过很大的生意，却成为很多企业家、高管的老师。因此，我们并不需要自己发展得特别好才有资格和别人谈自我发展，而是要站在巨人的肩膀上思考自我发展，这样读者是能够接受的。此外，我们身上的草根性使我们的经验和方法更接地气，更具有借鉴意义。

作者的分工

本书由我和徐金菁共同创作，两人的大致分工如下。

（1）我负责本书大纲的撰写与总体框架的设计，负责序言、第 1 章“探寻”、第 3 章“定位”、第 4 章“规划”、第 5 章“行动”、第 8 章“平衡”、第 9 章“进化”的撰写，参与第 6 章“增值”的撰写，对全书内容进行总体指导与把关。

（2）徐金菁参与本书大纲的撰写与总体框架的设计，负责第 2 章“觉醒”、第 6 章“增值”、第 7 章“反思”和后记的撰写，参与第 8 章“平衡”的撰写。

（3）书中以下称“笔者”代指我和金菁两人，称“曾哥”则指我，称“金菁”则指徐金菁。

真诚的致谢

这是我的第 3 本书，与之前 2 本不同，这是我第一次与他人合作著书。基于不同的年龄、专业背景、思维方式和写作风格来共著一本书，对我来说是一种考验。在此，感谢本书的合著者金菁在本书创作过程中的坚忍执着与开放包容。

感谢与笔者合作过的广大客户，是他们让我们有机会接触不同层级、不同岗位上的人，近距离深入了解他们的优劣势和发展轨迹，为本书提供了丰富的一手素材。

感谢为本书撰写书评的各位朋友、同学、客户与合作伙伴，感谢他们对本书的认可和肯定，他们的赞誉给了我们莫大的鼓励。

感谢凯洛格咨询集团董事长王成先生在工作过程中给予的指导和支持，感谢公司各位同事对我们的工作给予的关心和帮助。

感谢在写作过程中，太太林榛给我的鼓励和支持。感谢我两个可爱的儿子曾楚为和曾楚涵给我带来的精神动力。

希望本书能对广大读者有所帮助。欢迎读者批评指正。

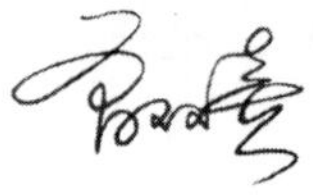

2018 年 3 月于羊城

目　录

SELF DEVELOPMENT

第1章

探 寻

1.1 自我价值的崛起

自拍成“疯”

> 互联网上流传着两张非常有意思的照片，分别是美国前总统候选人希拉里2008年和2016年进行电视辩论时现场观众的反应。
>
> 第1张摄于2008年的照片显示，观众们在面对希拉里时，争相用手机拍摄她。
>
> 而第2张摄于2016年的照片显示，新的一批观众见到希拉里时，全部背对着她，把她当背景来用手机自拍。在他们的镜头画面中，他们无一例外地关注自己，而希拉里从一个他们追求的对象，成为他们关注自己的背景与道具。

毫不夸张地说，自拍成“疯”，根本停不下来。

现在，无论你打开微博、QQ，还是微信“朋友圈”，看到的大多是自拍照。在旅游景点、餐馆、试衣间，乃至卫生间等地方，人们几乎可以随时“任性”地自拍。

曾哥的微信“朋友圈”里曾有一位朋友，他每天至少发5条朋友圈消息，而且他发的每条朋友圈消息都是9张同一个表情的自拍照。

与曾哥朋友的表现相比，俄罗斯人的表现才是真正地让人叹为观止：爬上高楼拽天线自拍，把头伸出车窗外自拍，跟狮子、老虎、豹子自拍……在自拍这件事上，俄罗斯人可称为“自拍界的战斗机”。

但与此同时，关于俄罗斯人的“自拍事故”发生数也在急剧飙升。2015年，3名俄罗斯公民在乌克兰边境自拍时，遭遇乌克兰边防警卫人员跨境开火，其中1人中弹。

此外，其他国家的自拍现象也很突出。一位美国人在自己失火的房子前自拍，但是在每张看似心酸的照片中的主角都笑得很自然，仿佛被烧的房子不是自己家的。瑞典两名少女甚至在去抢劫的前一刻用手机拍下自己头戴面罩、手持长刀的照片，没想到那些照片成了定罪铁证。日本一女子在车祸重伤后也不忘自拍，甚至凭着毅力用图片处理软件进行磨皮处理后才把照片发了出来。

自拍的不只有照片，还有短视频，其中最疯狂的属国内外各类极限运动员徒手攀爬各种高楼大厦的视频。2017 年 11 月，自称“中国国内极限高空挑战第一人”的网络直播博主“极限咏宁”在表演过程中失手坠楼身亡。

尽管如此，各种“丧心病狂”的自拍行为依旧在发生。据统计，世界上每年因自拍而发生的死亡事故数正在急剧增加。

自拍到底有什么魔力，以至于让人如此着迷?

从心理学的角度说，每个人在一定程度上都渴望被关注。被人无视的滋味并不好受，因此许多人时不时通过分享生活状态来刷存在感。这与小孩子做出一些出人意料的事情来让大人关注自己、青少年穿着奇装异服来吸引老师和同学的注意、老年人在儿女面前故意耍小脾气寻求关怀一样，并没有什么本质区别。印度心理咨询师尼基塔认为，自拍是人们自身的镜像延展的形式，人们更喜欢他们的自拍照而不是其他照片。印度心理咨询机构主任兼心理学家瓦桑塔认为，自拍导致印度意外死亡事故变多的首要原因是，现代人想要给他人展示他们拥有了无人企及或很少有人做到的某种成就。人们如此疯狂、冒着生命险地自拍，是因为他们试图展示“他们希望展现给世界的那一面”。

所以，博关注的素材不够，只能用自拍来凑。每天起床睡觉，一日三餐，随时随地都可以来张自拍。自拍还有一个功能——炫耀。你以为他只是晒一张自拍大头照，而发布者的潜台词是“我好美，我要你们都看到我的美”；你以为他只是晒一张开车的照片，而发布者的潜台词是“我的车好贵，我要你们都知道我买车了”；你以为他只是晒一张异国街拍，而发布者的潜台词是“我在国外旅行，我要你们都羡慕我在国外旅行”……

与纯文字相比，自拍照是一种更简单快捷的“集赞神器”，因为每个人都有本能的好奇心与窥私欲。当自拍者看到照片下面都是“赞”时，他们的自尊心得到极大的满足，这使他们坚持不懈地自动曝光他们的私生活。

在这些因素的共同作用下，自拍在社交网络上大有市场。

自拍成“疯”的背后，是**自我价值的崛起，象征着个体时代已经来临。**

自组织遍地开花

人们可能都看过下面这则笑话。

一男士相亲时，女方问："有房有车吗？"

"没有。"

"有存款吗？"

"也没有。"

"那你还相什么亲呀？"女方起身欲走。

"我就管理几百人而已。"

女方转身回来："你是干吗的？"

"我是群主！"

这则笑话说明，自组织已成为整个社会体系中一种最基本的、最常见的组织形态。如今，每个人或多或少加入了多个自组织的社群。

中国人民大学劳动人事学院彭剑锋教授把自组织的核心要素概括为：共创、共享、共治。共创，就是人人都是价值创造者，人人都可能变成价值创造的中心；共享，就是更强调利益共享，更强调构建利益共同体，包括资源信息的共享及利益的共享；共治，就是强调群体制度，强调由大家一起来制定规则，强调成员的参与及达成共识。

在自组织的形态下，会自然而然地出现去权威、去中心化。因此，自组织是分布式的、多中心的控制手段，人人都可能成为中心，人人都可能成为 CEO。

所以，自组织不是不要组织和领导，而是通过有效的制度，使每个人、每个事物都按照其本性运转，使其潜力、积极性得到最大限度的发挥，并使整个组织有序并充满活力。

正因如此，自组织具有传统组织无法比拟的优势，它是现代组织发展的趋势。任何人都可以随时随地成立一个网络化的自组织。自组织内的成员，相互之间素未谋面，甚至不知道对方的真实姓名，却因共同的爱好、主张或价值观，而相聚在一个虚拟的空间里，相互之间交流的时间甚至比与自己的家人、朋友、同事还要长。

人们可以随时随地退出任何一个自组织，不需要任何理由，不需要办理任何手续。就像徐志摩的《再别康桥》所提到的一样：悄悄的我走了，正如我悄悄的来；我挥一挥衣袖，不带走一片云彩。

这非常接近《罗辑思维》创始人罗振宇所说的“U 盘化生存”：自带信息，不装系统，随时插拔，自由协作。**在自组织下的人，将成为更加强大、更有独立性的个体，将获得更多的自由、平等和尊重。**

↗ 自媒体疯狂崛起

在过去的媒体时代，信息的垄断造成了话语权的垄断。现在随着互联网的发展，尤其是论坛、博客、微信、微博等社交平台的发展，每个人都成为自媒体的发言人。

“自媒体”一词最早于 2003 年产生于美国，英语为 we-media。

2000 年左右，博客开始进入中国。2008 年可能为博客全盛期，中国当时有 1 亿名博客用户。

微博是博客之后的又一个典型的自媒体平台，它比博客更加大众化，因此它的使用范围更广。2009 年，新浪推出新浪微博。新浪微博借助自身强大的媒体属性，迅速成为当时中国领先互联网平台之一。随着智能手机的推广，2011 年新浪微博达到其巅峰状态。即使它今日已经不复昔日之辉煌，它的月活跃用户人数仍有 3.92 亿。

2011 年，腾讯推出个人通信工具微信。微信由于具有更强的社交属性，深受用户喜欢，逐渐取代了微博的地位。2012 年，微信推出微信公众平台，随即引发大量机构和个人的入驻。从某种意义上讲，被微博击败的博客，在微信公众平台上得以重生。截至 2017 年年底，微信公众号的数量已经突破 2 000 万个，相当于每 70 个中国人拥有一个微信公众号；微信公众号的数量还在以每天 1.5 万个的速度增加。这些微信公众号中有大量的个人自媒体。

在微信推出微信公众平台后，今日头条、搜狐、百度、知乎也相继推出自己的公众平台。

自媒体崛起概括起来有两个原因。一个是在现有的传媒体制下，传统媒体在面对一些社会问题时可能错过了最佳时机或传播内容不够准确、全面和详细，导致人们的知情需求不能被及时满足。在这样的背景下，自媒体凭借自身方便快捷、人人皆可发声的特点，成为社会公共话语权表达的前台。

另一个是人们生来就有想要发出声音，使自己的声音为其他人听到、理解的欲望。自媒体的出现，使得全民表达成为可能。而且，自媒体使每个人拥有了属于自己的麦克风，可以使自己的声音为他人所听到。在自媒体传播网络中，传播者和受众的身份不再明确，传播和接收信息几乎可以同时完成，人们在瞬间就能进行角色转换。在自媒体中，每个人都是传播者，又都是受众。

自媒体的崛起代表，**个体的力量越来越强大。**

↗ 网络直播、短视频火了

在 2016 年的互联网行业中不得不提的一个现象就是，网络直播走进了人们的视野，以斗鱼、熊猫等领衔的网络直播平台频繁出现在各类新闻中，这种全新的网络平台已成为最火热的新媒体方式之一。各类 IT 巨头也都在相继推出自己的直播平台，有些视频平台直接将直播模块提上了首页，可见其重视程度了。

网络直播已经成为人们不能忽视的一股力量，并且迅速蔓延。那么，网络直播为什么这么火爆？它的火爆代表了什么？为什么会有这么多的直播平台崛起？为什么那么多的公司在它的软件中加入了直播模块？

直播平台的发展，满足了人类娱乐消遣的需求。人类接收信息的方式在不断改变，过去只能靠文字，后来是音频、视频，现在则有了直播这一实时性更强的方式。这个过程不断提升每个人的参与度。

全民娱乐的时代，每个人作为独特的个体，都有展现自己的机会。对于绝大部分人来说，上镜出名实在太难了。直播平台恰恰满足了人们渴望成名的需求。网络直播给予拥有话题性和炒作性的网络草根群体非常好的自我展示机会，他们中的很多人收获大量忠实粉丝，成为网络红人。

而直播软件使视频制作的门槛降低了，人人可以生成、传播视频内容，它代表着这样一种趋势：个人的影响力变现从单纯的秀场模式升级为“秀场+知识+社交”的方式。网络直播特别是移动直播的兴起，为个人影响力变现提供了最好的渠道。

网络直播的另一个重要特性就是具有社交功能。用户在观看主播直播时可以随时通过字幕和主播交流，主播也会根据用户的需求调整播出的内容。可以说，用户决定内容是网络直播被用户青睐的一个重要原因。当主播收到用户送的礼物时，软件会自动全屏通告，使得所有人知晓，从而引发更多的关注。

如今比网络直播更火热的是短视频。它将直播与微博的功能合而为一，更具平民性，便于主播做后期编辑，更有“作品感”。2017 年，短视频使用时长增长 360%，月活跃用户数超过 4 亿个。短视频鼓励年轻人轻松、自在地表达自我，由此诞生了大量创意舞蹈、美妆、生活趣闻、幽默搞笑等内容，并且深受用户欢迎。

网络直播与短视频的火爆同样说明**自我价值的崛起、个体时代的来临**。

↗ 个体时代悄然来临

马云曾于 1995 年预言：互联网将改变人类生活的方方面面。当时大部分人不信任互联网，也不觉得互联网将对人类有这么大的贡献。但是到了今天，随着互联网尤其是移动互联网的飞速发展，“互联网改变世界”已成了人们的共识，而随着人工智能、物联网的发展，这种改变只会越来越深刻。

笔者非常认同这个观点：互联网为中国带来的最大改变是价值观层面的变化。《时代的变换：互联网构建新世界》一书认为，互联网进化的基本逻辑就是“联结”累加的演进。从机器与机器的联结，到内容与内容的联结，再到人与人的关系联结……联结的扩大意味着互联网精神之一就是开放。当一切相互联结时，世界就只剩下两个人，一个“你”，一个“我”，“你”是世界的中心，而世界就是“我”。所以，“你”等于“我”，社会形成一个以“自我”为中心的发展取向，以“自我”为中心的心态催生了一个与以往截然不同的世界。

正因如此，稳固发展了 100 多年的组织结构正在发生剧烈的变化。人们发现，越来越多的组织变得更加扁平、去中心化，甚至变得无边界。换言之，组织似乎正慢慢地“消失”。在组织被信息技术的力量解构的同时，人们看到了个体力量的崛起。

陈春花教授认为，互联网正在凸显个体的能力，是时候重新思考组织与个体的关系了。在互联网出现之前，个体要实现个体目标，必须依附组织。个体如果不在一个组织里面，就很难获取资源。但是互联网出现之后，个体能力得到提升，组织要实现组织目标，必须依赖个体。如今的个体非常活跃，他们渴望自由，不愿意被限制在某个组织里面，同时希望自身的价值能够真正被衡量和承认。

未来这种自我逐渐被重视的价值观的演变会更加剧烈。过去，很多员工认为工作是生活的唯一目的，愿意努力工作而很少计较个人的需求，但是这样的员工已经越来越少。随着互联网和大数据等技术的普及，以及即将到来的人工智能技术的推广应用，更多员工成为知识型员工，他们的个体意识在组织形态中逐渐膨胀：他们的自我认知非常明确，对于工作、生活有着清晰的目标和追求。

戴维·尤里奇在《人力资源转型：为组织创造价值和达成成果》一书中指出，未来来自政府和行业的保障将逐渐减少，取而代之的是基于个人能力与努力而获得的自我保障。这与罗振宇所说的含义相同：**一切坚固的东西都将烟消云散，个体崛起的时代已经到来。**

自我发展是必然要求

在移动互联时代，信息量的激增和技术更新速度的加快暗示人们，希望通过学历教育就胜任工作岗位的想法已不现实。取得本科、研究生等高等学历的人分别在毕业后的 2~4 年的时间里，其所学的专业知识会过时；一个人如果一年不学习新知识，其储备的知识的折旧率为 80%。对于一个人一生所学的知识来说，在校求学阶段所获得的知识量不过是他一生所需的知识量的 10%，而另外 90%的知识都需要在以后的自学中不断获取。**因此，移动互联时代是终身学习的时代。**而李笑来认为成为“终身学习者”还不够，**要成为“终身成长者”。**

不仅如此，移动互联时代具有 VUCA[1]的特点。世界变化太快，唯一不变的只有变化本身。因此，对于个体来说，只有不断地自我升级、自我增值，才能适应时代的发展，才不会被时代所淘汰。

个人的发展主要依靠两方面，一是组织培养，二是自我发展。德鲁克在《非

1 VUCA 是 Volatility（易变性）、Uncertainty（不确定性），Complexity（复杂性）和 Ambiguity（模糊性）的缩写。——笔者注

营利性组织的管理》（珍藏版）一书中指出：对个体成长担负最大责任的不是组织而是个人。在个体时代，个人的发展最主要依靠个人的努力，即自我发展。组织培养虽然很重要，但它只起助推作用。真正成功的人，都是依靠自我发展成长起来的。据笔者多年的观察，那些把个人发展的希望完全寄托于组织培养的人，他们的发展后劲通常不足。

德鲁克还指出：今天的企业并不怎么管理员工的职业发展。实际上，知识型员工需要成为自己的 CEO。你应该知道何时改变自己的发展道路，并在可能长达 50 年的职业生涯中不断努力、干出实绩……真正重要的是自我发展。世上最荒谬的事情莫过于由企业一方扛下发展员工的责任，真正应该承担这个责任的是员工自己。没有任何企业有能力或有义务替代员工自我发展的努力。笔者认为，每个人，都是一家无限责任公司，没有人能对你的人生负责。

自我发展是个体时代的必然要求。

1.2 成功学是如何让人们失败的

以卡耐基为代表的一批成功学大师的作品曾经风靡于各大书店、音像店，泛滥于职场、培训课堂和网络论坛。但是人们慢慢地发现，所谓的成功学并没有使人们获得成功，相反使很多人更加失败了。因此，人们开始逐渐反对成功学。

易中天是最反对成功学的学者之一。马云也对成功学深恶痛绝，他说成功学听一两次可以，若听四五次，人就被荒废了。那么，成功学有哪些误区呢？

↗ 误区 1：成功与失败的二元论

一些成功学对于成功的定义采取粗暴的一刀切模式，认为成功就是住别墅、开豪车、穿名牌、出入高级会所等，反之，你就是失败者。

当一个社会丧失了多元化的价值观，只有“成功”和“失败”两种价值观存在，而且对于成功有一种评判标准时，这个社会就出现了问题。有人愿意积极向上、出人头地，这无可厚非，但也要允许一些人过没有多少追求的小日子。每个人的性格、成长经历各不相同，每个人对成功的理解也不尽相同。什么是成功，什么是失败，其实并不绝对。

↗ 误区 2：成功有捷径

一些成功学鼓吹“成功有捷径”，如“3 个月赚到 100 万元”等。如果你期望通过学几天成功学的课程、阅读几本成功学书籍，就可以“升职加薪、当上总经理、出任 CEO、走上人生巅峰”，那是有些困难的。

成功有捷径这种逻辑存在的最大问题是：将一个必要条件描述成充分条件，如“努力=成功”；或者将一个重要条件描述成必要条件，如“人生必看的几本书”。

虽然成功学近几年不如以前受欢迎，但是很多人开始迷恋“干货式学习”：干货即拿来即用、不需要对其进行任何批判的技巧、方法。“干货式学习”也是一种走捷径的方式，其迷惑性非常大。如果盲目照搬照抄别人分享的经验，可能是东施效颦，效果适得其反。

就像领教工坊创始人肖知兴所指出的，真正有价值的东西，其实不是“干货”，而是“湿货”，是在充分考虑了待分享经验的边界条件、背景条件和适用条件的基础上总结反思得到的东西。

↗ 误区 3：别人的成功是可以复制的

大多数成功学资料都不遗余力地鼓吹成功人士的“事迹”。这其实在暗示你成功人士的成功是可以复制的。但事实上，这种看法是非常荒谬的。

因为每个人的内在性格、知识结构、人生经历是不同的，每个人所处的外部环境（家庭、学校、社交圈子等）也是不同的。如果两个人出生于不同的时代，那么他们的时代背景也是有差异的，所以，你即使非常熟悉某个成功人士的事迹，依然无法复制他的成功。

前几年，互联网上流传的一个帖子指出，如果观察社会上那些成功的企业家，你会发现白手起家的人并不多。那些所谓的“能力以外的资本为零”的励志故事都只讲了部分事实：李嘉诚不会告诉你他的岳父兼舅舅是香港的钟表大王，巴菲特不会告诉你他父亲曾是美国国会财经部议员等。

由此可见，“草根”若想取得成功，需要付出比他们多 10 倍以上的努力。因为有些人与你并不在一个层面上竞争，可能你刚开始起跑，他们已经开车在半路上了。

↗ 误区 4：幸存者偏见

在《黑天鹅：如何应对不同预知的未来》一书中，纳西姆·塔勒布提到了一则有关希腊诗人迪亚戈拉斯的传闻。有人告诉迪亚戈拉斯，祷告能保佑水手免于溺亡。他却不理解为何有些水手做了祷告还是溺亡了。大家之所以认为祷告有保佑水手的效果，是因为那些幸存者都祷告过。但如果死去的水手也曾在遇难前祷告（这是很合理的假设），那就表示祷告完全没有用。如果每个水手都祷告，只有少数几人幸存，那么有没有祷告就无关紧要了。

这就是社会学家所说的"幸存者偏差"。塔勒布称那些没有活下来的人是"沉默的证据"，是人们看不到的结果。他们的缺席导致"某种行为有效"的错觉。行为学家的研究表明，人们极其擅长从现成的观察和经验当中学习，如流传的成功故事，却不太会注意没看到的事物，如众多隐秘的失败案例。

仅仅根据成功人士所做的分析，就会忽略了可能有许多人也运用相同的策略却仍然失败的事实。

↗ 误区 5：过于强调"精神"的作用

一些成功学宣扬只要目标和计划明确，就一定能达到目的。

两三年前的某个早上，曾哥在广州市天河区正佳广场附近见到一位中年男子站在马路中央的行人等候区，听着某成功学大师的录音，面对人群反复大声嚎叫："我是最棒的，我是最棒的！"路边的人都用异样的眼光看着他。

现实中有很多这样的人，只不过他们的行为没有他那么夸张而已。人们经常会夸大"精神"的作用，认为只要具备某种精神，就有了无穷之力，而往往忽略方法、策略的作用。例如，2016 年中国女排获得奥运冠军时，人们都认为那是"女排精神"的胜利，主教练郎平却说，其实中国女排的成功主要依靠的并不是什么精神。"女排精神"一直存在，为什么前两届奥运会没有赢？相对于"女排精神"，笔者认为取得胜利更关键的因素是郎平选人和用人的眼光、科学的训练方法、有效的团队分工和协作、灵活的战术打法等。“精神”也很重要，但笔者认为它是必要条件而不是充分条件。

误区 6：夸张、外化的表达方式

一些成功学还有一个显著的特点，就是倡导打破陌生人隔阂。在培训课程上，导师都会要求素不相识的学员相互拥抱、相互鼓励，以他们从来没有过的方式进行沟通。在课外，执着的电话问候、拜访、倾谈和换位理解，也成为一些成功学的标准手法。毫无疑问，习惯于中国传统沟通方式的人会被成功学所震撼，平常性格越内敛、越不善于沟通的人则越容易被夸张、外化的成功学表达方式所颠覆，他们会小心翼翼地尝试成功学宣扬的表达方式，甚至从中收获从未有过的精神快感。

知识付费是新成功学吗

近两年，知识付费特别火，很多人不再读书了，而是购买、使用各种知识付费产品。互联网上曾经流传下面一个段子。

> 刘刚早上一睁眼，立马抓起手机，打开“得到”，倾听 60 秒罗胖教导。在刷牙与吃早饭时，他打开“喜马拉雅”，完成 30 分钟的音频学习。然后，他出门上班。在地铁上，他点开“知乎 Live”，听了 3 个知名答主的经验分享。中午吃饭与午休的时间，他点开了“在行”，抓紧学习“如何成为写作高手”。下班路上，他打开“得到”，“在上面订阅了 5 个专栏。吃完饭，他上床后打开“直播”，听李笑来的“通往财富自由之路”。

如今人们陷入对成功的焦虑之中，而消除焦虑情绪，正是知识付费产品的核心卖点。因此，这些求知者鲜少对购买的知识进行分辨与求证，最后他们的脑海里留存的是知识的碎片而非认知。

笔者并不否定知识付费的价值。知识付费产品本身没有问题，关键在于购买者如何对待它。那种把获取知识简单化，并且不假思索地认为使用知识付费产品是爱学习的表现的人则是有问题的。许多人选择知识付费产品，并不是自己没有时间学习，而是不想主动学习，所以企图让别人用通俗易懂的方式将知识讲给他听。这相当于你不想吃饭，让别人嚼碎了饭后喂给你吃。但是孔子两千年前就说过“学而不思则罔，思而不学则殆”。自我提升的核心不在于人们接收了多少知识，而在于能在多大程度上通过思考把接收的知识转化为自己的认知。若缺乏思考，则对知识几乎没有驾驭能力。

1.3 心灵鸡汤为什么不灵了

经常使用微信的人应该知道朋友圈的“转发三宝”：养生、揭秘、心灵鸡汤。其中，心灵鸡汤最为所向披靡。

“心灵鸡汤”这个词源自 1993 年由杰克·坎菲尔德和马克·汉森共同出版、发行的“心灵鸡汤”系列图书，超过 200 种类别。这些书传入中国后，逐渐成为一种文体类型鸡汤文。《读者》《知音》等大众期刊是典型的鸡汤文荟萃，如今微博、QQ 空间、朋友圈等社交平台上也充斥着这种类型的文章。

总体而言，鸡汤文有一个共同特征：通过一个或几个故事得出一个人生感悟。它们的目的，是将情绪上的负能量转换为正能量，让你每天都活在正能量中。

↗ 止渴不解饿的鸡汤文

喜欢发鸡汤文的人的心理状态十分相似：因为情感、婚姻、事业、社会关系或学业等方面没有得偿所愿，而处于一种迷茫、伤感、脆弱、需要帮助的状态，对于现在力不从心，对于未来没有把握。

从本质上来看，鸡汤文属于励志心理学的一种。它在结构上先抑后扬，文中的主人公普遍遭遇情场、事业或家庭不幸，这容易让人产生共鸣。在巴纳姆效应[2]的协同作用下，人们会代入情感，继续阅读下去。而后，文中的主人公由于转变看待问题的视角或耐心等待，生活出现转机，人生变得美好。再加上鸡汤文的语

---

2 巴纳姆效应是 1948 年由心理学家伯特伦·福勒通过试验证明的一种心理学现象，以杂技师巴纳姆的名字命名，认为每个人都会很容易地认为一个笼统的、一般性的人格描述十分准确地揭示了自己的特点。

言温和、温暖、充满正能量，这足以给人们一个心理暗示，使人们相信自己的明天会一样的美好。因此，阅读完鸡汤文，就会产生情绪上的缓解作用。从这个角度来说，鸡汤文对于缓解情绪上的失落、纠结，还是有一定“止渴”作用的。但是，心灵鸡汤并不能从实质上解决问题，因为它在逻辑上存在以下几个致命缺陷。

↗ 致命缺陷 1：逻辑混乱，漏洞百出

先阅读一篇经典鸡汤文《渔夫与富翁》。

一个富翁在海边度假，见到一个垂钓的渔夫。

富翁说：“我告诉你如何成为富翁、享受生活的真谛吧。”

渔夫说：“我洗耳恭听。”

富翁说：“你需要先借钱买条船出海打鱼，赚了钱后再雇用几个帮手增加打得的鱼量，这样才能增加利润。”

“那之后呢？”渔夫问。

“之后你可以买条大船，打更多的鱼，赚更多的钱。”

“再之后呢？”

“再买几条船，成立一家捕捞公司，再投资一家水产品加工厂。”

“然后呢？”

“然后使公司上市，用股民投资的钱投资房地产。如此一来，你就会和我一样，成为亿万富翁。”

“成为亿万富翁之后呢？”渔夫好像对这一结果的认识不够深刻。

富翁思考后说：“成为亿万富翁，你就可以像我一样到海边度假，晒晒太阳，钓钓鱼，享受生活了。”

“噢，原来如此。”渔夫似有所悟，“那你不认为，我现在的生活就是你说的‘在海边度假，晒晒太阳，钓钓鱼，享受生活’吗？”

这篇文章可以说是鸡汤文中的典范。它从表面上看起来非常有道理，事实上，它的论点和证据都存在很大的逻辑漏洞。文章的作者的感悟是站在渔夫这个狭隘的角度得出的。如果你跳出作者思考问题的落脚点，站在富翁的角度来看这个问题，结论就完全不同。

富翁和渔夫虽然都在海边钓鱼，但两人的生活状态有很大的差异。对于富翁来说，他来海边度假是享受生活，今天他可以晒太阳，明天他可以骑马，后天可以吃红烧肉。关键在于他有选择自己生活的权利。但渔夫在海边钓鱼是为了生计，他每天重复着他的生活，没有选择自己的生活的权利。

所以，很多鸡汤文表面上看起来是正面的，实际上并不严谨、客观，它们选择一些对自己有利的角度来阐述问题，隐去了一些逻辑。读完鸡汤文，人们的问题不但没有解决，逻辑还变得更混乱。

致命缺陷 2：对问题避而不谈

以下是学术界的“鸡汤大师”于丹与一位大学生的一段对话。

一位大学生问于丹：“我和我的女朋友毕业后留在北京。我俩真没钱。我们买不起房子，就租了一间房子。我们的朋友挺多，他们经常请我们吃饭，后来我们不好意思去了，因为老吃人家的饭，我们却没钱请人家吃饭。我在北京真是一无所有，您说我现在该如何是好？”

于丹答：“第一，你有多少想要留京没有留下的同学？你留京了，你在北京有了一份正式的工作。第二，你有了一个能与你相濡以沫的女朋友。第三，那么多人请你吃饭说明你人缘挺好。你拥有这么多，凭什么说自己一无所有呢？”

大学生：“哎，您这么一分析，我突然间还挺高兴的。”

如果不加以思考，就会像这位大学生一样，满心欢喜地接受于丹的答案。事实上，她的回答看起来有理有据，但如果仔细思考，便会发现其中存在的问题。大学生的问题是买不起房和没钱请人吃饭。这些都是物质层面的一无所有，他寻求的是这个问题的解决方案。显然应该告诉这位大学生如何制定职业生涯规划、理财方案等，以解决他目前面临的财务困境。但是于丹巧妙地绕过他这个问题，回答的全部都是精神层面的东西。在这个问题上，这个大学生没有得到他想得到的答案，居然还觉得她回答得很好。这说明当一个人情绪失落时，更容易被人牵着鼻子走，而忘记自己最初想要的东西。他的问题依然没有解决，烦恼还在，也许当时他感觉茅塞顿开，但过一段时间后，又会感到苦恼。一个人如果在其职场中用这样的态度来对待每件事情，耽误的时间可能不止一两年，有可能是一辈子。

总体来说，鸡汤文貌似讲道理，其实是在人的情绪激发上下功夫，本质上没有什么含金量。鸡汤式学习往往忽视主要问题和主要矛盾，把公共层面的制度问题、行业层面的战略问题、企业层面的管理问题全部还原为个人努力和个人奋斗的问题。这点和成功学一样，强调唯心主义，对客观现实视而不见，鼓吹只要努力就能成功，一味地灌输所有的问题都是自己的问题，不能、不敢、不愿接受失败和负能量，肆意夸大、宣扬、扭曲正能量。

肖知兴认为，心灵鸡汤貌似有营养，其实大多都是鸡精勾兑的，不仅没营养，喝多了还有害……早上鸡汤泡饭，中午鸡汤就馒头，晚上鸡汤下面，顿顿鸡汤，不死也伤。

1.4 自我发展的新逻辑

人类对成功方法的探索

人类从来没有停止过对成功方法的探索，中国古代甚至把它上升到政治和哲学的高度，许多经典著作中有关于立德立功的内容。

《周易》提出的“天行健，君子以自强不息；地势坤，君子以厚德载物”，就是一种朴素的成功理念。

《礼记·大学》提出了“修身、齐家、治国、平天下”的观点，认为只有先修养自己的品性，再管理好家族和宗族，才能治理国家，使天下太平。

北宋的汪洙认为“万般皆下品，唯有读书高”，这有点类似培根提出的“知识就是力量”。宋真宗赵恒认为“书中自有千钟粟，书中自有黄金屋，书中自有颜如玉，书中有马多如簇”。他们都认为知识学习非常重要。

明朝的王阳明提出的“知行合一”的思想，颠覆了前人的观点，认为既不是以“知”来吞并“行”，误以为“知”便是“行”，也不是以“行”来吞并“知”，误以为“行”便是“知”。王阳明的学说可谓比较系统的观点，对后世影响也比较深远。但是它比较偏理念层面，缺少具体的方法与工具，实操性与落地性并不强。

《三国演义》中提到“谋事在人，成事在天”和“世事我曾抗争，成败不必在我”是一个意思。而民间社会的人把成功的要素总结为“一命二运三风水四积阴德五读书”。这都是“天定胜人”的观点，认为命运是由上天安排的。而曾仕强认为“大事情天定胜人，小事情则人定胜天”。

现代人越来越强调自身努力的重要性。闽南语歌曲《爱拼才会赢》唱道：“三分天注定，七分靠打拼，爱拼才会赢。”

在西方国家，成功学 18 世纪在英国起源，以弗洛伊德的“三我”理论、巴甫洛夫的条件反射理论和第二信号系统、马斯洛的需求层次理论为理论基础，实际上是一门关于自我管理的学问。

美国的拿破仑·希尔和奥格·曼狄诺认为：“对于成功而言，态度是最重要的，有积极的态度就有积极的人生。”一份样本数为近万人的调查的结果显示：在决定一个人成为成功者的关键因素中，80%属于自我取向的“态度”类要素，如积极、努力、信心、决心、意志力等；13%属于后天自我修炼的“技巧”类要素，如各种知识和能力；7%属于客观的“其他”类要素，如运气、机遇等。作者认为这过于夸大“精神”的作用，与“人有多大胆，地有多大产”如出一辙。

《把信送给加西亚》一书的作者阿尔伯特·哈伯德认为，忠诚、勤奋、敬业是最重要的成功因素。美国成功学大师戴尔·卡耐基认为，成功 15%靠专业技术，85%靠人际关系和处世技巧。

许多成功人士都表达过关于成功的格言警句，其中，最具代表性的是爱因斯坦的“成功的公式是‘A=X+Y+Z’。A 代表成功，X 代表艰苦的努力，Y 代表正确的方法，Z 代表少说废话”。

罗振宇在 2017 跨年演讲中提出“成功=有效的核心算法×大量重复动作”。其中的成功要素和爱因斯坦所提的差不多，但把加号变成了乘号，这又比较接近稻盛和夫提出的“成功方程式”：人生工作的结果=能力×热情×思维方式。

稻盛和夫对“成功方程式”系统的、具体的解释：“能力”主要指遗传基因及后天学到的知识、经验和技能；“热情”指从事一件工作时拥有的激情和渴望成功等因素；“思维方式”指对待工作的心态、精神状态和价值偏好。一个人和一个企业取得的成就取决于这 3 个因素的乘积。其中，“能力”和“热情”的取值范围为

0~100。因为是乘积，所以即使有能力而缺乏工作热情，也不会有好结果；自知缺乏能力，却能以燃烧的热情对待人生和工作，最终能够取得比拥有先天资质的人更好的成果。“思维方式”的取值范围则为–100～+100。改变思维方式，人生和事业就发生 180 度大颠覆；有能力，有热情，但是思维方式犯了方向性错误，那么人或企业就有可能给他人、社会造成损害。

有“投资界的乔布斯”之称的桥水基金创始人瑞·达利欧在其创作的《原则》一书中提出“‘痛苦+反思=进步’，所有的蜕变与进化都必然仰仗痛苦的挣扎”。他主张“更高层次的思考”，把目标与成果之间的行动比喻为“机器”，认为人们应该是这个机器的设计者和管理者，是机器的主人（塑造者）。

总体来说，成功是一件很复杂的事情，既受自身因素的影响，也受外界因素的限制，是先天和后天因素的综合结果。

成功的要素分析，如图 1.1 所示，其中大部分成功要素是不可控的，只有后天与内部结合的部分，如自我认知、人生规划、学习能力、思维方式、时间管理等是人们可以控制的，这部分要素也是本书将要探讨的重点。李开复自传《做最好的自己》一书中有一句话：“用勇气改变可以改变的事情，用胸怀接受不能改变的事情，用智慧分辨两者的不同！”

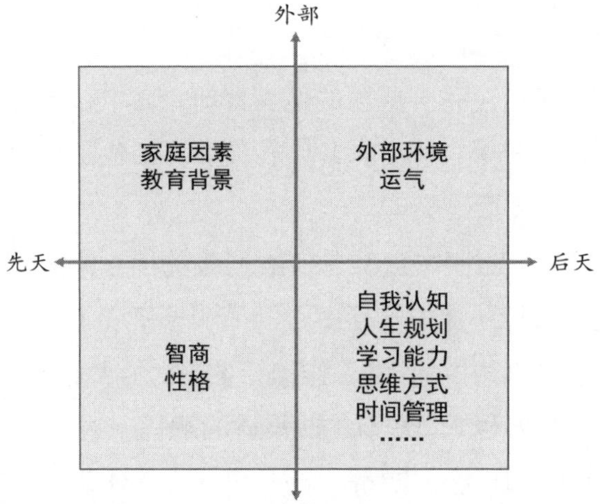

图 1.1　成功的要素分析

学习发展理论的发展

除了对成功方法的探索，人类也一直研究如何更好地学习，并取得了一些成果。总体来说，近现代的学习理论发展大致分为以下几个理论流派。

1. 行为主义理论

行为主义理论是 20 世纪 20 年代在美国产生的一个心理学派别，创始人为约翰·华生。它是在反对构造主义心理学的基础上发展起来的，在美国占据主导地位长达半个世纪之久，其中的代表性理论有巴甫洛夫的条件反射理论、桑代克的尝试-错误理论、斯金纳的操作性条件反射理论和班杜拉的模仿理论等。

行为主义理论可以用公式“S—R”表示（S 表示外界的刺激，R 表示个体接受刺激后的行为反应）。行为主义学习理论的学者认为个体在不断接受特定的外界刺激后，就可能形成与这种刺激相适应的行为，即学习就是在刺激与行为间建立联系。行为主义学习理论重视与个体生存有关的行为的研究，重视个体在环境中的适应行为，重视环境的作用。

2. 认知主义理论

20 世纪 60 年代以后，随着认知心理学的诞生，认知主义逐渐取代行为主义，在教学实践中发挥指导作用。认知主义的学习理论可分为早期认知学习理论和现代学习理论。早期认知学习理论的代表性理论有苛勒等人的格式塔理论和托尔曼的符号学习论等。由于早期认知理论建立在动物心理学的研究基础上，它们阐述的实际上是知觉水平的认知，所以对教学实践的启发意义不大。现代认知学习理论的代表性理论有布鲁纳的认知结构学习理论、奥苏贝尔的认知结构同化学习理论及加涅等人的信息加工理论等。

认知主义的学习理论与行为主义的学习理论的最大区别在于，认知主义的学习理论强调学习者内部的心理过程，而行为主义的学习理论只关注外显行为，无视心理过程。

3. 人本主义理论

人本主义是 20 世纪 50 — 60 年代在美国兴起的一种重要的教育思潮，其主要代表人物是马斯洛和罗杰斯。人本主义学习理论强调人的本性及其与社会生活的关系，强调人的尊严、人格完整和自我充分发展，即反对行为主义学习理论把人等同于动物，只研究人的行为，不理解人的内在本性，又批评弗洛伊德只研究神经症和精神病人，不考察正常人心理。因而被称为心理学的“第三种运动”。

马斯洛的最重大贡献是他的需求层次理论。他关注心理健康的人，认为人有积极向上的潜能和能力，可以形成一个良好的人格结构。他认为“弗洛伊德提供了心理病态的一半，而我们必须补上健康的另一半”。

罗杰斯强调人格的完整性，提出了“自我概念”，强调人格中自我的作用，因此对自我心理学产生了重要影响。同时他以人本主义心理学为基础，构建了经验学习理论。

人本主义对成人教育有着重要的影响，“成人教育之父”诺尔斯的成人教育理论吸收了不少人本主义理论的观点。由于成人学习的特点之一就是有经验的学习，所以成人经验学习理论对世界成人教育产生了重大影响。

4. 建构主义理论

认知主义虽然摆脱了行为主义理论只关注行为的现象，转向关注人的内部心理，但是认知主义理论没有关注环境对学习者的影响因素，必然会被关注人的内部心理过程与环境对学习者的意义建构的建构主义学习理论所取代。建构主义理论是一种关于知识和学习的理论，强调学习者的主动性，认为学习是学习者基于原有的知识经验生成意义、建构理解的过程。

建构主义的最早提出者可追溯至瑞士的皮亚杰，他是认知发展领域最有影响的一位心理学家。在皮亚杰的基础上，柯尔伯格在认知结构的性质与认知结构的发展条件等方面做了进一步的研究；斯腾伯格和卡茨等人则强调了个体的主动性在建构认知结构过程中的关键作用，并对认知过程中如何发挥个体的主动性做了认真的探索；维果茨基创立的“文化历史发展理论”则强调，认知过程中学习者所处社会文化历史背景的作用。

5. 自主学习理论

自主学习理论吸取了人本主义必须重视人的感情因素的思想，强调在教师指导、帮助下学生参与甚至决定整个教学过程；它采纳了认知主义的认知—发现说，强调知识的获得主要是通过学生自己发现的；它又及时借鉴了建构主义理论特别是社会建构主义思想，强调学生是教学过程中的主体，教师是组织者、指导者、帮助者和促进者，强调学习环境与社会互动的重要性。可以说，自主学习理论是一种起源于人本主义，而随着认知主义、建构主义的兴起而逐步发展、成熟起来的新的学习理念。

其中，最具代表性的是齐默尔曼在吸收班杜拉交互作用论思想的基础上提出的自我调节学习三维模型，如图 1.2 所示。他认为自我调节学习由个人、环境和行为三者相互作用所决定，而且这三者之间是相互作用、相互影响的。

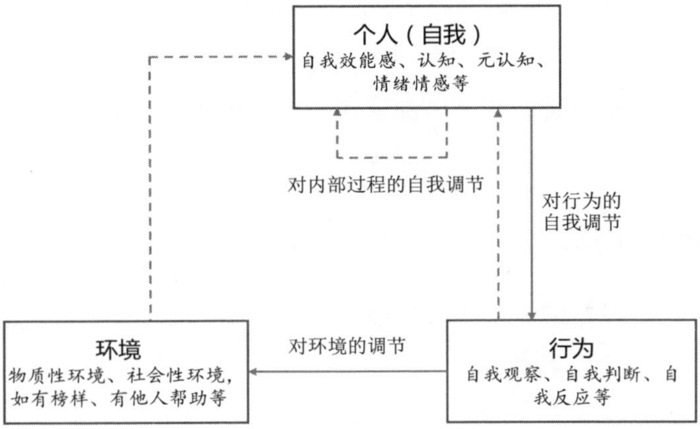

图 1.2　自我调节学习三维模型

总之，随着学习理论的逐渐发展，人们越来越注重人的主动性、自主性，强调自我觉察、自我行动、自我调节和自我反思。但是这些学习理论普遍存在一个问题：大多数针对的是未成年人的教育，针对成人学习的相对较少；大多数针对的是知识的学习，而对技能的提升、心智模式的修炼，以及职业的选择、规划等方面几乎没有涉及。

过去对人的发展更多是从教育学或心理学的知识学习的角度来思考的，其实对自我的认知、职业的选择、知识学习、技能提升、总结反思等应当作一个整体来发展，而不应割裂开来。自我发展中的学习理论应将人的发展当作一个系统性问题来思考。霍兰德职业兴趣理论、埃德加·H. 沙因的职业锚理论为职业选择提供了方法指导。麦克利兰的冰山模型与胜任力模型概念已经成为许多先进企业不可或缺的人力资源管理工具。

随着脑科学的发展，人们发现人脑的不同部位分管不同的功能：基底核控制习惯，边缘系统的其他部分控制情绪反应和一些动作，大脑皮层产生记忆、思想和意识，而脑灰质褶皱（新皮层）则控制人的学习、计划、想象等更高级的思想。《习惯的力量：为什么我们会这样生活，那样工作》一书则深入研究基底核对控制习惯的作用，《刻意练习：如何从新手到大师》一书的作者做了大量的实验来研究技能训练后海马体的变化。

受脑科学的影响，人们为人的发展提供了具体的方法和技巧。托马斯·罗纳德开发的企业教练技术，一时间风靡全球。英国的雷格·瑞文斯提出的行动学习，至今仍是企业界进行人才培养的重要手段。彼得·圣吉提出的学习型组织和心智模式概念，使企业界全面更新了培训理念。近几年奥托·夏莫提出的U型理论在培训界特别是私董会中得到了广泛而深入的应用。

自我发展八步法

要获得自我发展，你需要弄清楚以下3个终极问题：

（1）我是谁和我在哪里？

（2）我要到哪里去？

（3）我怎么去？

第1个问题涉及现状，第2个问题涉及目标，第3个问题涉及方法。根据这3个问题，可以把自我发展分解为8个步骤，如图1.3所示。

对人类来说，精神的终极挑战是"觉醒"，觉醒就是自我认知与自我觉察，解决的是"我是谁和我在哪里"的问题。古希腊人在帕纳萨斯山一侧刻下两句警世名言，一句是"认识你自己"，另一句是"认识全部的自己"。老子则认为：知人者智，自知者明。人们常说人贵有自知之明，一个人如果对自己没有正确的认知，就难以取得更好的发展。

德鲁克在《21世纪的管理挑战》一书中指出：你首先要对自己有深刻的认识——不仅清楚自己的优点和缺点，也知道自己是怎样学习新知识和与别人共事的，并且还明白自己的价值观是什么、自己又能在哪些方面做出最大贡献。因为只有当所有工作都从自己的长处着眼时，你才能真正做到卓尔不群。

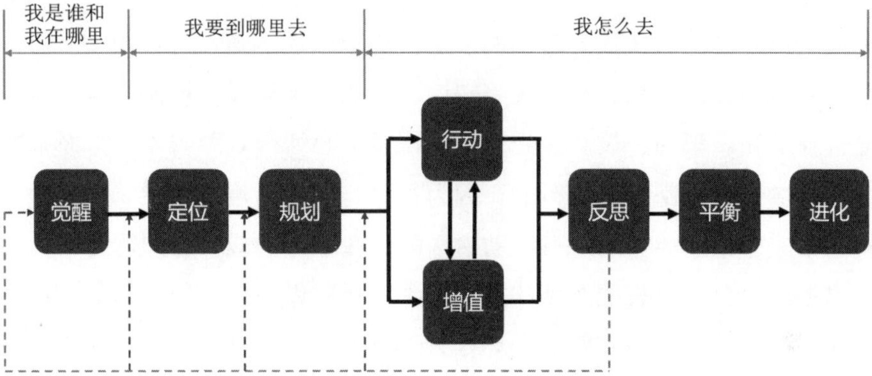

图 1.3　自我发展的 8 个步骤

《高效能人士的七个习惯》的作者史蒂芬·柯维认为：自我认知能够帮助人们站在旁观者的角度研究和理解自己，它不仅影响人们自己的行为和态度，还影响人们看待他人的方式。因此，自我发展的前提是你要认识自己，明白自己的优劣势。

定位则是做出明智的职业选择。最重要的不是选择做什么，而是选择不做什么。你选择对了，成功的概率就大大增加了。当你选择错了时，你再怎么努力，一切都是徒劳的。在制定企业战略时，必须要了解客户是谁。同样，在自我发展过程中，你还必须了解你的支持者在哪里、什么样的人欣赏你、哪类人会为你的能力买单和背书。这样你才能真正知道自己要去哪里。任何领域都存在竞争，好的定位就是让你远离竞争。

定位和规划解决的是“我要到哪里去”的问题，即你要知道你想成为什么样的人，有什么样的生活。从大的方面来说是要有个人的梦想和理想，从小的方面来说就是要有自己的小目标。规划是对定位的具体落实，就是在正确的时间做正确的事。

行动、增值、反思、平衡和进化部分都是解决“我怎么去”的问题，即你采取什么样的方法来获得能力的得升。

行动是指工作中的实践。任何能力都是在行动中才能得到提升的。行动需要及时性和持续性，同时需要保持专注、远离干扰，还要做好时间管理，培养良好的行为习惯。

增值是指通过学习来提升自己的价值。增值体现的是一种成长型思维。人们把能力按从浅到深、从易到难划分为知识、技能、经验和心智模式 4 个层次，那么增值也就从知识学习、技能提升、经验积累、心智模式改善 4 个方面来展开。

行动与增值这两部分是并行的，因为行动与学习（增值需要学习）是密不可分、相辅相成、相互促进的。在行动中学习，在学习中成长，知行合一。

反思是指对自己过去的质疑和重新思考，哪些做得好、哪些做得不好、如何改进，并且形成一个自我完善的循环，人们常说的“虚怀若谷，反求诸己”就是这个意思。反思的力量是十分强大的，烟草大王褚时健在 74 岁时重新出发，和妻子承包约 1.6 平方千米地种植橙子，成为一代“橙王”。

平衡是指要正确处理好自己的职业发展与学习、健康、家庭等方面的关系。

进化是指要建立自己的个人品牌，很多人在前面几个环节都做得很好，就差进化这一步没有做，结果也发展得不理想。然而个人品牌的建立依赖于前面几个环节，如果前面的基础打好了，那么个人品牌塑造起来也就水到渠成了。

总体来说，这 8 个步骤中，觉醒是前提，定位和规划是基础，行动和增值是核心，反思和平衡是补充，进化是升华。

SELF DEVELOPMENT

第 2 章

觉　醒

2.1 难得糊涂，更难得自知

↗ 没人敢说完全了解自己

笔者举办过很多次关于“自我觉察与自我发展”的培训课，每次培训课上都会问学员“你了解你自己吗？”并要求觉得十分了解自己的学员举手。举手的学员寥寥无几。

笔者还会跟学员玩一个游戏，要求每个人用“我是一个________的人”的句式造 20 个评价自己的句子，例如，“我是一个喜欢旅游的人”“我是一个以自我为中心的人”等。结果如下。

- 大部分学员不够了解自己，因为平时很少停下来思考自己的特点。很多学员都完成得很慢，只有一两个学员在 3 分钟内完成，小部分学员在 5 分钟内完成。绝大多数学员写到第 10 个句子时就停了笔，然后陷入长时间的思考中，写到第 15 个句子时，基本上写不下去了。
- 很多学员造的句子比较肤浅，没有深度。例如，有些学员仅描述自己的爱好就写了十几个句子：“我是一个喜欢打篮球的人”“我是一个喜欢踢足球的人”等。有些学员的句子是：“我是一个高尚的人”“我是一个纯粹的人”“我是一个脱离了低级趣味的人”“一个有益于人民的人”等。只有少数几个学员写的句子评价了自己的能力和个性，更少数的学员看到了自己的性格特质，如“我是一个喜欢制定目标、计划能力较强，但很难坚持下去的人”。
- 大部分学员写的句子是对自己的正面评价，只有少数学员写了自己的不足之处。
- 大部分学员写的句子的主题是分散的，包括性格、兴趣、能力，甚至还有身高、体重等。只有少部分学员的句子的主题集中在能力、个性方面。

培训课上的学员大多是经过职场、生活历练的成熟人才，他们对自己的认知应该是清晰的，为什么还会出现这样的现象？有一位企业高管的说法或许可以解释：“因为人的两只眼睛都长在脑袋前面，很容易看到别人的优缺点，很难看清自己有什么优点和不足。”特别是对于企业的中高层管理者来说，他们由于身处高位，很难听到下级同事的反馈和建议，所以更加不容易了解自己的问题。

成熟人才尚且如此，更不用说那些刚刚步入职场的新人。一位应届毕业生在经历数场校园招聘面试后感叹道：“最不了解我的原来是我自己！”当面试官要求他进行 1~3 分钟的自我介绍时，他才发现自己很难准确陈述自己的性格类型、能力水平等。

“我性格热情开朗，认真负责，能吃苦耐劳……”

“我善于与人沟通，乐观向上，积极主动……”

“我有较强的适应环境能力，学习能力强。我爱好阅读、跑步……”

对于以上这些千篇一律的自我评价，无论你曾作为应聘者还是面试官都不感到陌生。对于应聘者而言，这些性格特征都是岗位需要的，但对它们的描述千篇一律、准确性待考量，无法让你在众多候选人中迅速脱颖而出。这些千篇一律的描述一方面说明大多数人无法准确地认识自己，提炼出自己的特点；另一方面说明人们努力往外界要求，或赞许的形象（职场受欢迎的形象）靠拢，而这些要求内容或形象特点与人们本身的特点并不完全一致甚至相差甚远，向它们靠拢很容易让人们忘了自己是一个什么样的人。

一般来说，自我认知有 4 种状态：不知道自己不知道、知道自己不知道、知道自己知道和不知道自己知道。超过 95%的人处于第 1 种状态。看不清自己的特征和存在的问题，人们就会失去升级的可能性。只有充分地认识自我，才有可能真正成长，实现跨越。

↗ 打开自我认知的四扇窗

为什么自我认知如此困难？这是因为人们对自己的了解存在一个“黑洞”。

美国心理学家乔瑟夫·勒夫和哈里·英格拉姆在 20 世纪 50 年代提出了“乔哈里视窗”理论，此理论也被称为“自我意识的发现—反馈模型”。这个模型把人的内心世界比作一个窗口，窗口根据“自己知道—自己不知”和“他人知道—他人不知”这两个维度划分为 4 个区域：公开区、盲区、隐藏区和未知区，如图 2.1 所示。

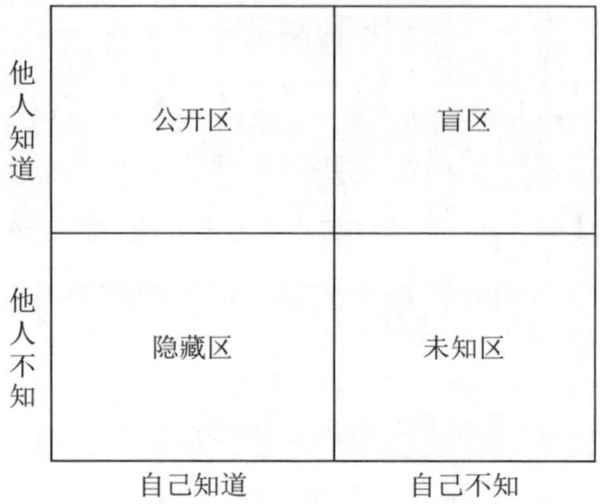

图 2.1　“乔哈里视窗”理论的 4 个区域

公开区

公开区是指自己知道、他人也知道的信息，如人们的姓名、职业、爱好等。不同人之间的公开区会有所不同，人们对公开和隐藏的界限也不一样。从自我认知的角度来看，公开区是人们最应该经营的一个区域。人们应尽可能地展示自己的优势，同时不应当惧怕暴露一些问题。只有当人们展示的信息足够多和充分时，人们才能接收到来自他人准确的反馈，自我暴露和接收反馈的互动可以扩大公开区，让人们的相关信息在这一区域获得生命力。

盲区

盲区是指自己不知道、他人知道的盲点。人们容易过度自信，并且在作为当事人或观察者时会产生不同的观点，因此，人们并不清楚自己的某些行为习惯和性格特点。你以为的和别人理解的并不一致，若不沟通，就会造成误会。人们要积极关注这一区域，为他人对自己的反馈开辟渠道，对收到的反馈进行选择性接纳，将在这一区域接纳的信息放入公开区，以完善自我。

隐藏区

隐藏区是指自己知道、他人不知道的秘密，如你的某些经历、心愿、秘密及好恶等。虽然总体上主张扩大公开区，缩小其他区域，但是隐藏区是一个完整的自我必须拥有的区域，因为必要的隐藏区是自我安全感的一部分。

未知区

未知区是指自己和他人都不知道的信息。这个区域就是前面所说的自我认知的“黑洞”。这一区域既代表人们未知的部分，也指向人们的潜能。人们应该尽可能地探索未知区，也许一个不可思议的你就从这个区域浮现出来。

“乔哈里视窗”中的 4 个区域并不是静态的，而是动态变化的。面对不同的人，人们的 4 个区域会不同。“乔哈里视窗”的开发方向是扩大公开区，缩小盲区、隐藏区和未知区，这是一个不断认清自我、展示自我、挖掘潜能的过程，如图 2.2 所示。

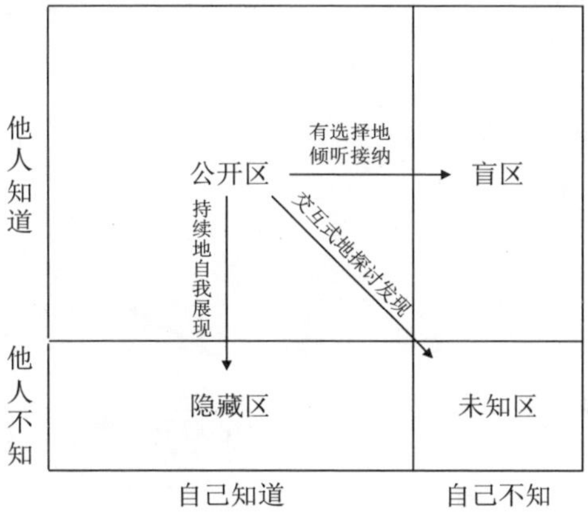

图 2.2 “乔哈里视窗”的开发方向

扩大公开区主要有以下 3 种方式。

- **持续地自我展现。**愿意向他人分享自己的经历、观点、想法，并且能够识别自己与他人的共同点与差异之处。
- **有选择地倾听接纳。**愿意倾听他人的意见，并且能够识别他人意见的真实性和价值。
- **交互式地探讨发现。**能够与不同的人就感兴趣的话题展开讨论，通过讨论澄清事实，形成更深刻的见解。

笔者在讲授“自我觉察与自我发展”时，经常要求学员相互写评价：每人至少选择两位熟悉的同事，让他将对你的评价写在小纸条上，优点和缺点各写 3 条；

每人也自己写 3 条优点和 3 条缺点。结果发现，自己对自己的评价与他人对自己的评价都分布在“乔哈里视窗”的公开区、盲区和隐藏区中，几乎不涉及未知区，所以未知区需要借助专业的测评工具来进行挖掘。

自我认知的价值

笔者对自我认知的定义是，个体清楚认知自己的能力、个性、动机等特征，并且以成为更好的自己为目标不断进行自我反思。

自我认知是自我发展的起点。笔者研究发现，那些自我认知清晰的人，其能力提升的速度比自我认知不清晰的人快 5~10 倍。自我认知对能力提升的影响，如图 2.3 所示。

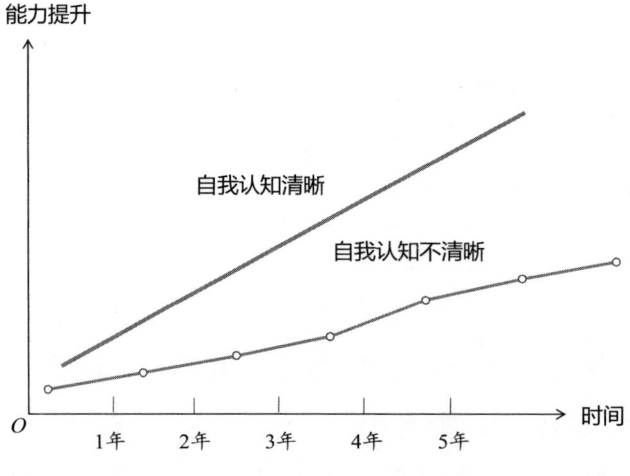

图 2.3　自我认知对能力提升的影响

那么，清晰地认知自我到底有哪些好处呢？归纳起来主要有以下 3 点。

1. 了解自己的真实想法，挖掘内部动机，调整发展方向

动力是一种促进人们向前发展的力量，在心理学上，它更多地以“动机”这种说法出现。动机主要是指激发人的行为的心理过程，可以分为内部动机和外部动机。外部的压力、吸引力和环境都可以归结为影响人们行为的外部动机，如获得更好的职位、赚更多的钱。而自身的兴趣、好奇心及获得他人尊重、追求自我

成长和成就的意愿可以归结为内部动机。

外部动机的“由外部世界衡量”的特点，决定了它带给人的满足感、幸福感不能持久。而内部动机的持续性、强度和稳定性远远高于外部动机。个体唯有在找到属于自己的内部动机后，他所处的处境才开始变得清晰。笔者在实施的人才测评项目中，除了会关注管理者的重要能力、个性，还额外关注他们的动机，如物质回报、社交互动、被他人认可、自我实现等，以帮助测试者更好、更全面地看待自己。

2. 明白自己行为背后的原因，以改善自己的决策、行动

金菁拥有心理学专业背景，每当别人知道这个时，第一反应往往是：“你猜猜我现在在想什么？”虽然她不是天桥上算命的，也没有猜出每个人的想法，但她所学的心理学除了让她在工作上学有所用，还让她可以更好地理解自己每项行为背后的原因。只有了解了自己行为背后的原因才能够更好地改善自己的行为，这也就是俗话所说的“知其然，知其所以然”。

3. 了解自己，爱惜自己，成为更好的自己

“多爱自己一点”已成为时下年轻人的共识。相较于父辈，现在的年轻人更愿意从自己的角度看待面临的问题。这并不是一种自私心理，相反，能够更多地爱自己。从自身需求出发，这是一种难得的进步。只有爱惜自己，才能够选择有利于自己的环境去发展，而不是努力地与不健康的、不适应的一切做斗争。而爱自己的前提，同样是了解自己。

2.2 跳出自我认知的误区

↗ 误区 1：成功全靠自己，失败全怪运气

在心理学上，有一种自我认知的偏差——自利偏差。简单地说，人们较多地将好事、成功的原因归功于自身：“我能力不错！我很聪明！我肯定比大多数人强！”而将坏事、失败的原因归咎于外部环境：“最近运气不好！当时干扰因素太多！规

则不合理!”

笔者作为咨询顾问，有一项工作就是要将企业员工的能力测评结果反馈给他本人，以帮助他更好地认识自身能力的优劣势。通常来说，测评结果好、得分较高的人对测评结果没有太大的异议，而测评结果较差、得分较低的人会有很强的抵触情绪，有些人会说:“你们的测评工具不准!你们的题目设计有漏洞!”;还有一些人声称:“我测评那天刚值完夜班，状态不好。”人们对于自己获得的赞扬不会有太多的怀疑，对于负面的评价却总是质疑外部因素。

招聘面试中也经常出现自利偏差。在测评工具的使用上，通常先进行团队测评活动(如无领导小组讨论)，再进行补充面谈。在面谈开始时，面试官往往会询问候选人“如何评价自己在团队测评活动中的表现”。80%以上的候选人会肯定自己在上一环节的表现，例如，自己的参与度和贡献度都挺高，能把握任务关键点等。

自利偏差的出现是因为人们的大脑有一套自我保护的策略，以对自己最有利的方式追究成功或失败的原因。了解自利偏差可以帮助人们更好地认识自我;在分析原因或进行思维判断时，可以检验自己是否犯了自利偏差的错误。

↗ 误区 2：自信往前一步是自以为是

自信包含两种含义。一种是人们十分清楚问题的情境，并且具备丰富的经验和强大的实力，并已根据过往经验建立强大的心理优势，认为自己能够控制所面临的情况，相信自己能够完成任务。另一种则是在模糊的情境下，人们未完全掌握相关信息，此时需要用自信来激发勇气，继而采取行动。过度自信偏差是后一种情况中容易出现的一种直觉偏差。

自信可以帮助人们踏出舒适区，挑战一些困难任务。但有时会过度自信，对未来或假象的行为过于有信心。例如，即使刚刚搞砸了一项任务，人们依然觉得自己下次的表现肯定更好。再如，同事所负责的项目进展缓慢，你会认为，若把这个项目交给你，你肯定比他做得好。

心理学研究发现，过去行为是未来表现的最佳预测因子，而非当下的意愿。人们常常会夸大意愿的作用，认为自己所想即自己所能，但是真正做某项工作时才发现困难重重，问题多多。自信者知道自己应该如何应对，而过度自信者则以为自己知道应该如何应对。

如何克服过度自信?

（1）反思自己是真能处理某项任务，还是只是感觉能处理，其实并没有想到具体的方法或路径。

（2）尽可能摸清该任务的相关信息，既然短时间内不能提高自己的实力，那么先扩大自己掌握信息的范围。

（3）如果努力后失败，请不要放弃，总结反思，吸取教训。如果说自信来自经验，那么经验则来自教训，而教训又诞生于失败。

误区 3：你是无意而为，他是有意为之

在解释或判断他人行为的原因时，人们往往容易低估环境的作用，而高估他人内在性格的作用："这个司机闯红灯！他的交通意识太差！"相反，当解释自己的行为时，人们会更多地认为环境在起作用，而并非自身性格使然："哎，刚才闯了个红灯，都是因为上班要迟到导致的。"

当人们自己做某事时，人们的注意力会聚焦在环境上；而在观察别人时，人们很容易把注意力聚焦在这个人身上。这就是不同的行为者和观察者视角所造成的解释行为原因的偏差。

行为者归因偏差

很多企业提倡充分挖掘员工的价值，向有价值的员工倾斜更多的资源，但在实施过程中，会出现企业对员工的价值定位和员工对自己的价值定位不一致的情况。

企业在观察员工时更关注业绩、绩效，从而判断员工是否有潜力。对于企业而言，由外而内推理或从结果出发推理是最高效的路径。而员工在自我反思时，往往认为因为企业不提供资源给自己，才导致自己没有机会发挥能力，这没有从自身角度出发考虑问题。此时，员工可能出现行为者归因偏差："企业认为我没有潜力不是因为我能力不行，是我需要的资源不到位，所以这个片区销售额必然差。"

当员工和企业无法磨合时，一方面，是因为资源拥有者即企业没有看到它所期望的价值输出，所以它不会给员工更多资源，虽然你想要，但它没有理由给；另一方面，由于员工没有清晰的自我认知，没有正确认识自身能力和外部环境的关系，就只能把重点放在“我要什么”上。

观察者归因偏差

观察者归因偏差在招聘面试中比较常见，即使资深面试官也会出现。例如，某位候选人的履历非常优异，尤其是上一段“在某行业前 5 强企业工作 3 年”的经历，如果面试官不多追问就将过往的一些工作成就全部归因于候选人的个人能力，这就发生了观察者归因偏差。因为人们在考虑候选人所描述的工作成就的影响因素时，不仅要考虑候选人的能力（内因），还需要考虑良好的企业制度、规范化管理对他开展工作的有利影响（外因）。

人们在评价他人和自我时需要更加客观和理性，综合内外部因素，不应当只聚焦于某一方面，以免出现偏颇。

↗ 误区 4：你的功劳最大

越是容易进入人们大脑的信息，越是容易被回想起来的信息，在人们做现实的决定或分析时，这种信息往往被误认为更加重要。人们的大脑喜欢偷懒，喜欢利用最容易获得的信息来推论现实事件。

在人们的认知里，自身的努力和行为非常显而易见，因为人们了解自己的想法、动机和具体行动。但是对他人的行为，往往需要观察和进一步沟通才能了解，所付出的精力或消耗的心理资源显然要多于对自身信息的获取，因此，人们按照自己获得的信息来思考问题或进行决策，很容易忽略他人的贡献。

曾哥面试过一个咨询顾问，他说他做了一个比较成功的大项目。曾哥问他都有哪些人参与。他说主要工作都是由他完成的，包括方案的撰写、项目全过程的推动与协调、最终的结项汇报等。曾哥又问他上司给了什么支持没有。他说上司主要是对方案进行把关，在项目汇报时到现场回答了客户的一些问题而已。曾哥接着问他在这个项目上，他的贡献度有多少？他说 80%。曾哥说不对，你这 80%

是工作量，不是贡献度。

以上这位应聘者虽然做了很多事情，但如果换成其他人做这些事情，也可能做得好，找人替代他是相对容易的。相反，他的上司虽然做的事情不多，但都是十分关键的。不要以为把关方案容易，这需要对项目目标、成果、价值、客户的期望等进行综合衡量之后才能做出判断，不是锻炼一两年就可以做到的，长则需要十几年的修炼；不要以为到现场回答客户问题容易，有上司在你不但有了信心，而且客户也不质疑你的专业度了，仅这一点贡献度至少就有 50%。

再以项目管理者分配项目绩效奖金为例，人们往往认为项目管理者不仅对项目组成员进行工作安排，而且对他们的工作结果进行审核，所以能够比较公平地或合理地进行奖金分配。实际上，项目管理者很容易因为可获得性启发式的心理影响，产生不公平的判断，产生认知偏差。

那么，如何解决这种认知偏差呢？

（1）询问项目组成员对彼此的评价，避免单一的行为者或观察者视角。

（2）在项目前期对各项工作的贡献度有较为量化的衡量标准，避免单凭项目管理者的主管意识为准，应将主客观标准相结合。

（3）设定固定的项目管理者和成员的奖金分配比例，人为干预，降低不公平风险。

↗ 误区 5：把能力问题归结为性格问题

“都是因为我性格内向，所以不善于沟通……”

“都是因为我粗心，所以报告老是出错……”

“都是因为我性子急、太匆忙，才遗漏了材料……”

上述对自己过错的解释也许你并不陌生，不是自己用过就是似乎在哪听过，那么真如这上述所说，犯错误的原因是性格问题吗？

性格内向就意味着不能胜任沟通类工作吗？显然不是。一次良好的沟通需要能够倾听他人、完整表达信息、给予恰当的反馈等，也许内向的性格会在你表达信息时有所影响，但绝不是决定你整个沟通质量的唯一因素。

同样，粗心、性子急，就一定导致工作出错，有遗漏吗？这些问题通过建立检查清单就可以轻而易举地解决。每次工作结束后都按检查流程和检查要点检查一遍，邀请同事交叉检查，通过适当的流程和机制就可以避免错误的发生。

不要把能力问题归结为性格问题，性格并无好坏之分，但能力有高低之别。在把责任归结为性格时，不妨想一想有没有其他方法和途径可以提升能力，而不是把问题的责任甩给性格。

为帮助读者更清晰地认识自己，笔者基于麦克利兰的冰山模型提出人才素质冰山模型，如图 2.4 所示，将人的素质划分为 8 部分，包括知识、经验、技能、心智模式、性格、价值观、兴趣和动机。

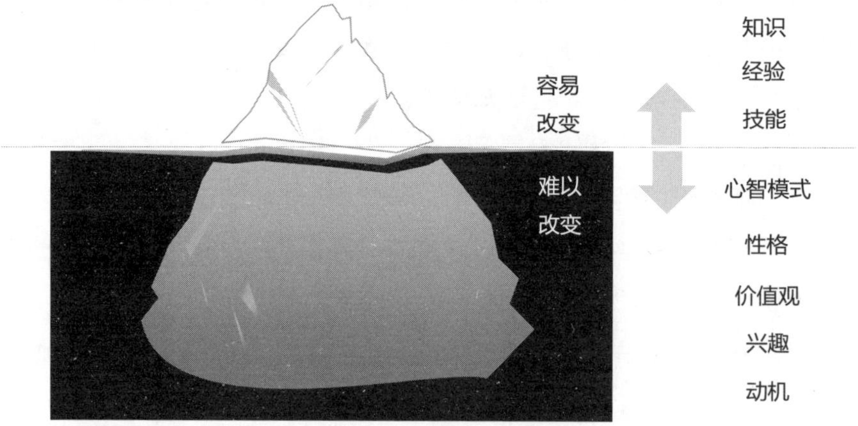

图 2.4　人才素质冰山模型

知识是指个人在某个领域内所掌握的信息总和，可以通过阅读、培训来获得。经验也属于知识的范畴，是已经内化的隐性知识。技能是按一定的方式反复练习而形成的动作，如办公系统操作技能、员工辅导技能等。技能只有通过实践和反复练习才能获得。心智模式是指一个人固定的认知方式和行为习惯。知识、经验、技能、心智模式构成了能力，是本书探讨的重点。知识、经验、技能处于冰山以上，相对容易改变，而心智模式则比较难改变。

性格是处世方式的一种倾向性，如是外向还是内向、做事偏思考还是偏感情，没有绝对好坏之分。性格一旦形成，在相当长的时间内是非常稳定的，所以要改变相当难，“江山易改，本性难移”就是这个意思。价值观是指人们对周围客观事物的意义、重要性的总体评价和看法，回答某项工作是否“值得去做”。兴趣是指个体从事某类工作的意愿，回答了是否“喜欢去做”的问题。而动机就是一个人做事的出发点，其实际回答的是一个是否“应该去做”的问题。

↗ 误区 6：有兴趣等于有能力

在学生时代，人们经常听到的一句话就是：“兴趣是最好的老师。”这句话给了人们一种错觉，认为只要是有兴趣的事，就是自己能够做好的事。但喜欢做某件事和真正擅长做某件事，并不完全等同，有兴趣不等于有能力。

如果要把有兴趣的事情变成终生职业，则需要你在这个职业范畴内有过人的天赋，或者经过了系统的专业训练。在《有话非要说》栏目中，有一期的嘉宾说自己的闺密对音乐有兴趣，为了追求歌手梦想，在两年内换了 10 份工作。她因在 KTV 唱歌得到夸奖而冲动辞职，但辞职后又没有途径进入歌手行业，而且因没有受过系统的音乐训练，她的唱歌水平也就是路人的中上水平。最后，她陷入原地打转的怪圈：工作不是自己的兴趣，辞职，追求歌手梦，追梦不成迷茫困惑，为了生计再工作……反复循环。兴趣和爱好应当使人们愉悦，如果带来纠结和迷茫，就要反思兴趣并不是自己的谋生所在。

兴趣与职业并不是对立关系，如果要想兴趣能够成为职业，则有以下两个前提条件。

（1）找到真正的兴趣所在。兴趣成为最好的老师的前提是，你能够为你所热爱的事情付出热情与努力，尤其在遇到困难时。但随大溜的趋势似乎让一部分人把感兴趣的事情或只要不反感的事情当作自己的兴趣。例如，现在的孩子普遍对 ACG［动漫（Animation）、漫画（Comic）、游戏（Game）的总称，简称“ACG”］感兴趣。如果要想将兴趣升华为职业，你必须进一步澄清自己的热情和目标。

（2）兴趣能够具象为具体的职业目标。例如，一个人对法语感兴趣，如果要落实到职业目标上则还有很多细分的选择，如翻译方向、外交方向、文化交流方向等。如果只是学习了法语，则可能依然不清楚自己到底要做什么。

↗ 误区 7：一味避短和只要扬长

在十多年前，木桶理论大行其道，是指一只水桶能装多少水取决于它最短的那块木板。这几年，则出现《木桶理论已死，长板理论才是你必须掌握的！》的类似文章。所谓长板理论，则是指当你把桶倾斜时，你会发现能否装最多的水取决于木桶的长板（核心竞争力）。

抛开理论的怪圈，实际上，人们的优劣势都不是唯一或集中的，如图 2.5 中最右边的木桶所示，高低不一，参差不齐。过于关注自身劣势，会丧失信心，不愿挑战；而一味强调自己的优势，会信心爆棚，无法全面和准确地看待自己。以咨询顾问为例，往往在这个岗位上得心应手的人，都具有良好的逻辑思维能力和文字功底，这是咨询顾问普遍具有的优势，但如果想继续成为一个咨询团队的领导者，那么在个人影响力、言语表达等方面必定不能太弱，至少不能成为致命的短板。因此，只有在清楚自身优劣势基础上，给予优劣势不同权重的关注。例如，你的劣势如果对长期发展有重大影响，则必须投入时间和精力改善。

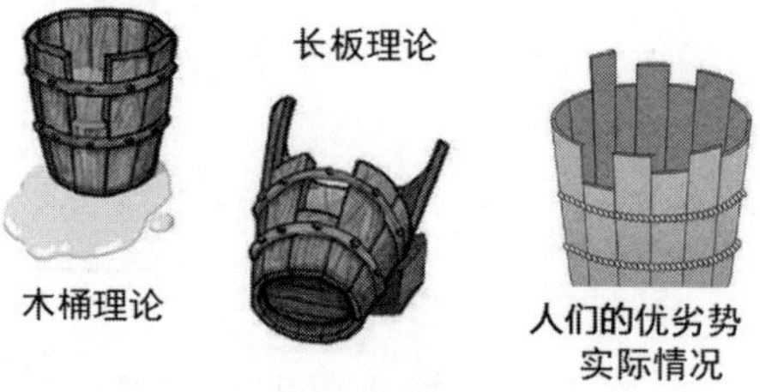

图 2.5　人们的优劣势

《远见：如何规划职业生涯 3 大阶段》一书的作者布赖恩·费瑟斯通豪把人的职业生涯分为 3 个大阶段，每一阶段有 10~15 年。第一阶段是探索和弥补自身短板的时候，努力为自己的职业生命储存燃料；第二阶段是聚焦自己的长板，形成核心品牌，第三阶段是优化长尾，发挥持续影响力，转变为导师或辅助者角色，做好传承与社会化工作。

总结起来，就是长板要特别长，短板不致命。人们必须补齐的短板往往有 3 个特点：它是可迁移的能力、它对长期发展产生重要影响、确实是你的劣势。例如，影响他人、言语表达等能力对个体而言，无论从事什么类型的工作，都不能太差，不需要你将这些劣势变成优势，但至少不能拖后腿。你的长处应当是你持续细心呵护的部分，把它们作为你的核心竞争力悉心培养，这样在你长处够长、短处不短的情况下，还有什么机会不能把握呢?

2.3 增强自我认知的方法

宾夕法尼亚大学在 20 多年前的一项研究表明，情绪受挫的人往往可以准确评估自己的能力，而情绪状态良好的人反而会过高地评价自己的实际能力。所以，遇到挫折的痛苦经历会促进人们增强自我认知。但是这种代价又太大了，因此最好借助一些其他方法来增强自我认知。

增强自我认知的方法有很多，大致可以分为以下四类：回顾过去、制定目标、他人反馈和借助专业测试工具。

↗ 回顾过去

在天涯论坛上，曾经有一个热门的帖子《我要回到 1997 年了，真是舍不得你们》，点击量超过 400 万次，跟帖超过 4.5 万次。这样一个看似玩笑的帖子，实际上却为忙碌的人们提供了一个停下脚步思考和休息的角落，至今依然有人不断在回复跟帖。

> “楼主，回去记得叫那时候的我好好读书，她要是不听，就狠狠骂她，谢谢。”
>
> “楼主，请你帮我转告 1997 年的我，一定要好好地、努力地拼命读书，不然以后的路就不是想象中那么顺利了。做人一定要有野心，有目标。”
>
> “麻烦楼主跟当时的我说一下，让我踏踏实实地读书、踏踏实实地在家附近工作，不要没事就想往大城市跑，浪费青春、浪费和家人在一起的时间，一家人在一起才是最重要的。”
>
> ……

通过以上这些回答可以看出，一些重要的转折点如高考，一些重要的选择如去大城市还是留在家乡，这些关键性事件成为人们聚焦的共同点。网友的留言和跟帖无疑也是一种自我对话，以过去时光中的某个年份为坐标，对自己过往经历进行回顾和审视。跟帖无形中透露了人们最珍视的东西如选择、目标、家人……

所以，回顾过往经历能够对人们内心最珍视的东西和体验深刻的经历做出筛选和思考。以下介绍两个关于回顾过去的小工具：设定年度主题词和写个人成长史。

设定年度主题词

《新周刊》每年都会根据当年的热点事件评选出一个年度汉字。2016 年的年度汉字是“刷”。该杂志认为：2016 年的年度节奏是刷刷刷。刷是一个动词，它的宾语有很多，尤其在 2016 年，如朋友圈、微博、淘宝、网剧、直播、智商、二维码等。2017 年的年度汉字是“戏”。选择“戏”字作为年度汉字，是因为 2017 年中国有好戏、人民热爱老戏骨、全民兴起游戏社交……

这种主题词往往是通过回顾这一年发生的政治、经济、文化、科技、社会生活事件，折射出不同的流行趋势、关注热点、公众情绪和社会图景等。一个字包括万象。

回归到个体，回顾过去一年，相信都可以给出自己的年度主题词。对笔者而言，2017 年的年度汉字就是“积”。“积”有两层含义，一层是指长时间逐渐形成，即积累；另一层则是指正面的、努力的，即积极而进取、厚积薄发。你的年度汉字又是什么呢？

如果说通过年终总结来进行回顾和反思，那么也可以在年初甚至每个月为自己设定一个发展目标关键词。例如，很多企业通过设定“运营年”“营销月”等关键词来促进企业发展，个人也不妨给自己设计一个“跑步月”“get10 项新技能年”等关键词来促进自我成长，那么也许在回顾这一年度时，你的年度汉字就成了“发”，即能力爆发、工资爆发、人品爆发。

写个人成长史

选一个安静的午后自己独处，桌子上只留下纸和笔。

第 1 步：将自己的人生划分为几个阶段（如 3~5 个阶段）。数字本身并没有特定含义，如金菁的人生可以划分为 4 个阶段：出生到小学毕业阶段、中学阶段、大学和研究生阶段、工作以来阶段。阶段的划分可以以学习成长阶段或重大事件为依据。

第 2 步：罗列重要事件。在每个阶段里找出 10 件对自己影响重大的事件，这个数字也仅是一个结构上的要求而已。这些事件应该对你的成长、人格的塑造、人际关系等产生了较大影响。例如，包括生活轨迹变化的转折事件、重大的失败或意外、重要的决定、情感上冲击很大的事件、记忆深刻的事件等。

罗列这些事件本身就是一项挑战，需要你努力回溯记忆源头。

第 3 步：事件分析。针对在第 2 步中罗列出的事件，进行分析，每个事件下面，你都需要回答以下几个问题。

（1）这个事件给你带来了哪些认知和想法上的变化？

（2）这个事件之后，你的行为上有什么改变？

（3）这个事件给你带来了哪些情感上的冲击或影响？

（4）这个事件和现在的你有什么关系？换句话说，事件如何塑造了今天的你？

当你完成这 3 个步骤之后，一篇个人成长史就自然浮现了，也许很多当下行为的遥远影响也就此浮现了。

↗ 制定目标

制定目标有很多具体的技巧和方法，本书更关注的是与内心自我更加贴近的一些目标，它带有愿望的色彩。以下推荐制定目标的两个小工具：愿望清单和平衡轮。

愿望清单

搜索愿望清单，你会发现各种清单，如人生的 100 个小愿望、未来 5 年的愿望清单、20××年的愿望清单等。

建议从制定自己一年的愿望清单开始，个数不是关键，内容也不是关键，甚至最终是否实现也不是最重要的。在梳理愿望时，你已经开始了一场审视当下、展望未来的自我对话。

愿望清单可以帮助人们自然而然地梳理出在一定时间内自己真正想要的是什么。是职位高升还是多陪陪家人？是参加两次半程马拉松还是研究菜谱？尝试抛弃那些浮在空中的大愿望，聚焦于那些有一定难度但通过努力可以实现的小目标。

可以借助管理大师彼得·德鲁克提出的 SMART 原则来对设定的愿望进行衡量。随着目标管理的内涵日渐丰富，SMART 原则有了许多延伸内容与变式，以下考虑与自我发展的个人目标的贴切程度，对 SMART 原则进行具体的阐释。

S 代表具体（Specific），指目标要具体，不能笼统，如要跑步就是一个非常笼统的目标，但是参加马拉松比赛就更加具体了。

M 代表可度量（Measurable），指目标是数量化或行为化的，如将目标定为参加 1 次马拉松。

A 代表可实现（Attainable），指目标在付出努力的情况下可以实现，避免设立过高或过低的目标，如你此前没有跑步经验，那可以将目标定位为参加 1 次半程马拉松，这是通过适度训练可以达到的一个水平。

R 代表现实性（Realistic），指目标是实实在在的，可以证明和观察，如参加 1 次半程马拉松，获得证书。

T 代表有时限（Time-bound），指完成目标的特定期限，如在 2019 年参加 1 次半程马拉松。

平衡轮

平衡轮是一个简单易操作的工具，既可以帮助分析人生目标，也可以帮助分析具体目标。

首先，在纸上画一个圆圈，用两个交叉十字将圆形等分为几个部分。以人生目标平衡轮为例，这几部分可以包括职业、社交、财富、家庭、休闲、身体健康、心理健康、学习等。平衡轮也可以用来分析具体目标，如金菁要成为一名优秀的咨询顾问，这几部分可以包括独立思考、持续学习、主动创新、影响说服、客户思维、高效执行、压力应对、团队合作等。

其次，对这几部分进行评价，即“现在我对这个领域的满意程度是多少？”用 1 到 10 分从低到高评估，并将每个分数点用线联结起来，可以用同一个颜色进行标注。标注完后，再思考针对每个部分，希望能够达到的一个水平分数，并将每个分数占用线联结起来，最终形成的自己的平衡轮。某咨询顾问的平衡轮，如图 2.6 所示。记住，没有十全十美，不要苛求。

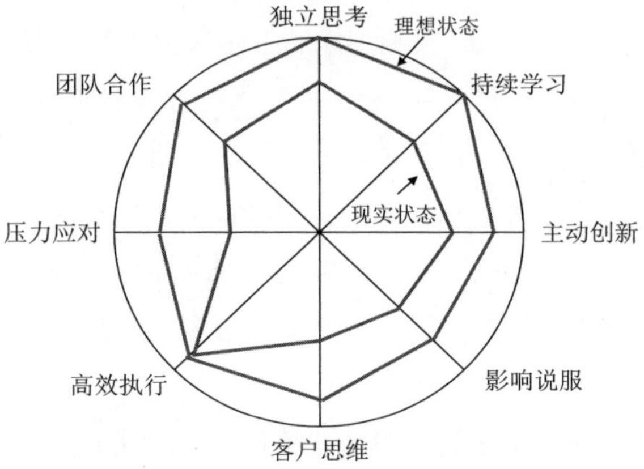

图 2.6　某咨询顾问的平衡轮

通过平衡轮的分析，可以条理清晰地理出自己当下的状态和未来的期望，并找到之间的差距，聚焦差异最大的区域来重点做出改变。

平衡轮可以针对某个具体的问题进行全面的梳理，并在分析完成后聚焦核心点，而分析的过程也减轻了人们的焦虑，所以当感到有困惑或问题难解时，不妨做一次平衡轮练习，既可以缓解情绪，又可以帮助你找到真正的原因。

↗ 他人反馈

在乔哈里视窗中，一个重要的维度就是他人对自己的了解。在部分企业中，会阶段性地进行 360 度评估，邀请你的上级、同级和下级甚至客户对你一阶段内的工作能力和表现做出评价。笔者做过很多 360 度评估的项目后发现，一是人们对自己的评价和他人对自己的评价存在差异，有些人自我感觉良好，而有些人自我认知较低；二是他人在评分时给被评价人打了高分，但在匿名性的主观反馈（如你觉得被评价人还有哪些方面需要提高？）上罗列了很多缺点和问题。

这两个发现说明了两点：一是他人与自己对自己的认知是有差异的，二是在日常工作生活中，他人很难主动对你进行直接反馈。这也启发人们应该多主动和他人沟通对自己的评价和看法，这些来自不同视角的意见可以帮助你呈现更立体的自我。

↗ 借助专业测试工具

提到测试，你会想到什么？“测测你的气场有多强？”“测测你在爱情中像猫还是像狗？”“测测你的心理年龄”……网络上充斥着各种琳琅满目的心理测试，其实这些只能称为趣味测试，对于结果一笑了之即可。

专业的心理测试通常源于较成熟的心理学理论，在编制过程中，从确定题型、选取样本、反复测试、统计方法、常模制定、结果解释到报告制定都有一套严格的程序。因此，笔者非常建议通过一些专业心理测试工具来加深对自己的了解。

人们的个性、动机等特点无好坏之分，但每个人的能力存在优势与劣势之分，科学的测试工具可以帮助量化和解释这些特征，从而找到更适宜的工作与环境，有针对性地做出改变。建议通过专业机构进行测试，并接收专业人士的报告解读。常见的较容易理解的用于自我认知的经典心理测试工具如表 2.1 所示。

表 2.1　常见的较容易理解的用于自我认知的经典心理测试工具

测试类型	测试名称	测试简介
能力	盖洛普优势识别器	测评 34 项才干（天赋）。通过测试获知自己的 5 项优势才干，由“优势心理学之父”唐纳德·克里夫顿领导盖洛普科学家团队开发
人格、个性、性格等	卡特尔 16PF 测试	美国心理学家卡特尔编制的 16 种人格因素测验，能够较全面地反映人的性格特点，在职业指导及人员选拔领域被广泛运用
	大五人格测试	由美国心理学家科斯塔和麦克雷基于大五类人格特征开发的测试，大五类因素包括：严谨性、外向性、开放性、宜人性与神经质人格特质
	MBTI 迈尔斯–布里格斯类型指标职业性格测试	根据荣格的心理类型理论形成，目前已成为国际较为流行的职业人格评估工具之一。通过 MBTI 模型，性格和职业之间的联系得到了比较清晰的阐释

续表

测试类型	测试名称	测试简介
人格、个性、性格等	PDP 测试	PDP 的全称是 Professional Dyna-Metric Programs（行为特质动态衡量系统），它是一个用来衡量个人的行为特质、活力、动能、压力、精力及能量变动情况的系统。PDP 将人群分为 5 种类型，包括支配型、外向型、耐心型、精确型、整合型，分别被称为“老虎”“孔雀”“考拉”“猫头鹰”“变色龙”
	DISC 个性测验	DISC 个性测验是国外企业广泛应用的一种人格测验，从支配性（Dominance）、影响性（Influence）、稳定性（Steady）和服从性（Compliance）4 个维度进行测量
职业兴趣	霍兰德职业兴趣测试	由美国职业指导专家霍兰德编制。根据兴趣的不同，人格可分为研究型、艺术型、社会型、企业型、传统型、现实型 6 个维度，每个人的性格都是这 6 个维度的不同程度组合

同时，除了各类专业心理测试，在招聘过程或内部选拔与培养过程中，也会使用评价中心测评。相对心理测试而言，它的体验感更强，通过高度模拟特定工作情境或活动场景，使人们身临其境，再通过对人们在特定情境下的表现来对人们的各项能力做出评价，所以人们能够切身地感受和发现自身能力、性格等方面的优缺点，最常见的如校招必过关卡——无领导小组讨论。此外，评价中心测评在各类人才测评中的价值更大，原因是一个人的能力表现，除受先天的性格、潜质特征（心理测试考察的内容）影响外，后天的经历、知识、经验、技能与思维训练也是非常重要的因素，同时也受外界环境、组织氛围等影响，而这些复杂的因素往往很难通过通用的心理测试来测评，需要通过线下的评价中心才能更加准确地测评出来。

所以，如果你在求职和工作过程中遇到这一类型的测评，不用惧怕，应该把它当作一次深入了解自己能力特点的机会，勇敢地展现真实的自己，才能获得一个客观真实的结果反馈。

在上述这些自我认知的方法中，有回顾过去也有关注当下，有自我视角、专业视角，也有他人视角，成本和效果也不相同。自我认知方法的成本与效果对比，如图 2.7 所示。这些工具都不是单一使用的，如面临就业、跳槽等重要决定时，可以先进行专业测评了解自己的能力水平，再用平衡轮分析自己最为关注的要点，最后请教一些专家和朋友的意见，来明确自己最真实的需求和目标。

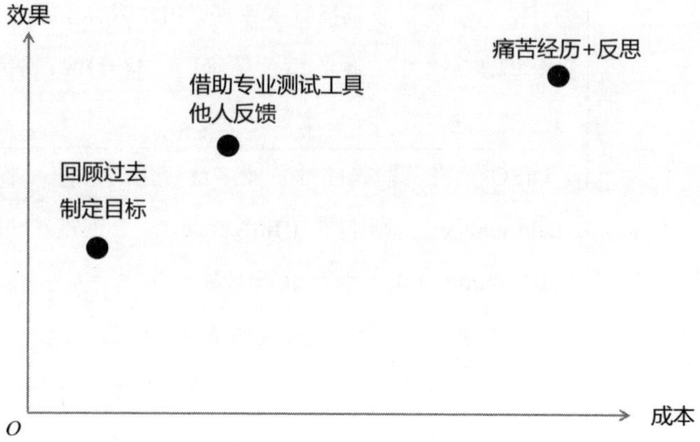

图 2.7　自我认知方法的成本与效果对比

SELF DEVELOPMENT

第3章

定 位

3.1 你适合打工还是创业

创业具有较大的不确定性

刘润在“得到”《5分钟商学院》专栏中曾出了以下一道测试题。

假设你是骨干员工，老板打算让你负责公司一个重大战略级项目，哪种待遇你更能接受：

（1）给你涨50%工资。

（2）给你降50%工资，如果做成，拿500%收益。

（3）给你降50%工资，另外请你掏100万元投资，如果做成，拿2 000%收益。

答案揭晓：

选（1）的同学，你更适合在成熟期的企业工作。你很明确，工作就是要赚钱。你帮公司赚钱，公司给你分钱。你和公司是利益共同体。

选（2）的同学，你可以去一些转型期的企业开疆拓土。你愿意牺牲短期利益，换取有风险的长期的更大利益，你会把公司当成自己的事业共同体。

选（3）的同学，你具备创业精神，敢于把自己的既得利益也赌进去。这时，你和公司之间有了共同的不能失去的东西，能真正同生共死，成了命运共同体。

上面这道测试题其实说明，创业和打工的最大区别，在于创业具有很大的不确定性。

在大众创业、万众创新的大好形势下，许多人选择自己创业，但创业并非适合每个人。其实打工与创业，无所谓哪个好，哪个坏。各有优劣势，关键看自己是否合适。

王泉庚（美特斯邦威前董事兼总裁，好孩子前执行董事兼CEO）总结的打工与创业的优势与劣势对比，如图3.1所示。

	优势	劣势
打工	**安全** • 收入稳定 • 有限的压力	**不能自主** • 不能主导决策 • 不能实现个人愿望
创业	**自主** • 独立自主决策 • 实现个人愿望	**风险** • 破产风险 • 我穷压力

图 3.1 打工与创业的优势与劣势对比

那么，创业需要什么条件?

1. 有胆识

有创业想法的人很多，但是创业不仅要有好的想法，更重要的是还要有行动力和胆识。创业是需要冒很大风险的，前方充满了很多不确定性，关键在于你敢不敢迈出那一步。优秀创业者首先是个行动力强、敢闯敢拼的人，这才是创业者最优秀的特质。德鲁克在《创新与企业家精神》一书中指出：注重确定性的人不适合创业。那样的人也不适合做政治家、军官、国际航线的船长等。这些工作都需要做决定，而做决定本身就有不确定性。所以，不能赌上全部的人不要创业，也不要去创业公司工作。

2. 有抱负

许多创业成功的人，都是一个有理想抱负的人，不甘平庸，想做大事情，想成就一番事业，有强烈的想改变世界的愿望。如果只是想赚点钱、吃穿不愁，最好还是去打工。

3. 有远见

创业一定要有远见，有前瞻性，如果只能看到眼前的竞争，只知道疯狂烧钱和扩张，却不知道 5 年后的竞争格局会是怎样的，一旦钱烧完了就没得玩了，这对创业者来说是危险的。真正优秀的创业者，要能站在未来看现在，就像曾鸣说的“以终局看布局”。

4. 有韧性

在中国，只要是一个好的创业想法，一定存在竞争，如当年的团购公司，后来的打车软件、共享单车、短视频公司等，竞争都非常激烈。在这样的竞争环境里，坚韧不拔的个性是必备的，而且在所有这些素质里也是最重要的。创业成功，尤其是第一次创业就成功，是小概率事件。假如失败一次就灰心丧气，那么还是继续打工吧。

5. 善于整合资源

需要整合的资源不限于人际关系资源、人才资源、项目资源、技术资源、资金资源等。例如，李彦宏善于整合技术资源，马云善于整合人际关系资源、人才资源。在如今随处可以融资的情况下，钱并不是最重要的，只要你有好的项目和赢利模式，就会有资本找上门来。

总体来说，优秀的创业者需要有一些天生的特质，要有梦想、很强烈的进取心，才能不满足现状，长期艰苦奋斗；要有很强的内驱力，才能充满激情，一路前行；要有不服输的个性，才能屡败屡战，渡过层层难关；要有冒险精神，才有勇气挑战现状，不断超越自我，不断创新突破；要有战略思维与前瞻性，才能洞察未来，把握商机。

一些特质是基因与早期成长环境的产物，相对稳定，较难改变。所以，如果你不具备以上特质，建议可以先在目前所就职的企业学习企业经营管理的一些经验，多积累一些人际关系，在准备充分的情况下再创业。

↗ 创业不是单打独斗

无论是打工还是创业，一条基本的原则是先生存后发展。你要有足够多的积累，才能更好地实现自己的梦想。例如，俞敏洪在创办新东方之前，先是留校任教和在校外做兼职，在赚了一些本钱和形成了个人品牌之后，才开始创业的。

正如王泉庚所说，外部独立创业，这是一条只适合少部分人的道路，路况不可知，沿途坑坑洼洼，危机四伏。哈佛商学院研究发现，第一次创业的成功率是23%，而已成功的企业家再次创业成功的比例是 34%。成功的打工者的创业成功率并不高于其他人，甚至更低，因为创业者与打工者的能力完全不同，过去的成功甚至会成为创业的思想负担。

创业其实可以有多种方式。王泉庚指出，如果你想取得更大的成就与实现更大的梦想，而且具有足够的风险承受能力，那么可以选择独立创业。如果你既有创业特质又有创业资源整合能力和领导力，而且能够承受创业失败后的风险，那么可以牵头组建创业团队做一个领头创业者。若你的创业特质还有些不足，或者缺乏创业资源整合能力和领导力，则不一定要自己单枪匹马、单打独斗，可以选择做创业团队的一个核心成员。

笔者认为，合伙创业要注意创始合伙人之间是否能形成能力互补，同时要明确创始合伙人之间的合理分工与科学的股权结构，否则无论是一人独裁，还是缺少主心骨，都会造成创始人团队的不稳定，最终不欢而散。

如果个人想创业，又想减少独立创业的风险，还可以选择企业内部创业。现在很多公司都实行合伙人制，其实就是一种内部创业机制。海尔的"员工创客化"、芬尼克兹的"裂变式创业"、韩都衣舍的"小组制和品牌孵化平台"、碧桂园的"项目跟投"等都是企业内部创业的组织创新模式。

↗ 打工也有好的出路

创业并非唯一的出路，打工也可以有很好的发展。到底选择哪一条路，可以按照如图 3.2 所示的职业发展道路的 4 个方向矩阵中的 4 个维度来进行衡量。

出路一：成为职业经理人

职业经理人是最接近老板的职业，相对创业来说，职业经理人需承受的风险较低，是一条很好的职业发展之路。

美国通用电气公司至今已有近 130 年历史，由职业经理人负责经营管理，杰克・韦尔奇是它的第 8 任职业经理人。美的集团的方洪波是从基层岗位做到集团董事长兼总裁的职业经理人。曾任微软中国总裁的"打工皇帝"唐骏的身价高达 10 亿元。

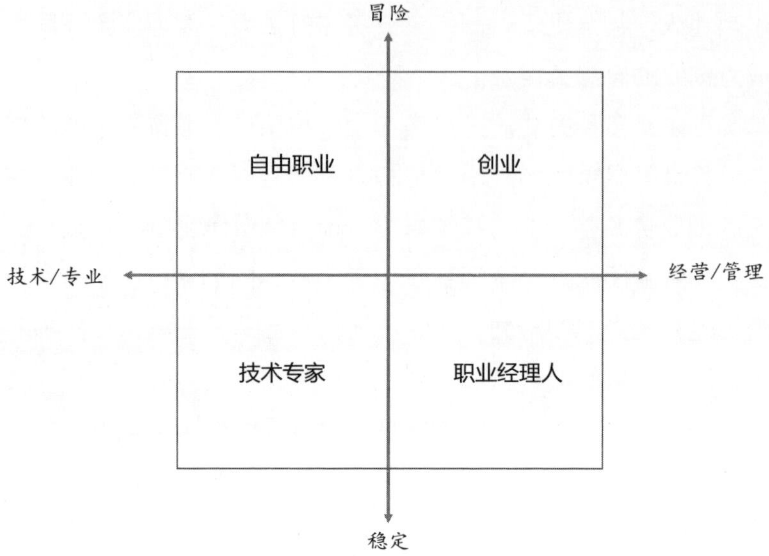

图 3.2　职业发展道路的 4 个方向矩阵

如果你有较强的经营能力、领导力和进取心，愿意承担责任，就争取做到团队领导者，成为 CEO。如果经营能力、领导力不足，也不想承担更大的责任，则可以选择做经营管理团队的一个核心成员，如副总裁、战略业务单元负责人等。

出路二：选择自由职业

如果你想更加自由、追求自己的兴趣、能掌控自己的时间、能很好地平衡工作与生活、不用面对办公室政治、不想全职打工、不想全身心地投入创业，那么选择自由职业，是一条更个性化和多元化的理想之路。

据统计，在美国有 5 300 万人从事自由职业，占总工作人口的 34%。在美国有很多世界 500 强的 CEO 退休后都会选择从事 CEO 教练、董事、顾问、投资等自由职业。欧洲拥有近 1 000 万名自由职业者。在中国也有 5 000 万名以上的自由职业者，并且这个数字还在日益增长中，尤其在数字化时代，将催生更多自由职业者。

所谓自由职业，先要有职业，才能有自由，也就是说你必须至少有一项能够安身立命的本领，是某领域的专家。和在企业中的技术专家有所不同，从事自由职业的你在这个领域内要有口碑，要有个人品牌。

从事自由职业是有一定风险的，因为离开组织后，你没有后台可以依靠，凡事亲力亲为，你要做好“迎接不稳定”的准备。《自由职业者圣经》（*The Freelancer's Bible*）一书的作者萨拉·霍罗维茨认为，在跨出成为自由职业者这一步之前，先要问自己几个问题（见表 3.1），否则就不要从事自由职业。

表 3.1 从事自由职业要问自己的几个问题

问 题	具体思考	建 议
1．你有市场需要的技能吗	没有一技之长，怎么养活自己？如要从事自由职业则通常要有具体的技术能力，如网络开发、财务分析、管理咨询、培训等，并且你要能在 3~5 年内做到行业前 10%	可以考虑进行市场测试，趁还领固定工资时赚些外快。否则，你是不被市场需要和认可的
2．你有强大的人际网络吗	人际关系是生意的重要来源，人际关系广的自由职业者经济状况往往良好	如果你的人际关系积累还不够，最好等一等，先打下基础
3．你有合适的性格吗	对于自由职业者来说，孤独是一个很大的挑战，与他人进行互动也非常重要	如果你在周围有人时才会充满活力，以及性格过于内向，那么你不适合做自由职业者
4．你有财务缓冲吗	做自由职业有许多不确定因素：你并不总知道下一位客户是谁。因此，你需要有财务缓冲来度过工作低潮期	你必须能够应对不确定性。如果你 3~6 个月没收入就无法生活，那你最好别想了
5．你对待工作有纪律性吗	视自己为一个小企业的 CEO，必须能够自我激励、有高度敬业的精神，也必须能做各种和专业没有直接关系的事情，如方案撰写、产品优化、个人运营等	有些人在必须向经理汇报或工作有进度规划时，才会表现最佳。如果你是这样的人，做自由职业可能不适合

出路三：成为技术专家

创业并不一定意味着建立一家全新的企业，即使你在公司上班，也有很多创业的空间。

每家公司除了管理晋升通道，往往还有一条技术专家的晋升通道，如华为、BAT（百度、阿里巴巴、腾讯）等都设有这样的高级技术专家职位，就是通常的 P 序列

（Professional Sequence，专业序列）、T 序列（Technical Sequence，技术序列）。他们享受很高的薪酬待遇、职位等级，并且在人才市场中也很受企业的青睐。

如果你不愿意承担太大的风险，也缺乏经营能力，或者自己对企业经营兴趣不大，也不想走职业经理人的道路，而自己的技术能力又特别强的话，则可以尝试走技术专家的路线。

总体来说，无论选择创业，或者做职业经理人，或者选择自由职业，还是做技术专家，都要保持一个开放的、学习进取的态度，拥有全力以赴的责任心。每个人的情况都不一样，选择最适合自己的路，才是最好的。其实，世上没有完美的事物，完美的都是想象的。一旦选择好，就要有同时接受选择所带来的优势与劣势的心理准备，这样才不会纠结、焦虑与困惑。

3.2 如何选择一份合适的职业

富兰克林说："宝贝放错了地方便是废物。"在职业发展上，选择比努力更重要，因为选择是战略问题，努力是战术问题。有的人很努力，但是选择错了方向，则需要用战术上的勤奋来替代战略上的懒惰。但是，这些选择的对与错，并没有固定不变的答案，因为每个人的情况不同，外部的环境也千差万别。然而，有一些基本的规律和经验可以总结出来供参考和借鉴。

深耕一个细分领域

不管你选择什么样的职业，你先要有自己的核心竞争力，否则就难以在这个社会立足。所谓核心竞争力，一定要有一个核心才行。围绕着这个核心，你才能构建你的竞争力。而这个核心，就是你的职业方向：我到底想成为什么样的人？这个问题解决了，方向明确了，哪怕你走得再慢，也可以比那些走弯路的人走得快，因为你一直在朝着你的目标前进，你在走直线。捷径是什么？捷径就是不走弯路，永远走直线。

而在确定这个方向当中，最主要的是要确定你的专业领域，并且不应该是笼统的领域如"市场营销"或"人力资源"，这样太泛了，构不成核心竞争力。你最好选择一个细分领域，如人才测评、人才管理咨询领域。如果你是一位培训师，则细分领域包括领导力、营销和战略等；如果你是一位财务工作者，则细分领域包括财务分析、融资、预算和成本管控等。

然而，领域也并非越细分越好，因为太细则导致专业面太窄、发展空间受限，所以细分程度要把握好。归纳起来，细分领域该细分到什么程度，一个判断标准，就是从外行人的角度来看，他不知道这个领域的上一层，那么这上一层领域就可以作为你的细分领域了。例如，人才测评包括 360°评估反馈、面试、心理测验、评价中心等领域，而这几个领域对外行人来说是不太了解的，因此这几个领域的上一层人才测评，就可以成为你的细分领域了。

在一个细分领域之中，你的能量才能够聚焦，对问题的钻研才会更加专、精、深，你的竞争对手也不会太多，你才能够更快速地成为专家，你才能形成自己的结界和护城河，你的可替代性也会很小。虽然专注细分领域会使你的受众数量相对少一些，但是这些受众都是与你高度相关的人。一般来说，人们的学习方法都是 T 字形[3]的，你只需要在一个领域精通就可以了，而对其他大多数领域，你的学习重点在于了解及建立跨领域的联系。

大前研一在其专著《专业主义》中也提出了这样的观点：“你凭什么胜出？未来能够牵动世界大势的，是个人之间的竞争。能否独霸世界舞台，锻造他人无法超越的核心竞争力？你唯一的依恃，就是专业。”你是一流的商务人士，还是一般的上班族？差别就在于是否专业。给自己一个专业定位，树立自己的品牌形象，会为你以后的职业发展增加更多有价值的筹码。

鸿海创始人郭台铭有一句名言叫“广深高速”，意思是要当领导者，必须要有广度、深度、高度和速度。其实这 4 个度是有先后顺序的，先要有深度，之后有广度，再有高度，最后才会有速度。

因此，你不要盲目追赶热潮。不要市场什么热就做什么、不要从零开始进入完全陌生的领域，要优先发展自己熟悉的领域、能发挥自己核心才干的领域，多

3 T 字形学习法中的“一”表示有延展性、广博的学习其他领域的技能，“丨”表示对这个领域知识的深度学习。

增加一些深度，再逐渐提高自己的广度和高度，至于速度，自然而然就有了。

↗ 职业选择的三大因素

针对细分领域选择来说，每个人可能有很多个备选项，到底选择哪一项来作为自己的职业呢？主要考虑 3 个因素：喜不喜欢（爱好）、擅不擅长、赚不赚钱。如果按照这 3 个因素进行综合考虑，则会出现以下 7 种情况。职业选择三大因素的匹配图如图 3.3 所示。

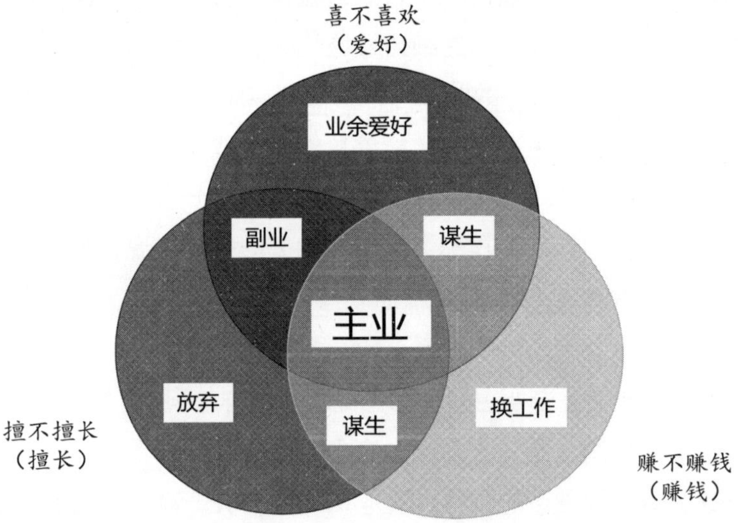

图 3.3　职业选择三大因素的匹配图

（1）既喜欢也擅长，还能赚很多钱。如果遇到这种职业，那么恭喜你，你应该全力以赴为之奋斗，因为这种情况并不多见。

（2）喜欢但不擅长，也不赚钱。例如，曾哥喜欢书法，虽然与专业水平的人没法比、与业余水平的人相比还算过得去，但是没法通过写毛笔字来养活自己，因此只能把它当作一种业余爱好。

（3）擅长但不喜欢，也不赚钱。例如，你擅长整理房间，但你并不喜欢，而且也很难靠整理房间来赚很多的钱。虽然在国外有一些人专门从事房间整理的工作，但在国内这确实赚的钱不多，因此这项工作建议你放弃。

（4）赚钱但你不擅长，也不喜欢。因为你不感兴趣，所以工作起来一定没有热情，而且由于不擅长，也很难获得成就感，长久来说，会被那些擅长的人比下去，所以短期内可以做一做，如从长期考虑则建议换工作。

（5）你既喜欢也擅长，但不赚钱。由于不赚钱，你很难获得收入来源，所以你可以把它当作业余爱好或副业比较合适。

（6）你既喜欢也赚钱，但不擅长。这种职业可以当作谋生手段，但是由于自己不擅长，如有的人沟通协调能力不错，在企业做 HR 可以，但思维深度与创新能力不够，就不适合做咨询顾问，所以在这个领域不会走得太远，很容易被高手刷下来。

（7）你既擅长也赚钱，但不喜欢。这种职业可以当作一种谋生手段，并且也有向理想化的职业发展的可能性。由于自己擅长，加上能获得丰厚的回报，较容易给自己带来成就感，从而逐渐使自己喜欢上这份职业。

因此，在选择职业时，你需要问自己以下两类问题。

一类问题：我喜欢做什么？我的兴趣点在哪里？哪些工作做得很开心？是喜欢对外社交与客户打交道，还是喜欢独处思考与技术打交道？是喜欢在后台与工人和机器打交道的生产制造，还是喜欢在前台与客户、竞争对手打交道的销售或拓展？是喜欢创新性的产品研发、品牌营销，还是喜欢后台管理性的人事、财务？是喜欢在一线和敌人拼刺刀打硬仗，还是喜欢在后台运筹帷幄？

如果对自己的职业兴趣不清楚，建议在网上去做一做霍兰德职业兴趣测试，看你属于哪种类型，适合从事什么职业。

另一类问题，我能做什么？我擅长做什么？什么工作做得好？什么工作做不好，验证了自己有哪些方面的能力缺陷？哪些工作做得非常出色，绩效成果非常优秀，展现出了特有的核心才干？

乌龟在地上是跑不过兔子的，可乌龟在水里永远比兔子游得快，所以不要选错自己的位置。每个人都有自己的优劣势，不要花费太多时间去改善你不擅长的方面，而是应该注重自己的优势。比起把一流的能力变成超一流的能力，从一般能力到一流能力要耗费多得多的精力和努力。任何成功都要靠优势，靠劣势什么事也做不成。

什么样的职业赚钱

职业选择的第 3 个因素是赚不赚钱。也许有人会说三百六十行，行行出状元，只要你有能力，都是可以赚到钱的，没有不赚钱的行业，只有不赚钱的个人。但其实不同的领域竞争程度是不同的，赚钱的难易程度也有很大差异。例如，人力资源、市场营销这些“万金油”的领域，很好找工作，但是竞争也很激烈，要出人头地比较难，而一些比较冷门的领域，虽然岗位需求少，但是一旦你在这个领域扎根下来，就能成为专家，赚钱反而容易一些。

一份职业赚不赚钱，好不好赚钱，要考虑以下几个因素。

一是这份职业收入的差异性，即在这个领域混得最差的人与最好的人在收入上差距有多大。有的领域差距就非常大，如文艺界和体育界，做演员做到一线明星，年收入几千万元甚至上亿元，而底层的群众演员，一天收入百十来块钱，少得可怜，还不稳定。所以如果你不是特别有天赋，则建议你不要往这方面发展，如果实在喜欢，就把它当作业余爱好，也许还能给你的人格魅力加点分。例如，你可以做到在财务管理领域钢琴弹得最好、在软件工程领域足球踢得最棒。

二是这份职业与年龄的关系，即随着年龄的增大，你能否继续靠这份职业来获取收入，收入会不会减少。一些靠体力吃饭（俗称“吃青春饭”）的职业都存在这个问题，如搬运工、运动员。人们也经常看到一些体育方面的世界冠军沦落街头卖艺、当搓澡工的新闻。如果你从事的是这方面的职业，即使现在比较赚钱，那么建议你在自己变老之前做好转行或转型的准备。

三是这份职业的前瞻性，即是不是未来的潮流趋势，会不会被淘汰。例如，在 20 年前，司机是一份非常有尊严感的职业，收入也比较高，但如今随着私家车的普及，这个职业越来越没有前途了，收入也降低了很多，在将来无人汽车上路之后，这个职业将消失。

不管你选择哪个职业，你一定要清楚这个职业的特点，有的收入不高但比较自由舒适如教师；有的比较辛苦但是收入高，如互联网相关职业。总之，各有各的苦，各有各的好。不要在一个舒适的领域既想实现梦想又想多捞金，那种钱多事少、离家近的工作根本就不存在。

为了解决这个矛盾，现在越来越多的人都拥有多重职业身份，这就是所谓的斜杠青年。工作使自己拥有稳定的收入，是用来维持生计的；工作以外的职业是用来做自己喜欢做的事情，如一位咨询顾问同时也是作家；一位职业经理人同时也是马拉松爱好者；一位工程师同时也是漫画家……相比于传统单一职业，多重职业的生活会让人更满足。

↗ 如何判断一份工作的好坏

在选择好了职业之后，还会面临工作的选择。注意区分职业与工作的差异。根据中国职业规划师协会的定义：职业=职能+行业，职业是一种社会分工。而工作指的是企业提供给你的一个位置，它通常和职位联系起来。

> 假设你是一名律师，摆在你面前有两份工作，一份来自律师事务所，另一份来自科技公司，你会选择哪个？
>
> 如果你是一位市场营销人员，则会面临到一家营销机构上班，还是到一家公司的市场部上班的问题。
>
> 如果你是一名程序员，则要决定是到科技公司上班，还是到非科技公司的技术部门上班，如房地产、银行、医院等。
>
> ……

以上是令人棘手的问题，也是很多职场人士一直都会遇到的困惑。

虽然每个人的选择都会受很多因素的影响，但还是有一些共性的因素可以帮助你来选择一份更加合适的工作。根据笔者的研究，在做出选择时主要要考虑一个因素：岗位的重要性。

岗位的重要性是指这个职位是企业的核心职位，具有不可替代的作用。也就是说，没有这个职位，组织就不可能完成它的主要目标和使命。例如，如果律师事务所没有了律师，那么它不能提供法律服务，但是科技公司即使没有首席顾问，也还可以继续运营很长一段时间。对任何一个职位来说，如果它所涉及的工作在公司分布得越广，且这个职位一旦空缺，这些工作终止得越快，那么这个职位就越重要。

必须指出的是，任何人在任何职位上都能成为核心员工，如一些拥有独特价值的知识、技能和能力的人。然而即使是核心员工，在组织里或许也只是一个次要职位。例如，高科技公司的律师（相对于律师事务所来说），对科技公司来说可能是一笔巨大的资产，但是由于这个职位对科技公司的使命并不关键，所以律师实质上就成了次要职位。反过来说，也并非所有处在核心位置的员工都能成为核心员工。例如，在律师事务所，既有合伙人，也有其他行政后勤人员。

美国威斯康星大学奥什科什分校和华盛顿州立大学的一项针对 800 人的调查结果显示，对一个职位的重要性可以从关键性、无可替代性、广泛性和紧迫性 4 个方面来评价。

（1）这个职位的工作对组织的使命有多重要。

（2）这份工作能否被其他职位替代或替换。

（3）没有人来做这项工作，其他工作是否也会立即停止。

（4）如果没有人做这项工作，有多少其他工作将因此停止（影响的范围有多广）。

他们还通过调查发现，处在核心职位的人可能有更多的机会能够体验有意义的工作，对公司的忠诚度会更高，职位危机感和职业倦怠感会更低。

是否处在核心职位对职业发展来说十分有意义。如果公司把你调到一个更核心的位置，那么你要好好考虑了。虽然伴随核心职位而来的是更大的责任和压力，但是它给你带来的发展前景是非常广阔的。相反，如果不接受这样的挑战，将失去一次往核心职位发展的机会。

曾哥有一位朋友，在一家世界 500 强外资零售企业担任培训部经理，由于能力突出，公司想调她到另一个城市担任店长。这意味着，她每周只能回家一次，照顾家庭的时间将更少了。对于女性来说，确实是不小的压力，因此刚开始她一直举棋不定、犹豫不决。曾哥给她的建议是，接受这份安排。因为店长作为一线的经营管理者，比培训经理这个职位处于更核心的位置。后来她接受了这个建议。

3.3 如何选择一个好的平台[4]

股神巴菲特说，你上哪一条船远比你划船划得多有效率更重要。选择一个好的发展平台，对你的职业发展来说是非常关键的，因为你的高度=自身价值+平台高度。

选择一个合适的行业

各个行业大致可以分为 3 类，每类行业对人的能力要求有所不同，如表 3.2 所示。因此你要分析你的能力优势在什么地方。

表 3.2　3 类行业对人的能力要求

	劳动密集型	资本密集型	技术密集型
行业举例	传统制造、物流、零售、餐饮	金融、地产、汽车	汽车、游戏、IT、电力、动漫
资格条件	对学历要求不高	阅历丰富、有人际关系资源	年轻、高学历、专业技术出身
能力要求	动手能力强、服从安排、有团队协作能力、吃苦耐劳	会资源整合、人际交往能力强、对宏观政策有研究	分析能力、学习能力、创新能力强

一般来说，金融、通信、地产、制造、汽车、物流、零售、IT、电商等属于主流行业，竞争激烈、经营规范，你的能力能够得到充分锻炼，而传统能源、烟草、铁路、矿冶等公共服务的企业属于非主流行业，几乎没有竞争、比较封闭，对你的能力发展相对有限。然而也要看你是学什么专业的，如你学的是电力系统及其自动化专业，最好去电网公司。

选择哪个行业要考虑这个行业的市场容量。为什么房地产领域会产生很多富豪，因为房地产的市场容量足够大，2017 年全国房地产销售额约达 12 万亿元，

4　本部分内容曾哥最早于 2013 年在广东财经大学的专题讲座中分享过。

所以才有碧桂园 5 000 亿元的销售额。但是电影行业则盘子太小，2017 年的票房总收入才 550 亿元，而进入的人又太多，所以你在这个行业里赚到钱相当不容易。像《战狼 2》一样产生 50 多亿元票房收入的是少之又少。这就决定了大部分收入集中到了头部群体当中（优秀的投资方、制片人、导演、明星），而其余的大多数人都赚不到多少钱。

然而，没有无前途的行业，只有没前途的企业与个人。通过行业判断，只要大的趋势有前景而你又喜欢，就应该坚定地在这个行业里耕耘。尽可能地在一个行业深入地做下去，尽可能地不要轻易改行，因为这会让你损失很多积累。如果一定要改行，则行业发展要有一定的内在连续性，即以前积累的资源如经验、技能、人际关系等能够不断地得到延续和强化。

机关、事业单位相当稳定，很多人都想去里面发展。如果你不是博士学历，高校、科研机构建议你不要去，因为低学历在那里基本上是打杂的。

外企、国企，还是民企

对于外企、国企、民企来说，很难从总体上做一个绝对的好坏之分，各有各的优势，各有各的不足，就看是否适合你的风格。外企、国企和民企的就业对比如表 3.3 所示。

表 3.3　外企、国企和民企的就业对比

外　企	国　企	民　企
薪酬福利较高 增长速度平稳而缓慢 规章制度健全 流程规范	国家政策支持 福利好 等级森严 规矩多	以绩效为导向 注重成本控制 市场、资源要自己开拓 制度流程也要自己建立
培训资源丰富 可成好兵、难成好将 全球裁员	人际关系复杂 长期稳定 压力小	积累丰富的实战能力 快速成为多面手 提升快
靠能力	靠本事	既靠能力，又要靠本事

外企靠能力，国企靠本事，这个本事不是一般的本事，最重要的是处理人际关系的本事。民企既靠能力，又要靠本事。

能力更强调个人自身的某种技能，如知识、技术、基本的素养，而本事更为强调完成某件事所需的全部资源，包括你自己的能力和你对其他社会资源的整合能力。

能力更强调一种可能性，就是说可以做到，但是不问结果，而使用本事时更加强调对事情的完成结果，颇有只看结果不看过程的味道。

总体上说，不管你怎么做，只要把这事办成了，那就是本事了。然而，如果你办成此事主要凭借的是自己的某种技艺，那么可以说你很有能力。

外企规章制度健全、流程规范，可以学到国际化的管理方法，积累基本的管理素养，而民企则灵活性更强一些，但很多方面还不太完善，需要你建立制度流程和创新等。国企的人际关系比较复杂，适合情商高的人。

近几年来，受全球经济一体化和中国经济新常态影响，外企总体上发展比较疲软，国企依然不温不火，民企发展一路高歌猛进，所以在选择企业时需要考虑业绩的发展态势。

↗ 大企业，还是小企业

是去大企业做一个小职员，还是去小企业做一个小主管？这是个问题。

选择的基本原则是：大型企业选文化，中型企业选行业，小型企业选老板。

大企业与小企业的就业对比如表 3.4 所示。在大企业可以学到很多专业化、规范化的流程和工作技能，而在小企业则容易成为多面手。如果刚毕业在小企业待的时间过长（超过 3 年），还没有升到管理层，那么后面待的时间越长就越减分，越不好找工作。刚毕业时，进入大企业比小企业会有更好的发展，不仅有成熟的培训发展体系，还可以结识一批优秀的人。因此，刚开始工作时不要进入一些比较小的企业，特别是从事管理工作的人。通常的职业发展都是在大型企业里面积累一些经验、向高手多学习一些，待有一定的资历后再跳到小企业去做一个领导者。

表 3.4　大企业与小企业的就业对比

大企业	小企业
视野、经验和人脉积累	身兼数职，实战经验丰富
学到很多管理规则和方法	业务导向，机会导向
培训体系比较完善	创业机会多，和公司一起成长
职责分工清晰	培训机会少，经营风险大
工作相对狭隘，螺丝钉的工作居多	

大公司里可以出人才，因为大公司有规范的机制和方法可以学习；小公司里也可以出人才，因为小公司里给你无限发挥创造力的空间。笔者认为，在职业生涯的初期，找一家具有成长潜力和发展空间的公司，并随着公司一起成长，也是一个不错的选择。一是你可以亲眼看见一家公司从小到大、由弱到强的成长历程，对于公司的运营也会有更加深入的理解，也能够体会到你的角色在公司成长中的位置和作用。二是在公司成长的过程中，你的价值会有更大的发挥余地，会更容易展现出来。很多人在找工作时都倾向于寻找大公司，这也可以理解，但是要想快速成长，寻找规模不太大的成长中的公司，也是更好的一种选择。因为在成长的过程中，会对于人才的需求较为迫切，你的职位晋升也会更快。

↗ 大城市，还是小城市

在工作地点的选择上，很多人也有一些苦恼，到底是往经济发达的大城市闯拼呢，还是回到老家的小城市里过自由自在的生活，这就要看个人的价值观了（大城市与小城市的就业比较如表 3.5 所示）。

如果你想要有一番作为，那么在职业发展的初期要尽可能地在比较发达的地方工作，等你已经在职业发展上达到相当的程度之后再考虑生活上更能接受的城市。正如资深广告营销人刘卿所说："对于大多数年轻人来说，只有在这里（发达城市），雄心万丈的二丫、狗蛋和翠花才有可能蜕变成 Mary、Mike 和 Elena。"

表 3.5 大城市与小城市的就业比较

大城市	小城市
• 发展机会多 • 激烈的竞争更能够激发个人潜能，更容易达到更高的职业高度 • 更宽广的视野 • 生活成本高、压力大	• 生活安逸、生活成本低、压力小 • 环境好、空气好、幸福指数高 • 视野受限 • 发展机会少 • 上升空间有限

如果你在家乡的小城市里有很好的机会和资源则另当别论了，或者你心仪的企业在这座城市，那你就果断回去。

不建议职业发展过程中频繁地更换城市，因为你在某个城市积累的资源随着地域的变动会大大贬值，会无形中使你的很多成本上升。

↗ 如何判断一家公司的好坏

如何判断一家公司的好坏呢？如是否有优美的工作环境？便利的公司地点？免费的午餐？上班是否打卡？年假多两三天……

> 网上有个段子：找工作时有窍门，看一下公司厕纸。如果厕纸是 1 层，烂公司。如果厕纸是 2 层，小公司。如果厕纸是 3 层，不错的公司。如果厕纸是 4 层，本地大公司或不错的外企。如果厕纸是 4 层原木浆，国际好公司。如果厕纸是 4 层原木浆日本或欧洲制造，国际超级好公司。

表 3.6 是笔者梳理的如何判断一家公司好坏的评分标准，供读者参考。

表 3.6 如何判断一家公司好坏的评分标准

	分值（分）	加　　分	减　　分
行业地位	10	产业链的上游，行业领先者	产业链的中下游，行业落后者
公司业绩	20	业绩不断增长	业绩停滞不前或下滑
盈利模式	20	有清晰的盈利模式，主要盈利来自主营业务	业务非常不明确，经常转型，找不到清晰的盈利模式

续表

	分值(分)	加　　分	减　　分
人才建设	15	稳定且分工明确的管理团队，聚集了一帮有共同梦想的牛人在一起	管理层经常换人，员工流动性大，网络上通常看到的是对于公司管理的负面评价
薪酬福利	15	薪酬具有竞争力，有贡献的员工能得到公平的回报	薪酬没有竞争力，经常看到苛待员工的负面报道
企业文化	10	工作氛围融洽，同事之间互相帮助，员工积极上进，精神饱满	派系林立，钩心斗角，互相拆台，人人自危，暮气沉沉
培训发展	10	满足员工对于培训的要求	重使用，轻培养

首先，要判断这家公司位于产业链的哪个位置，是上游、中游还是下游。通常来说上游公司比较有话语权，利润也是最高的；中下游公司特别是中游公司都是被压榨的，如手机、汽车行业，都是负责研发的企业比较赚钱，而代加工企业利润比较低。同时，也要判断这家公司是否属于行业的领先者，是否具备领先的技术实力、管理水平、产品品质。这决定了你是不是可以学习到行业内最专业的工作方法，是不是能接触到最一流的技术，能不能参与创新性的核心项目。

其次，要特别关注公司业绩是否在稳定地提升。如果是上市公司，通过近几个季度的财报就能够看出来了；如果是非上市公司，则主要看它的产品销售情况如何。如果业绩不好，也就没有空间给员工升职加薪，甚至可能降薪。在这样的公司里面工作，即使你很努力，领导也很认可你，也得不到合理回报。例如，当公司业绩下滑时，下午茶、集体旅游、培训基金等可能就没有了。笔者亲身经历过的一家企业，老板连员工的出差补贴都砍掉了。

最后，看这家公司是否凝聚了一批踏实肯干的人。例如，那些兢兢业业工作、认真负责的同事是否在核心岗位上，业绩突出的同事是否得到公开表彰，能力突出的人是否随着年限增加获得了超常规的回报，那些乐于八卦、无所事事、充满负能量的人是不是被边缘化，部门之间合作推进一件事情是否难于上青天，流程审批性的工作是否已经占据了日常工作内容的近一半，来自用户对公司产品的合理建议是否能得到反馈……因为一个奖惩混乱、士气涣散、整体氛围多一事不如少一事的公司，走下坡路是早晚的事情。在这样的公司工作具有非常大的危险性，会不知不觉间瓦解一个人的所有斗志，毕竟人都是有惰性的。你要成为什么样的人，就跟什么样的人在一起。

3.4 如何跟对一位好老板

人这一生要做对两件事，一是找位好老婆（公），家庭才会幸福；二是找位好老板，工作才会顺利。《财富》杂志曾对哈佛商学院的毕业生做过一次调查，结果显示，几乎所有成就卓越的人都得到过他人的提携。这应验了一句话：首先你得行，其次得有人说你行，最后说你行的人得行。因此，你需要跟对一位好老板。那么，如何才能跟对一位好老板？

↗ 选对老板很重要

社会上的企业鱼龙混杂，企业老板也是形形色色的，从不同的角度有不同的分类。判断老板属于哪种类型，有助于与自己的定位进行匹配，从而做出更好的职业发展规划。笔者从企业老板的价值认知角度出发，将老板分为以下 6 种类型。

1. 生意型老板：把企业当“奴隶”养

生意型老板是指“生意人”，他们精明、圆滑，唯利是图，商业敏感性强，很快就能够闻到钱的味道。他们追求的是利润最大化，为了节约成本处处抠门，甚至为了企业利益不惜损害客户、员工的利益或钻法律的空子。因此，他们的企业往往员工流动性大，客户群也不稳定。生意型老板不宜久跟，当你的实力达到一定程度时，要尽早离开这种老板。

2. 生活型老板：把企业当“情人”养

生活型老板追求的是提高自身及家庭的生活质量，他们“稍富则安”，当财富达到一定的数字后，追求和干劲明显放慢，把追求生活品质作为首要考虑的事情，只求轻松地享受生活，衣食无忧就心满意足了。他们的企业就像一个家庭一样温暖，因此他们的员工队伍很稳定，但缺乏干劲和忧患意识，所以往往无法做大、做强。如果你的价值观就是安安稳稳在做一份工作，生活型老板是比较好的选择。

3. 投资型老板：把企业当“猪”养

投资型老板的基本理念是“商者无界”，什么东西赚钱就投资什么，他们关注投资回报率，期望在最短的时间内获得最大收获，然后抽身而去。他们和创业型老板的共同点在于同样极具商业眼光，不断地进入新的行业，但不同的是他们不自己经营，当他们赚够钱了，或者这个企业不再赚钱时，他们就会把它当“猪”一样卖出去。跟着这种老板，肯定有肉吃，但是你一定要拥抱变化，要不断适应新的领域，你想在一个领域深耕是不太可能的。

4. 社会型老板：把企业当“朋友”养

社会型老板喜欢显示自身在社会的地位和能力。他们以社会活动为主，做企业为辅，对事物的判断标准更多会考虑事情本身对社会、对企业的正面意义。他们不断地高调参加各种社会公益活动，而且也十分享受社会对他的赞美和歌颂。所以，与其称他们为企业家，不如称他们为社会活动家。他们的企业往往不需要广告，因为他自己就是广告。跟着这种老板，抛头露面、接触各种社会名流的机会少不了。

5. 创业型老板：把企业当“女儿”养

创业型老板不是享受创业的成果，而是享受创业的过程。他们始终有创业的激情和梦想，而且能够从零开始快速地把企业做大，但是他们在一个行业做不久。当他们把一个企业做到一定程度时，他们会为这个“女儿”找到一个“如意郎君”，又会选择一个新的行业重新开始创业，他们不断地征服一个又一个行业。跟着这种老板，你一定会很辛苦、很累，但是成就感和获得感很强。可能过不了多久，你自己也能够创办一家企业了。

6. 事业型老板：把企业当“老婆”养

事业型的老板是真正称得上“企业家”的老板。他们大智若愚，喜欢把事业做大、做强、做长，他们遵守“君子爱财取之有道”，追求对社会的回报而非一味地追求个人财富，社会对其认同程度往往作为他们衡量自身价值和成就感的重要或首要指标。他们数十年如一日地坚持自己的梦想不动摇，把企业当作自己的“老婆”，期望天长地久、白头到老，努力发展成行业的领跑者。跟着事业型的老板，你的能力和收入会随着公司的发展水涨船高，只是你需要有足够的耐心和奋斗精神。

不同风格的老板，适合不同价值追求的你。如果你想获得社会地位、名誉，那么跟着社会型的老板是比较理想的选择；如果你想成就一番事业，就要选择事业型的老板，会有你施展才华的舞台。马云就是一位事业型的老板，所以当年跟着他创业的人如今事业都如日中天，如童文红曾经是阿里巴巴的一名前台，现在已成为菜鸟网络的董事长了。

↗ 什么样的上司值得跟随

除了选择老板，你的上司也是你要考虑的，特别是在求职时。如果在公司内部，你可能没有资格来选择谁来当你的上司，但是你需要留意他是不是一位好上司，他是否值得你追随。因为上司的能力水平、处事风格会对你的成长产生至关重要的影响。上司也有好有坏之分，什么样的上司是一位值得你追随的呢?

（1）目标明确。思路清晰，清楚自己的目标是什么，也知道让下属通过什么样的方式，以最快速、最节省成本的方法达到既定目标。

（2）目光长远。有战略思维，考虑问题比较长远，不过于计较眼前的得失，经常花比较多的时间来思考全局性、长远性的问题。

（3）处事果断。在复杂的局面和众多的意见中，能够迅速找到解决问题的对策，一旦了解清楚问题，就会果断决策。

（4）精明能干。成功是有惯性的，有过多次成功经验的领导，总有独到且成熟的成功秘诀，这类上司多为领导能力高强的人士，是下属学习和模仿的最佳榜样。

（5）善于授权。懂得抓大放小，但又不会随意授权，而是在适当的时候进行适当的监控。跟着这样的上司，你的能力会提升得很快。

（6）关心下属。不但关注业绩达成，而且关注下属的感受和职业成长，善于发觉员工的潜力和优点，并能够在下属需要时提供指导和帮助。

（7）包容大度。敢于给员工尤其是新员工提供尝试、成长和犯错误的机会。即使在工作过程中出现了失误，也会为其剖析问题所在，并指明正确的发展方向，使员工能很快成长起来。

（8）舍得付出。对员工的付出会给予相应的价值回报，舍得在员工的发展上投资，会给员工充分的成长空间。

（9）信守承诺。言行一致、敢做敢当，表里如一，承诺过的事情都会兑现，跟着这样的上司，你干得舒心，不会担心“背后被捅刀子”。

（10）身先士卒。以身作则、身体力行，带头冲在前面，与下属同甘共苦，这样的上司能理解员工的工作难处。

（11）公平公正。在处理任何事情之前都会兼听各方意见和建议，不听信一面之词。跟着这样的上司，哪怕遇到利益纷争，也不用担心得到的结果会不公平。

（12）作风优良。有着良好生活习惯和业余爱好，懂得在工作之余调节压力和情绪。在工作和生活的切换中张弛有度，通常不会把下属逼成只会工作的“机器”，不会无端让下属经常处在紧张之中。

如果你的上司具备 7 个以上的特点，那么他值得你追随，如果他具备 9 个以上，你可以长期追随他，这样的好上司打着灯笼都找不到。

需要注意的是，有很多人会讨厌那些对下属要求严厉的上司，事实上这类上司虽然有时在态度上并不那么好让人接受，但是他们是真正对你负责、对你有帮助的上司。

人无完人，要找到一个完全没有缺点的上司是不可能的，你也别要求太高。职场达人维小维说，在身边总有一些年轻人，只要在一家公司遇到委屈，就想着辞职跳槽。他们常常寄望于在下一家公司遇到一个圣人一样的上司，天天怕你冷了、怕你饿了，更怕你的玻璃心掉一地碎了，像“养蛙游戏”的老母亲一样日日念叨着你快回来，这简直是痴心妄想。实际上，你的下一个上司很可能更凶猛，关键绩效指标（Key Performance Indicator，KPI）更难完成。

↗ 远离这样的上司

找到一位好的上司不容易，如果你遇到一位不好的上司，那么你最好找机会远离他。这些上司有什么特点？

（1）朝令夕改。有些上司喜怒无常，不断给你新指示。你花费许多时间策划的一个计划，可能因为他一句话而宣布作废。下属天天都会很忙，但往往徒劳无功、一事无成。

（2）目光短浅。有些上司没有长远的打算，遇到一件事情处理一件事情。团队成员基本在做“救火员”的事情，团队到处有问题，团队成员处处被动，跟着这样的人你走不远。

（3）优柔寡断。有些上司整天开会，整天讨论各种管理问题，就是不做决策，优柔寡断、患得患失，很多问题都是老生常谈、悬而不决。

（4）软弱无能。胆小怕事，只想做老好人，处处讨好不敢硬碰硬，这样的上司，要么被人架空，要么被人利用，要么尸位素餐。

（5）自私自利。既要马儿跑，又要马儿不吃草，鱼与熊掌都想得，通常是两者都得不到，或许常常因小而失大，到最后一定是两手空空。

（6）不择手段。在他们眼里只有利益，为了利益，可以不择手段、不讲原则，甚至弄虚作假、坑蒙拐骗偷，唯利是图。

（7）言而无信。夸夸其谈，表里不一，喜欢到处承诺，但不兑现承诺。

（8）监守自盗。对下属要求很严格、苛刻，但放纵自己，带头违反规定。

（9）疑神疑鬼。不论大小事都要亲自参与，并且总是对员工疑神疑鬼，对下属不信任、不放心，总是觉得下属达不到自己的要求。

（10）心胸狭窄。心中只有自己，不能出现别人，也特别不能容忍别人比自己强。他们生活在自己的世界里，骄傲自大，听不进别人的意见。

（11）自高自大。要求身边人对他俯首帖耳、言听计从，喜欢对下属指手画脚，从不考虑下属的感受，更不会站在下属的角度去考虑问题，一切都是为了凸显自己的地位。

（12）喜新厌旧。每个公司都会有几位“开国元老”，在江山稳定之后却都被“杯酒释兵权”，这类公司通常员工流动率极高，理由都是这些员工不能用，不适合公司需要。

如果你的上司具有以上 5~6 项特质，你最好多花一点时间充实自己，并随时留意招聘信息；如果你的上司具有 8 项以上的特质，唯一的劝告是：走为上策。

很多人可能讨厌自己的上司，甚至诅咒过他，偏执、变态、有病这些词，恨不得改成上司的微信标签。但是笔者要告诉你的是，上司不是用来喜欢的，他不过是你的资源而已。而且在大多数的情况下，是上司在选择你，而不是你选择上司。跟随严格的领导可以成为人才，因为严格可以约束你；跟随仁慈的领导也可以成为人才，因为仁慈可以让你学会自我约束。不要随意就以不喜欢领导为由跳槽，这样对你的发展是没有好处的。

有的人说我的状况不好，其实你的情形再惨，惨得过孙悟空吗？像唐僧给他念紧箍咒，把他赶走过几次，他不也一样跟唐僧一起去取了个经回来吗？这是因为他知道，唐僧是他的一个重要资源，通过取经，他获取了如来佛、观音、玉帝等各方的支持，最终被评为斗战胜佛。所以你要学会管理你的上司，善于利用他的优势与资源。

3.5 跳槽须精打细算[5]

跳槽已成为职场人士追求职业发展的重要方式之一。当自己的积累达到一定程度，或者遇到职业发展瓶颈时，跳槽便是必须要面对的事情了。但是，要想成功地完成这一“跳”并不容易。一般而言，跳槽主要会考虑预期收益、成本和风险三方面因素，预期收益越高，跳槽的成本越低，风险越小，做出跳槽决定的可能性就越大。

↗ 要分析收益

跳槽的预期收益分为经济收益和非经济收益两种。经济收益主要是指薪酬，它是引发跳槽的主要因素之一。调查显示，通过跳槽 28.4%的人的薪酬增长了

5 该部分内容最早发表在《人力资源》杂志 2011 年 10 月刊，有修改。

10%～30%，5.18%的人的薪酬增长了 30%～50%，但 11.69%的人跳槽后薪酬并未提升，反而下降了。

由此可见，薪酬虽然很重要，但并不是引发跳槽的唯一因素，除此之外，还有非经济收益因素要考虑，包括公司的发展前景、晋升空间、学习与发展机会、工作的舒适度、工作成就感、工作氛围与企业文化的适应性、工作与生活的平衡等。

不少人认为，只要跳槽后的薪酬比以前高，跳槽就是划算的。殊不知，在跳槽的过程中，高薪诱惑固然是一个重要的方面，但各项成本和风险也是不容忽视的。有的人跳槽到另一家公司，是因为当对方通过猎头来挖，给出了很高的薪水诱惑时，觉得自己的能力得到了肯定，从猎头那里看到、听到的全是新公司好的一面，所以一时间就晕了头，选择了跳槽。但是跳槽之后，发现新公司比原公司还要差，问题更严重。如果事先不对各项成本和风险因素进行综合评估，做到心中有数，那么很有可能出现“越跳越糟糕”的尴尬局面。

↗ 要计算成本

一般情况下，跳槽所产生的成本包括显性成本和隐性成本两部分。显性成本是指那些可以明确预见的成本，如违约金、培训费，以及由于竞业禁止协议引起的赔偿等，往往数额较大，这是跳槽者必须要注意的。

隐性成本是容易被许多跳槽者忽视的，如要接触新的工作内容，对企业文化不适应，加班加点、牺牲休息时间以便跟上同事的步伐；或者放弃了原有的专业，自己需花钱“充电”适应新工作；为了站稳脚跟，要付出更多的努力来证明和表现自己的能力和人品；与新同事搞好关系投入的人际交往费等。

因此，跳槽也许在薪酬上能够带来进一步的增长，但是由于更换环境则需要投入更多的时间、精力和金钱。

↗ 要评估风险

跳槽同样也带有风险。根据调查显示，对新公司发展前景的不确定性、实际工作内容与招聘时的不一致、对新工作环境的不适应，是跳槽要承受的三大主要风险，而传统观念中的薪资缩水风险只排在了第 4 位。也就是说，并不是每个跳槽者都能如愿以偿，即使一些理性的跳槽者也很有可能“跳入火坑”，更不用提那些盲目的跳槽者了。因此，跳槽者千万不能意气用事，应该厘清头绪，认真评估跳槽的风险，谋定而后动。每个欲跳槽的人在做决定前都应该先认真思考，究竟是什么原因促使自己萌生跳槽的念头，为了这样的原因而离开熟悉的工作岗位是否值得。

需要注意的是，以下两种跳槽是需要避免的。

频繁跳槽

现在的年轻人流行的一个口头禅是“我把老板给炒了”。对于一份工作，往往坚持不了几个月，如果觉得看不到希望，工资无法提升，就选择跳槽。但实际上，跳槽并不能从根本上解决问题。你的缺点如果没有得到改正，能力没有得到提升，你跳再多次槽也不能改变状况。很多人以为自己换个环境，老板或领导就会不同。事实上，当你心存抱怨，便会永远抱怨；当你今天逃避，便会永远逃避；当你身心懒惰，便会永远懒惰。

现在的用人单位都变得非常务实，做多少事，拿多少钱，天经地义。你为公司贡献多少价值，取决于你的能力到底有多强。这个世界几乎没有 “钱多、事少、离家近”的工作。

如果跳槽过于频繁，那么所产生的成本和风险会更高，甚至得不偿失。因为工作能力的培养，往往需要一个相对较长的时间。一般在一个岗位上工作了两三年之后，才会慢慢地开始对公司和本职工作有一个比较深入的了解。这时如果选择跳槽，则自己一番拼搏所赢得的社会认可、专业知识和工作能力的积累等，都会随着跳槽而流失。工作就像煲汤，是需要慢慢熬的。很多人往往是这山望着那山高，却看不到自己脚下的风景。

求职者在大学毕业后第一个 3 年中出现的跳槽经历根本不能为自己加分，即使被录用也只能当新手培训；毕业 3~5 年以后再跳槽，才能被列为初步有经验的人员，可以作为熟手录用，在一线独当一面。如果毕业 5 年内跳槽次数越多，则常常使你已获取的工作经验贬值得越厉害。笔者的团队在招人时，如果应聘者跳槽过于频繁，则基本不录用；如果有 3 份工作都没做满 1 年，则面试机会都不会给他。

从用人单位的角度来看，“闪跳族”不但自我评价失衡，而且缺乏基本的职业精神，无法面对职业生涯中的挫折，很难专注于一项工作并由此取得成绩。同时，很多企业都喜欢忠诚度高的员工，对于那些经常炒公司“鱿鱼”的应聘者，往往心存芥蒂不敢使用，担心他们到公司后也干不长久。

转行跳槽

如果跳槽后所从事的工作跟原来相同或差不多，则所产生的成本风险并不会很高，反之转行的成本和风险相对会大很多，所以需慎重对待。如果选择转行，则原有的积累最好能够转移过去，这样便于自己迅速进入角色。同时，在进入新的行业之前，也要对整个行业进行了解，不要在没有充分准备的情况下，盲目地转入陌生的行业，否则“馅饼”就会变成“陷阱”。

曾哥大学学的是安全工程专业，毕业后刚开始也是在生产和工程建设企业从事安全管理工作，而自己并不喜欢这个职业。随着工作中不断地接触管理，曾哥对人力资源产生了浓厚兴趣，但他并没有直接跳槽或转行从事人力资源工作。而是先报考了人力资源师（二级）、管理咨询师、人力资源师（一级）等职业资格考试，系统性地掌握了人力资源的基础知识，发表了几篇人力资源的专业文章，再在工作中经常协助部门经理处理培训、考核等工作，取得了一定的实践经历。有了这些积累之后，曾哥才开始跳槽，并逐渐转行到人才管理领域。

因此，如果自己对所要转入的行业一窍不通，或者自己积累的经验不足，最好还是先放弃。因为转行意味着要放弃很多此前的积累，并从头再来，这对于个人职业生涯发展来说，要付出不小的代价。

此外，不同行业的做事风格不同，跨行跳槽也需要留意。例如，制造业的管理比较精细化，做事讲究计划、按部就班，而房地产业的管理相对粗放，做事讲究灵活性。如果你在这两个行业之间转换，除考虑专业和经验外，风格是否适应也是需要注意的。

↗ 如何成功跳槽

跳槽是把“双刃剑”，收益与成本、风险同在，而且大多数情况下成本和风险往往大于收益。因此，在跳槽之前，一定要对收益、成本和风险进行通盘考虑，之后做出综合评价。那么，在跳槽的过程中，该如何提高收益，降低成本和风险呢?

1. 提前规划，有备而跳

作为求职者，要对自己的职业发展有清晰的认识，确定自己的职业发展目标。第一，要向“前”看齐，不做职场“追薪族”，不能因为高薪、高职的诱惑凭一时冲动而跳槽。如果求职者在跳槽时只盯住薪资，而将自身长远发展等问题搁置一边，那么到头来只会前途与“钱途”两茫茫。第二，要定好职业发展的风向标，警惕跳槽的“蝴蝶效应”，不能盲目追逐热门职业。因为热门职业的高额回报只是短时的，它不可避免地带有极强的时效性，一个时期的热点职业，在另一个时期，就有可能成为冷门职业。第三，加强专业修炼，持续在知识和能力方面进行学习和积累，打有准备之仗，有准备才能找到好“婆家”。

2. 认清自我，量力而行

简单来说，就是要考虑自己适合做什么，能做什么。有本钱你才能跳得“薪”满意足。很多人在跳槽时经常会出现眼高手低的情况，他们跳槽的动机往往受一些外在刺激的影响，如高薪的诱惑或朋友的怂恿等，结果在新的公司自己根本就没有优势，跳槽之后后悔莫及，到最后又不得不再次离职。所以在你考虑要跳槽时，一定要先掂量一下自己的分量，要对自己的优劣势了解清楚，只有当你的软硬件与所申请职位的要求完全匹配时，才有可能得到这个职位并且有所发展。没有三两三，就别想“上梁山”。如果你的条件不具备，那么笔者可以很负责任地告诉你：“还是放弃跳槽的念头吧。”

3. 审时度势，把握时机

在跳槽的时机上，也要有所考虑。所谓谋时而动、顺势而为，只有当你的工作经验积累到一定程度，能在某一领域成为负责人或专业人士时，跳槽获得大幅加薪或职位提升的可能性才比较大。如果你的积累和沉淀还不够，最好还是先缓一缓，等到你把基本功都练扎实了再跳。

德鲁克在《非营利组织的管理》一书中指出：当组织腐败的时候、自己无所收获的时候、成果得不到认可的时候，辞职是正确的选择。如果你的工作出现以下情况，那你最好还是想办法另谋高就，否则就会浪费更多的时间，错失更多机会：

- 你再也无法从你目前的工作中学到新东西；
- 几乎在每个清晨醒来你感觉不到对工作的热情；
- 你对公司的产品或服务没有信心；
- 你真心不喜欢你的同事或老板；
- 你总是感到压力很大、思想消极，或者工作不快乐；
- 工作、同事或老板，或者公司文化对你的身心产生了负面的影响。

因为“铁饭碗”的真正含义不是指在一个地方吃一辈子饭，而是指一辈子到哪都有饭吃。如果暂时没有好的工作目标，那最保险的做法是不要急着辞职，可以“骑驴找马”，先干好本职工作，一旦有了跳槽的可能性，就迅速抓住机遇，实现“无缝对接”。

在跳槽的时机上，你最好在行业和企业的整体效益变差之前跳，而不要等到效益变差了之后再跳，因为这时你的身价会掉得很厉害。

4. 了解情况，评估风险

在对自己充分了解之后，还要对所跳的行业和单位进行详细的了解。一方面可以通过收集相关资料、向相关领域中的从业者咨询，了解目标岗位实际的工作性质及所需要的能力素质等；另一方面可以通过收集到的信息和面试的过程，充分了解这家公司的管理风格、发展前景、岗位发展空间等。在自己职业生涯规划的基础上，结合自身的专业、知识结构、工作能力、兴趣爱好、价值观等，对现在单位和目标单位的发展前景、管理机制、工资待遇、企业文化等进行全面评估。只有将情况了解清楚了，确定新工作是自己想要的、适合自己的，之后再做出跳槽的决定。

5. 事先协商，减少赔偿

在跳槽之前，一定要仔细研读与原单位签订的劳动合同，明确自己是否受到违约金或竞业禁止等条款的约束，还有了解离职手续办理的难易程度等，做到心中有数。在跳槽过程中，如果没有履行完原劳动合同，或者违背竞业禁止协议，会面临赔付违约金的情形。这部分钱到底是由自己承担，还是由新公司来承担，这需要事先商定。一般情况下，如果是主动跳槽，新公司是不会出面解决这些赔付问题的，而如果是新公司通过猎头公司来“挖墙脚”的，适当提出自己的想法也无不可。如果由双方共同赔付违约金，或者让新公司出面解决，都可以适当降低自己的跳槽成本。

6. 踏实工作，做好交接

如果想跳槽，千万不能操之过急。首先，要把手头上的工作踏踏实实地做好，在没有和新东家谈好之前，不能露出任何的蛛丝马迹，不要让公司看出你要离开，并且还要跟其他同事处理好关系，以免自己离开后，新单位做背景调查时有人说你的坏话。其次，离开原公司之前，一定要把手头工作交接清楚，避免留下“尾巴”。很多人在离开公司之前，不做最后的了断，想一走了之。殊不知，这样做是自寻烦恼。因为工作没有交代清楚，接班者无法正常展开工作，他们肯定要不断找到前任问这要那，这会让跳槽者在进入新公司之后，无法及时做出调整，融入新的环境。另外，还有些法律风险也不可忽略。有些员工离开公司时，会带走公司的机密材料或核心技术，如果原公司追究起来，这就不只是职业道德方面的问题了，很有可能因触犯刑法而遭遇牢狱之灾。

7. 与人为善，融入新家

进入新公司之后，一定要细心观察，尽快熟悉新公司的规章制度、工作流程及各种“潜规则”，以便自己尽快融入新的集体，并避免碰触“暗礁”，尤其注意不要在新同事面前说原公司的坏话，这会留下不好的印象，他们心里会想：“假如以后他离开这里，是不是也会说我们公司的坏话？”而且说不定哪天你还会与原公司打交道，或者“用”到原公司的资源，这谁也说不准。

总之，对于求职者而言，跳槽就是一次长线投资，应当以最低的成本和风险来获取最大的收益，不能以一时的涨跌而冲动地做出判断，而是要从长远的角度来思考和规划自己的整个职业生涯发展。

SELF DEVELOPMENT

第4章

规 划

4.1 在不同阶段做不同的事

职业发展规律曲线

网络上流传一个段子。什么样的人是成功人士？答案是：3 岁时能不尿裤子；5 岁时能自己吃饭；18 岁时能自己开车；20 岁时开始有性生活；30 岁时有钱；40 岁时有钱；50 岁时有钱；60 岁时依然有性生活；70 岁时能自己开车；80 岁时能自己吃饭；90 岁时不尿裤子。

从这个段子可以看出，人生的发展是有规律可循的，可以用一幅正弦曲线图来表现。

人的知识、经验、能力在不同的年龄阶段是不同的。人们的能力发展大体会经历 3 个阶段：第 1 阶段是从出生到成年的能力发展期，第 2 阶段是能力到达最高水平后持续保持的能力高峰期，第 3 阶段是能力经历高峰后随年龄增加而逐渐衰退的能力衰退期。与能力发展相对应，职业发展也有 3 个阶段，由此形成的职业发展规律曲线如图 4.1 所示。

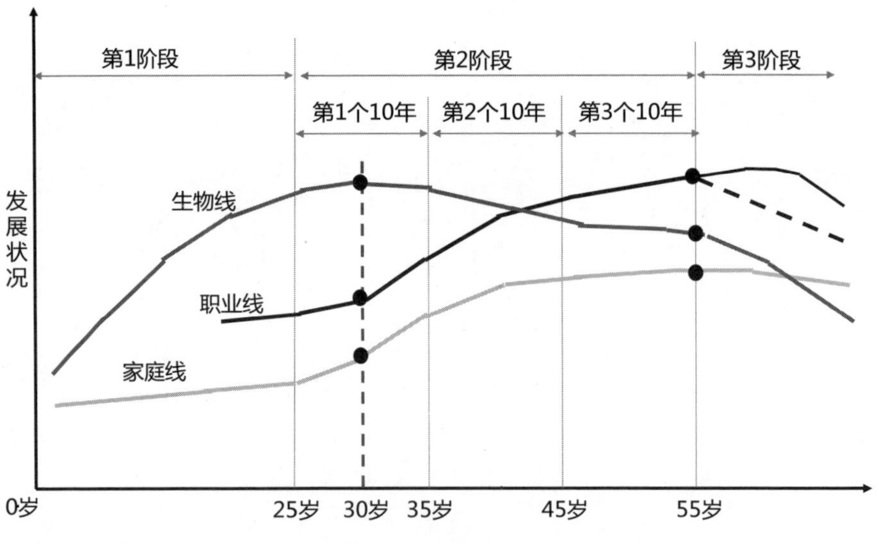

图 4.1　职业发展规律曲线

职业经理人何经华[6]把第 1 阶段称为“无知无力”阶段，这一阶段是人从出生开始到 25 岁，知识储量不丰富，身体发育也不成熟。他把第 3 阶段称为“有知无力”阶段，这一阶段是人从 55 岁到生命结束，积累了很多知识、经验，可是身体机能逐渐衰退。25~55 岁是人“有知有力”的 3 个 10 年。孔子说的“三十而立、四十不惑、五十知天命”，就是指第 2 阶段。

据国外研究发现，不同能力在不同年龄阶段的发展速度（见表 4.1）是不一样的。大多数心理学家倾向于认为 20~34 岁是能力发展的高峰期。

表 4.1 不同能力在不同年龄阶段的发展速度

年龄（岁）/ 能力发展（分）/ 能力	10~17	18~29	30~49	50~69	70~89
知觉	100	95	93	76	46
记忆	95	100	92	83	55
动作和反应速度	88	100	97	92	71
比较和判断	72	100	100	87	69

从表 4.1 可以看出，知觉能力在 10~17 岁达到高峰，记忆、动作和反应速度、比较和判断能力在 18~29 岁达到高峰。除发展速度不同外，保持高峰的时间长短也不同：思维能力（比较和判断）保持高峰的时间较长，49 岁还能保持高峰不变，时间达 20 年之久；知觉能力保持高峰的时间较短；记忆能力保持高峰的时间更短，在 30 岁以后开始衰退。所以要学知识、打基础，越年轻越好。黑发不知勤学早，白首方悔读书迟；少壮不努力，老大徒伤悲，就是这个道理。

由于人的知识、经验和能力随着年龄存在差异，每种职业都有其适合的年龄阶段，如计算机程序编写人员的年龄几乎都在 35 岁以下。而且，每种职业都有其最佳的从业年龄阶段，如从事管理工作人员的峰值年龄为 50 岁左右；从事技术工作人员的峰值年龄为 45 岁左右；从事科学研究工作的峰值年龄为 37 岁左右。

6 何经华，曾任用友、金蝶、新一佳等公司总裁或 CEO 一职。

马云说，要在阳光灿烂的日子修屋顶，不要到下大雨时去修屋顶，生儿子一定要年轻力壮的时候生，别到 80 岁的时候生，因为你已经没有力气了，也不知道怎么管教他了。这其实告诉人们，**在什么阶段就做该做的事**。

↗ 把握职业发展中的 3 个 10 年

职业发展第 2 阶段的 3 个 10 年，是人一生中最重要的时光，一个人在事业上发展得好不好，全看这 30 年发展。在这 3 个 10 年中，每 10 年为一个小的阶段，在每个小的阶段中，你的目标、重点应该都有所不同。表 4.2 梳理了职业生涯中 3 个 10 年的不同发展重点。

表 4.2 职业生涯中 3 个 10 年的不同发展重点

时间段 发展重点	第 1 个 10 年 （25~34 岁）	第 2 个 10 年 （35~44 岁）	第 3 个 10 年 （45~55 岁）
掌握发展原则	多干活	多看外面的世界	多听别人的意见
掌握不要做的事	不要和别人攀比	不要只顾低头拉车	不要顽固不化
掌握重点要做的事	明确发展方向 掌握基本技能 积累专业经验 组建家庭	完善知识结构 改善心智模式 建立个人品牌 拓展人际关系	培养年轻人 维持前进动力 延长职业发展周期 享受生活

职业发展中的第 1 个 10 年是刚大学毕业（没有上大学的朋友，这个时间点前移到 18 岁），从步入职场开始打拼时开始计算，你可能还只是个小职员、小跟班，还没有成家或刚刚成家，甚至还没有恋爱对象。但是这 10 年是你职业发展中最关键的 10 年，是你修身、齐家的 10 年，如事业不成则基本不成，如事业小成则人生小成，如事业大成则前途不可限量。

在这一阶段的目标是探索和弥补自身短板，最重要的是要为自己多积累一些经验，就像练功夫一样，先要把马步扎好，你要学会做人做事最基本的技能，如时间管理、沟通技巧、商务礼仪、公文写作等。不要放弃学习的机会，要尽量选择一些有挑战性的工作，多历练自己，简单来说就是要多干活，不要计较多做了一点分外事、多帮了一点没有利益的忙，因为有些经验和技能是教科书里没有的，只有自己经历过才会懂得，你经历的所有事情，都会对你以后的成长有所帮助。谁在这个 10 年里对自己投资得越多、越扎实，谁就能在未来的 20 年里笑得越灿烂。

在这个 10 年，你的收入只能勉强支撑一个家庭，你也有可能有了房子和车子，但是还不够，因为你上餐厅点菜时，还做不到不看价钱，想点什么就点什么。但是你不要过于追求高工资，你的同学也许比你工资高两三千元，或者早你一年升为主管或经理等，那也不要紧，这都是在算小账，而人生是要算总账的，如从你离校毕业的第一天，到你退休后的最后一天，你总共挣了多少钱。据美国的一项研究得出，一个人 40 岁之后能赚到的个人财富百分比为 85%～90%。所以，当你觉得收入不如别人时，不要随便和别人攀比，因为你永远不可能知道别人在获得收入的背后付出了什么，如果你觉得自己收入不够多，说明你的努力还不够。

第 2 个 10 年时，你的孩子慢慢长大了，你也可能换了房子和车子，如果干得不错，你可能已经成为一个部门经理或总监，甚至做到高管职位，但是大部分人可能还只是中层。25 岁，你可以相信龟兔赛跑，35 岁就要懂得田忌赛马了。你需要掌握处理复杂事物的技巧，如业务的统筹规划、资源冲突的协调、影响和说服他人、激励和培养下属等技巧，同时要进一步完善你的知识结构、改善心智模式，还要开始积累自己的人际关系，打造自己的个人品牌。

这个 10 年是在你的长板、爱好和外界需求之间寻找交集的时候，是你实现更高追求、拓展长板、脱颖而出的时候。在这一阶段要补足短板已经难上加难了，比较好的方法是专注于自己的长板，与能够帮助你、弥补你短板的人为伴。如果你拥有绝佳的口才，那么可以成为公司里最优秀的演讲者；如果你擅长协调，那么展现出你的资源整合能力……将被他人欣赏的价值表现出来，为自己贴上标签，你就会在职场上树立自己的品牌。如果把你和其他人当作商品一样摆在货架上，那么当带着空闲职位或升职机会的招聘者来店里寻找能够解决问题的人时，你要做的就是让他们选择你。

这个阶段是你能力的巅峰时期，但你的事业有可能还没有到达巅峰，因此还要再接再厉。你要多交一些跨领域的朋友，多听外面世界的信息。无心插柳柳成荫，如果在年轻的时候就开始积累信息和扩展人际关系了，那么到你年纪大了的时候会带给你不可估量的财富。需要注意的是，不要认为自己成为管理者了，就不用做具体的工作了，什么事情都甩手给下属做，这会使自己远离一线、业务生疏，这是很危险的。

第 3 个 10 年时，你可能做到了一个公司 C-Level[7]级别的高管，这个时期才是你财富积累的开始，你的收入会远大于你的生活所需。人生的财富从第 3 个 10 年开始真正计算。第 3 个 10 年应该是很舒服的时候，但是这个时期你的能力、精力和激情已经开始衰退，你对新鲜事物的学习速度没有以前快了，因此这个 10 年你要有开放包容的心态，要多向年轻人学习，多给他们授权，多给机会培养他们。有时，你发现自己放开手脚让他们干时，他们可能还干得比你好。能力的衰退是必然的，但是持续学习能够让你减缓衰退的步伐，从而延长你的职业生涯。

在这个世界上，很难阻挡的是时间。年轻时你可以疯狂地玩，但不要整天玩，大部分精力还是要放在事业上。如果反过来，年轻时自由散漫，在本该吃苦的年龄你选择安逸，人到中年就会百般局促了。这样的人生容易导致结局很惨。你多走一步错路，就必定要在以后以 10 倍的代价补回来。

李某无疑是一个天才：23 岁入职名企，2 周后成为高级工程师，2 年后成为总工程师，4 年后成为该公司最年轻的副总裁，曾被老板认定为接班人，被一位企业家认作最适合担任公司首席技术官（Chief Technology Officer，CTO）的人选，如今却锒铛入狱了。一般来说，天才较容易出现自我认知偏差。早期发展得过于顺利反而不是好事，像孙悟空被压在五行山那样，受过挫折才能促进其自我反思。假如他年轻时经历过一些挫折，则会有一些大成就。所以，人生有些苦难的经历是一笔宝贵的财富，应该经历的没有经历，后面更大的挫折就是给前面补课。

30 岁前要准备好的职场燃料

前段时间网络热传华为开始优化 34 岁以上的老员工。尽管华为官方表示该消息纯属谣言，然而 35 岁现象不得不引起人们重视。很多企业在招人时，明确规定年龄要在 35 岁以下，甚至有企业明确表示中层以下，35 岁绝对不招，30 岁以上

7 C-Level 是对企业中最高层的管理人员的统称，指的是职位以 C（Chief，首席）开头，以 O（Officer，官）结尾的高管们，如 CEO、COO、CFO。

最好也不要招，除非带资源、带流量、带可估量的收益。年轻，就是资本。

为什么呢？因为超过 35 岁，你的学习力、创新能力都在下降，你对新鲜事物的接受速度已比不过年轻人了，也不会像管年轻人那样好管教。而且，很多公司比较高级别的职位一般会优先留给内部人，外部招聘的职位通常为中层以下，所以你会高不成低不就。

因此，如果你的年龄到了 35 岁却还在通过招聘网站投递简历不断跳槽，你就应该反省一下自己到底哪里做错了。然而，根据笔者的实践经验来看，如果你真到了 35 岁才去思考这个问题，很可能这时你已经束手无策了。

所以，30 岁是一个承前启后的年龄，也是职业发展中一个非常重要的时间点。要想让你 35 岁以后的职业生涯有好的发展，你必须提前开始建立自己的职场壁垒和防火墙，好好用几年时间充实自己，尽早成为这家公司、这个行业、这个领域里不那么容易被取代的人。错过了时机，你已不再年轻，社会也不会再以包容的心态去原谅你的年少轻狂，否则“35 岁现象”可能在你身上上演。马云要不是在年轻时各种“折腾”，找外国游客来练习英语，留校任教后又办夜校，可能也很难成为今天的首富了。

因此，为了避免走更多的弯路，你必须提前思考你未来的职业发展，你需要对自己负责，未雨绸缪，准备好未来的职场燃料。

一是尽早确定自己的职业方向。你在 30 岁前要找到一个可以为之奋斗 5 年、10 年甚至更久的职业方向。你虽然可以变换工作，但是如果你越早确定自己的职业方向，对你的发展就越有利。所以，你要认清自己的长板和短板，知道自己适合做什么、喜欢做什么，以及必须要有一个清晰而明确的定位。这样才能让你的职业成长围绕着一个点去积累经验，而这种经验积累，也是你日后升职加薪的筹码。虽然经验并不一定与能力相关，但如果没有经验的积累，你的能力也没有提升的可能。如果你 30 岁之前几乎没有任何积累，那么 30 岁以后的职业生涯突破是十分困难的。

二是尽快获得职位的晋升。除那些对于技术十分热衷、坚定地走技术专家路线的人外，如果你要想在职场上获得更多的发展空间，职位上的晋升必不可少。有些人会说我不愿意成为一位领导者，因为做领导者太忙太累，要担责任，我想舒服、轻松点。对于抱有这种想法的人，我只能说你很幼稚。原因很简单：你 25 岁的时候，可以做一名基层员工；30 岁的时候，也可以做一名基层员工；但你到了 35 岁以上的时候，如果你的能力还只是局限在基础岗位上，那么这样的人基本上被认为没什么发展价值了。在 30 岁的时候，如果你还没有开始带团队（包括项目团队），你朝管理方向发展就比较困难了；在 40 岁的时候，如果你还没有进入中高层，你最终会止步于中层，很难坐到高层的位置上。所以，不管你是否愿意，你都必须把职位晋升作为职业成长道路上的一个重要目标，并为之付出努力。当然，笔者并不是鼓吹官本位导向，你也不必太着急于晋升，踏实工作是最重要的，只是在该晋升的阶段不要掉队了。

三是更新知识结构。你不妨问自己几个问题：与一年前相比，我的专业能力进步了吗？从离开学校到现在，我工作几年了？我身上所具备的能力是否与我的年龄相匹配？如果不匹配，那么，你一定要及早树立危机感，缩小和同龄人之间的差距，尽早完成你的知识结构更新，确保自己不会在竞争的过程中被他人“挤下马”。

什么是知识结构？知识结构是指一个人经过专门学习培训后所拥有的知识体系的构成情况与结合方式。所谓合理的知识结构，就是既有精深的专门知识，又有广博的知识面。如果现在需要你去给其他行业的人介绍你的行业，你觉得你能讲得明白吗？

举个例子，你是从事制造业信息化方向的工作的，你能讲明白制造业的信息化都有什么系统，这些系统分别解决哪些问题，用户用了这些系统之后是否能解决他们的问题吗？如果你是从事互联网行业的工作的，你能讲清楚互联网企业和传统软件企业的区别吗？你能描述清楚互联网产品和传统产品的区别吗？

如果你不能系统而清晰地讲明白这些问题，那么你应该好好提升你的知识结构了。你要能够向不同领域的人，用他们能听得懂的话，让他们真正理解你所从事的工作，如此，你的专业知识是过硬的。

不同职位等级的人，他们所具备的眼光与思维模式同样也有差别。层级越高，看问题的角度就要越高，你的整体知识结构层次也要向上发展和突破。如果你看问题只能停留在具体的基层操作层面上，思路无法与老板们保持高度上的一致性，那么你的能力是无法得到认可的，向上晋升的可能性就微乎其微了，职业生涯也会就此止步。

笔者做过大量的人才测评项目，发现有很多人已经四五十岁了，但仍然只是一位工程师或基层主管，在公司中也看不到晋升的机会，也好多年没有加薪了。而且，他们的能力甚至和刚毕业几年的人并没有什么太大差别，所以当他们想向上发展时，会遇到很多阻力。这些人的身上通常有几个共性的问题：一是不喜欢学习，除公司强行组织的培训外，自己从来不主动参加其他的培训和学习，更别说看书了，这么多年都是在做重复劳动，所以才会原地踏步；二是频繁跳槽，没有在一个方向上积累，无一技之长。你以为你没有退步，但因实际上别人在进步，而你与别人之间的差距在不知不觉中拉开了，所以你也就退步了。

四是处理好人际关系。这其中包括你与上司的关系，与同事的关系。与上司的关系，直接决定着你的加薪和晋升。如果你与上司的关系不好，基本上意味着你在这个公司的职业生涯就此终结。在职场中最大的法不是宪法，而是上司对你的看法。哈佛大学的一份研究报告显示，在职场上获得提拔的人当中，只有 15%是因为自身硬技能而得到提拔的，余下的 85%取决于他们与他人相处的能力。

除此之外，你也要处理好与同事的关系。如果这层关系没有处理好，那么即使你升职了，成为他们的领导了，你也会因为缺乏“群众基础”而导致权力被架空，你会发现领导不好当。有句话叫先做人后做事。会做人比会做事还要重要百倍。能力不足，可以慢慢培养；但如果不会做人，则会在组织中无法发展。即使你的职业技能没有多大的突破与成长，但如果你会做人，则会从另一种层面为你的职业发展增添筹码。

五是要有职业化精神。良好的职业化精神，是很多优秀人士身上必备的成功要素，有时比能力本身更重要。刘润认为，职业化是你在商业世界里的教养，具体体现是当别人和你打交道时，感觉非常舒服。因此，职业化问题背后的思维方式，是要站在对方舒不舒服的角度去考虑问题，职业化精神是高情商的一种表现。但其实，职业化最基本的要求就是在其位谋其职，只要你在这个岗位上，就应该把事情做好，这是任何岗位上都不可或缺的一种职业精神。如果以消极的态度对待工作，你会两手空空，什么也得不到。

六是提升自己的逆商。现在的很多年轻人都有一颗“玻璃心”，内心非常脆弱，说不得、骂不得，无法经受漫长人生道路上所面临的各种艰难险阻。然而要知道，每个人的成长都不是一帆风顺的。有人说，一个人成功靠的不是智商，也不是情商，而是逆商。逆商就是要拥有一颗强大的内心，在困难和痛苦面前依然保持乐观、自信。有较强的逆商会让一个人在绝望中看到希望，而低逆商的人会表现出消极悲观的心态，往往在希望面前错失良机。

已故作家李敖，年轻时家境贫困潦倒，为了考取研究所，他当掉了自己的裤子。后来，他成为举世闻名的作家，100 多本著作中，前后共有 96 本被禁；他创办过不少杂志，也都被封杀了；坐过两次牢，历时 7 年；有过 6 段感情，多数都匆忙结束。然而，即使身在泥沼之中，李敖也从来不曾屈服，按照自己的方式而活。正是因为对待逆境的态度，凭借超人的逆商，李敖活出了自己独一无二的名气。

电影《肖申克的救赎》里面有一句台词很经典：“懦怯囚禁人的灵魂，希望可以感受自由。强者自救，圣者渡人。”你没有本事成为圣者，但一定要变成强者，这样才能在竞争激烈的社会中获得生存之地。

4.2 把大梦想变成小目标

↗ 梦想是要有的

很小的时候，学校教育人们要成为“四有新人”，其中头一条就是要“有理想”。自习近平总书记提出“中国梦”的构想之后，“梦想”一词迅速成为社会各界的热点话题。

不仅如此，社会各界的成功人士都有不少关于梦想的名言。

阿里巴巴在纽约上市后，马云说过一句这样的名言：梦想是要有的，万一实现了呢？

留学教父俞敏洪每次演讲必谈梦想和理想，还写了本书叫《梦在青春在：写给在路上追梦的你》，他坚信梦想的力量。他说：“当你被眼前东西吸引的时候，你要知道背后还有一个大千世界，我们不要只顾眼前，我们要走向大千世界。”

周星驰在电影《少林足球》中曾有一句经典台词:“做人如果没有梦想，跟咸鱼有什么分别。”

理想和梦想差了一个字，在内涵上有一些细微的差异性，但是在此处不讨论这个话题，而要思考的是，梦想到底是什么，它对人们有什么样的作用和价值。

梦想是深藏在人们内心深处的最深切的渴望，是一个人成就事业的原动力。梦想更多是一种感性的情绪状态，这种情绪的状态是以热情、激情的方式展现出来的，激发你生命中的潜能，让你创造出无法想象的奇迹。

梦想没有阶级，没有对错，只有喜好和远近之分。每个人的梦想都不一样，但有一点是相同的，就是只要你有梦想，就会很辛苦。但在实现梦想的过程中，一定充满着激情与快乐。

人常说:“梦想是航灯，指引船舶航行的方向;梦想是曙光，照亮夜行者的路;梦想是沙漠中的一眼甘泉，让干枯的行者看到生存的希望。”

假如一个人没有梦想，那他的人生就像一场没有目地的旅行，永远不知道终点在哪里。正如作家罗兰所说的那样:一个人活着而没有目的地，他就会彷徨、苦闷和不安，而唯有当一个人确实了解自己所要过的是什么生活之后，他才会觉得他的生命有意义。

有梦想，才会有希望，才会激发出内在的潜能。

↗ 行动：把大梦想变成小目标

仅有梦想是不够的，还必须要有行动，这才能使梦想变成现实。如果徒有梦想，而不付诸行动，梦想就是空想。

古龙说过，梦想绝不是梦，两者之间的差别通常都有一段非常值得人们深思的距离。一个空想家，夸夸其谈，永远陶醉在自己的幻想中，制订了 100 个奢华的计划，想了 1 000 个完美的方案，却不想做一件实事，把自己全部的生命力浪费在建造虚幻的空中楼阁上，那就会徒劳地耗费固有的天赋与才能，这是最可怕的事情。

因此，必须划清梦想与空想的界限，心中如果有了梦想就要付诸行动，脚踏实地、一步一个脚印地去实现自己的梦想，否则到头来只是一场“梦”。

刚开始很多人的梦想是模糊的，并不知道自己想要什么，或者刚开始的追求并不高，只是想过得好一点，考虑的只是当下的现状，根本还谈不上梦想，当自己的情况不断改善之后，梦想才逐渐清晰、逐渐变得高大上。所以你不用把梦想看得有多么神圣、多么崇高、多么伟大。

丁磊说："创办网易的时候，我的梦想是成功之后自己能有一套房子，有一辆汽车，不用每天都准时上班，可以睡懒觉，有钱可以出去旅游。所以，你千万不要以为，我起初是抱着一个伟大的梦想去创办一家伟大的公司的，我当时绝对没有这个想法。"

俞敏洪也说过类似的话："我从来没有一辈子的目标，但是我的短期目标一直存在。16 岁时我的目标是自己必须上大学，22 岁时我的目标是必须留在北京大学当老师，28 岁时我的目标是一定要到美国读书……你不必把目标神圣化。当每个阶段性目标实现以后，当你衣食无忧时，你的人生自然就崇高起来了。现在我认为我的人生是崇高的，原因很简单，因为我不缺钱了。可一个学生说不要钱，那是不对的……所以，不要在穷的时候假装崇高。"

梦想是要有一定能力才能驾驭得了的，没有面包就谈梦想是对自己的人生耍流氓。萧伯纳认为，人生有两出悲剧：一出是万念俱灰，另一出是踌躇满志。这句话有两层意思，一层是没有梦想是不行的，另一层是梦想太大也不行，因为你没有能力支撑它。如果你的梦想太大，那么你应当把大梦想拆分成小目标。

德鲁克在《21 世纪的管理挑战》中指出：必须把目标设定得难一点，让它超出自己的能力范围，但是必须要有实现的可能性。以不可能的事情为目标，以不可能的事情为前提，称不上是野心，只不过是鲁莽无谋而已。

因此，建议不要设定太远的目标，因为针对太远的目标，你可能根本不知道如何着手，且发生变化的可能性极大。所以建议写未来 3 年内的目标即可。

曾哥带过一个下属，学历和基本素质都不差，但她整天梦想着要当艺术家，因此对工作总是挑三拣四的，又是嫌工资低、又是嫌没有成就感，简单的工作不愿做、复杂的工作又吃不消。找她谈了几次话，调整了工作内容，也没找到感觉，只好辞退了。当时预判她即使换了工作也不会太顺利，果然前段时间听说她换了好几份工作还没有找到自己喜欢的。

而跟这位下属一同入职的另一个员工，入职时问她有什么梦想，她说我不考虑太远的自己把握不了的人生，我只考虑 3 年以内的事情。她说她的目标就是 3 年内使自己能独当一面，多做点项目、多写点文章，成为人才管理咨询领域的专家。至于 3 年以后的目标到时看情况，如果公司发展得好，就继续做下去；如果公司效益不行，或者有猎头找她，就换一份更好的工作。一年之后，这位女孩就成为项目经理，并且成为非常受客户欢迎的项目经理。

小目标不能只是小，还要具象化。只有具象化的目标才有实现的可能。以前听人说过，如果你想找女朋友，可以把你所喜欢的女孩类型的画或照片贴在墙上，过不了多久你就会找到合适的女朋友。当时我认为这是忽悠人。现在才明白，这其实是有科学道理的，因为你把目标具象化了。

当别人做成一件事之后，你再重新做一遍，这相对容易。因为你知道，它是可以达成的。你把范围聚焦缩小了，变成了具体问题。而如果这件事从来没人做过，你从零开始做那属于探索性问题。没有方向时，你觉得都是方向，来回探索，大量时间被消耗。但给你一个固定性问题如封闭式、有区间的问题，难度则会大幅度下降。

因此，你想让你的目标容易实现，就要把它尽可能地具象化，从一个开放式的问题变成封闭式的问题。例如，有的人说“我想成为一个厉害的人”，这个太笼统、太模糊了；“我想成为一位管理专家”这个基本清晰，但也不够聚焦；“我想成为一位人才管理领域的拉姆·查兰”，这就是具象化的。

此外，小目标也需要不断升级。当你完成了一个小目标之后，你要制定新的、更高的小目标。这个小目标比之前的小目标在标准要求上要有所提高，只有这样，你才能不断地成长和进步。

↗ 制定自己的 IDP[8]

在年少轻狂时，人们总相信人定胜天，那时总是时刻打满鸡血，觉得下一刻就轮到自己拯救世界了，觉得没有什么是自己做不到的，没有什么是自己改变不了的。可一旦你步入职场，这些憧憬、活力就与现实发生了激烈的碰撞，幻想破

8 IDP 是个人发展计划（Individual Development Plan）的英文简称。

灭了。一部分人，就会因为无法承受这种破灭，陷入颓废与孤独的成长危机，永远停留在某个阶段。而这其中，最大的问题在于很多人只停留在梦想层面，没有自己的个人发展计划。

在网上看到一篇文章，其中有句话很经典："15 岁时觉得游泳难，放弃游泳，到 18 岁遇到一个你喜欢的人约你去游泳时，你只好说'我不会'。18 岁时觉得英文难，放弃英文，28 岁时出现一个很棒但要会英文的工作，你只好说'我不会'。人生前期越嫌麻烦，越懒得学，后来就越可能错过让你动心的人和事，错过新风景。"有时，你总以为别人特别幸运，后来才发现，不过是别人比你提前努力而已。所以你需要提前做好你的人生规划。

IDP 是结合员工岗位需要及个人发展意向，经梳理后达成的促使员工自身素质、技能提高的发展计划，是企业提高员工整体素质、培养人才的有效措施。IDP 可以由公司组织员工来制订，但笔者认为发展是自己的事情，应该由员工自己主动来做。很多人不知道 IDP 该如何制订，在这里笔者提供几点经验供借鉴。

第一，要明确自己的发展重点，即要提高哪些能力素质项，如是要提升沟通能力，还是提升创新能力。能力优势与工作需要匹配矩阵如图 4.2 所示，通过此图可以找出自己的发展重点。要想获得好的发展，你的长处要足够长，短处不致命。

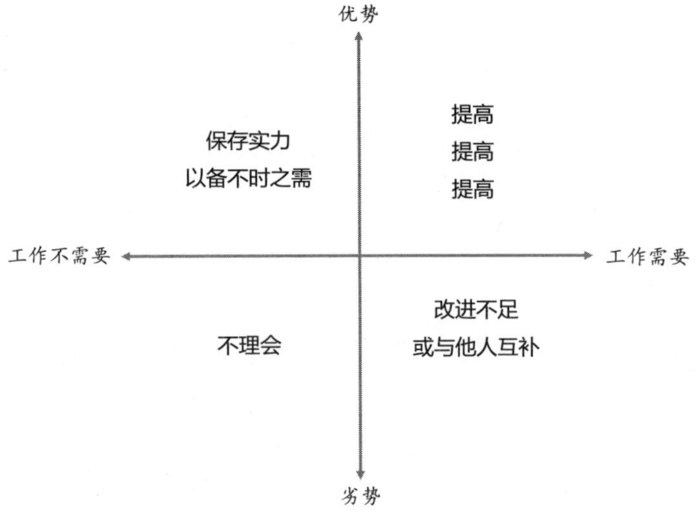

图 4.2 能力优劣势与工作需要匹配矩阵

例如，你的职位是财务分析员，工作需要为严谨细致，并有数据处理和经营分析等能力。你的优势是比较严谨、踏实，对数据也比较敏感，执行力强，还懂计算机编程，而你的劣势是经营分析能力、人际交往能力较弱。根据这个矩阵，你重点要提升的是经营分析能力，对人际交往能力可以不用理会，而编程的这一技能可以暂时保存。

第二，要确定自己能力发展的重点，还需要注意不同岗位层级能力要求的差异。罗伯特·卡茨曾认为有效的管理者应当具备 3 种基本技能：技术技能、人际关系技能和概念技能[9]。在基层岗位上，技术技能是最重要的。随着管理者职位逐步上升，技术技能逐渐变得不那么重要了；对于中层来说由于广泛接触各种各样的人，所以人际关系技能则变得相对比较重要；到了高层，由于重大决策和大规模行动的需要，概念技能变得越来越重要。所以，你要判断自己现在处在哪个层级，要向哪个层级发展。

第三，要制订具体的能力提升计划，也就是能力提升的具体措施。这点可以按照练武功的三步骤“练招式、练套路、练内功”来进行。

练招式就是练基本功，掌握最基础的知识和技能，像练功夫那样先扎好马步。如果你是司机，那就是打方向盘；如果你是程序员，那就是写代码；如果你是销售员，那就是打电话、拜访客户；如果你是咨询顾问，那就是做 PPT；如果你是设计师，那就是绘图……

练套路就是掌握做事情的体系化的知识、流程、方法论等，并将这些知识、技能融会贯通，内化成自己的经验。如果你是程序员，你要能完整地开发出一套软件来，或者设计出一个系统的架构出来；如果你是一名咨询顾问，你要能独立管理一个咨询项目；如果你是一名管理者，你要能独立带领一个团队……练完套路之后，你可以成为一个领域的专业人士，能够应付绝大部分专业领域内的问题。

练内功就是锻炼你的心智模式。诗之功夫在诗外，你要学习的是那些表面上与工作无关的东西。如果你是销售员，练内功就是为人处世的素养；如果你是一位高层领导者，练内功就是形成你的领导哲学……高手与高手之间的对决，往往

9 概念技能：是管理者对复杂情况进行分析、诊断，进行抽象和概念化的技能。——编者注

在技术上都是差不多的，最后决定胜负的可能就在心智上，这体现了内力的深厚不同。当你的内功达到一定程度时，你才能称得上是真正的专家，可以轻松应对任何专业领域内的问题。

如果把提升的要素分为知识、技能、经验、心智模式 4 个方面，那么在能力提升的 3 个步骤中，每个要素上的重点是不一样的。能力提升三步骤的关注重点如图 4.3 所示。

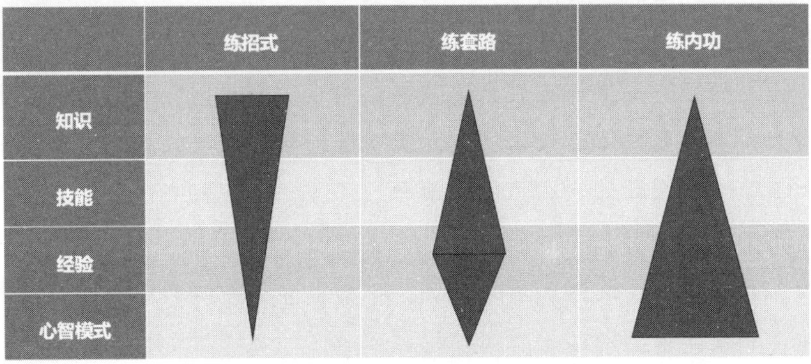

图 4.3　能力提升三步骤的关注重点

基于以上的分析，就可以制订出落地性强的 IDP 了，表 4.3 为一份真实 IDP 样例中的发展措施部分内容。

表 4.3　一份真实 IDP 样例中的发展措施部分

能力项	发展方式	行动举措	需要的资源	衡量标准	计划完成日期
经营意识	工作实践	参与公司经营会议，并提出自己的观点，整理会议要点	参与公司经营会议的机会	会议记录	2017 年 10 月 31 日
		到公司的门店轮岗锻炼一年，全面接触一线业务	轮岗机会	轮岗一年	2017 年 10 月 31 日
	上级辅导	定期与上司进行主题式的工作交流和探讨	与上级的交流时间（每月 1 小时）	上司的反馈	2017 年 10 月 31 日

续表

能力项	发展方式	行动举措	需要的资源	衡量标准	计划完成日期
经营意识	知识学习	读《阿米巴经营》	—	读书笔记	2017 年 10 月 31 日
		读《经营的本质》	—		
	其他方式	关注微信公众号，阅读与经营管理相关的文章	—	信息整理摘要	2017 年 10 月 31 日

有几点需要注意：行动举措一定要具体化、易操作，衡量标准要有具体的成果产出，计划完成日期要写得清晰。IDP 并不是一成不变的，根据自己的实际情况要进行适时调整，建议至少每半年复盘和调整一次。

SELF DEVELOPMENT

第5章

行动

5.1 发展的关键在于行动

↗ 高手都是干出来的

所谓台上一分钟，台下十年功。所有的高手，除拥有天赋外，更重要的是自己行动了。没有行动，即使再好的“苗子”，结果都是零。

首先，能力不会自然而然地产生，是和行动紧密相连的，离开了具体行动，能力就无法形成和表现。一个有绘画能力的人，只有在绘画活动中才能施展自己的才华；一个教师的教学能力，只有在教学活动中才能显示出来；一个管理者的协调能力，也只有在具体的管理活动中才能展示出来。只有通过行动才能了解一个人能力的高低。

这非常符合 CCL[10]提出的“721 法则”，即能力的提升，70%来自工作实践中的锻炼，20%来自向有经验的人学习，10%来自培训课堂和书本的学习。所谓读万卷书不如行万里路，行万里路不如阅人无数，阅人无数不如高人指路，高人指路不如自己去悟。自己去悟，就是指在行动中感悟、领悟和觉悟，这是学习的最高境界。

“721 法则”为自我发展提供了很好的指导意义，如果你想成为一位优秀人才，不仅要积极参加学习，还要跟优秀的人在一起。只有跟优秀的人在一起，你才能从他们的言行当中获取成功的经验，你做事情的标准才不会降低。最重要的，还要注重工作实践的历练。通过工作实践的历练，你自己才会有切身的感悟与心得，才能将知识、技能内化到自己的心智模式当中。

为什么有的人读再多的书，能力也没什么长进呢？因为他不行动。

例如，在参加各种培训或演讲时，如果看到不错的 PPT，大家往往喜欢用手机把它拍下来，但是拍照的 100 人里面，回去后行动的可能只有两三个人。

其次，行动能使人进入一种角色化的状态，有了这种角色化的状态，你就会

---

10 CCL，创新领导力中心（Center for Creative Leadership）的英文缩写，是一家总部在美国的提供领导力教育、研究及咨询的非营利性专业机构。

自然而然地接触相关的人，学习相关的知识了，你的能力就会不知不觉地提升了。例如，你想了解有关汽车的知识，让你看有关汽车的书籍、上网查资料并没有太多的用处，也并不能完全激发你的兴趣。但是当你会开车了，自己又有了车以后，你就会经常关注这些信息，主动了解这些信息了。在开车或保养过程中遇到一些问题时，你就会向人请教，上网查找解决办法。

读过金庸武侠小说的人都知道，要成为武林高手，大体上有以下 3 种模式。

第 1 种模式是无师自通，典型的代表是黄药师。他是个绝顶聪明的天才，明阴阳，晓八卦，懂奇门，知遁甲，多才多艺，医、武、乐、文样样精通，并且大多是无师自通、自学自创的。

第 2 种模式是运气使然，就是平时说的走狗屎运，典型的代表是张无忌。他的特点就是运气特别好，一遇到困难就掉到悬崖底下或密室里，捡到一本武功秘籍，或者阴差阳错地瞬间学会一门独门绝技，或者被一位世外高人把几十年的内功传授给了他。

第 3 种模式是勤学苦练，典型的代表是郭靖。他没有过人的天资，智商不算特别高，有时甚至还有点笨，运气也一般，但有一个特点就是勤奋、努力，所以通过勤学苦练，最终也成为绝世高手了。

适用第 1 种模式的人大概只有 1/100000，适用第 2 种模式的人就更少了，只有中 500 万元彩票的概率。大部分人只能选择第 3 种模式，靠自己的勤学苦练。然而怎么学、怎么练，还是有方法和技巧的，本书就是要告诉你这些方法和技巧的。但是你首先要树立一个观念，即成功是没有捷径可走的，你不可能速成，不可能一口气把别人几十年的内力都吸过来，你要做的就是，勤奋加找到对的方法，按正确的路径发展。

笔者从事多年的中高管测评工作，发现有些人在很年轻的时候就被提拔到了总裁的位置，这些人通常思路清晰、目标感强、有冲劲、有魄力。但是提拔得过快也并非完全是好事，有点像揠苗助长。如果有些该经历的困难和挫折他没有经历过，积累不够，基础没打牢，那么到了高管位置，他面临的局面更复杂、挑战更大，之前没有经历过的挫折在这一阶段就会通通给他补上一课，这时他的适应期很有可能比一般人更长，甚至上任初期有较大的挫败感，团队人心涣散，业绩惨淡。

总体来说，人的能力发展重在行动，没有哪个高手仅靠读书和参加培训就能成长起来。

↗ 现在、立刻、马上

如果你同意能力的发展主要在于行动，那什么时候开始行动呢？答案是：现在、立刻、马上。

笔者研究发现，所有的成功人士都是行动派，他们只要看准了一个事情，就马上行动。而普通人做事情则喜欢等一等。经常见有人说想学习、想看书，计划从明天开始，结果这个明天永远不会到来。一直喊着要开始行动，却一直没有开始。

正如古诗中写的那样："明日复明日，明日何其多？我生待明日，万事成蹉跎。""今日复今日，今日何其少！今日又不为，此事何时了？"

比尔·盖茨说过，什么事情都不要等到明天，因为明天太遥远，早一天行动早一天就会有结果，为何非得等到明天呢？

根据等车定律可以知道：在特定的时候，如果你晚上车一分钟，你就有可能比别人晚半小时到达目的地。

工作上也是这样的，只要稍晚一点，你就会错过很多机会。等你开始的时候，别人已经将你拉开很大的距离了。早一天行动，就早一天收获。

所以，**你不需要开始很厉害，但你需要开始才很厉害。**

据笔者观察，行动迟缓的人主要有 3 个特点：一是患得患失，害怕风险和失败；二是过于在意别人的评价；三是有拖延症。

有第 1 个特点的人，要认清一个事实，凡事都有困难，都有风险，都有可能成功，也有可能失败，你不行动，就永远不知道这个困难有多大，你自己有多大能力。你在优柔寡断时，别人可能早就把事情做完了。

有第 2 个特点的人，要懂得一个道理，即一个人一旦开始认真做事，就总是会面临人际方面的压力，这几乎可以肯定，你被嘲弄、被耻笑的概率将远远高于被夸奖、被鼓励的概率。你要想成功，就必须抛弃这些顾虑，走自己的路让别人去说。

有第 3 个特点的人最多，这几乎是问题的根本所在。拖延症不是现代病，可以说它伴随着人类发展的始终的。不要以为只有把今天的事情放到明天做才是拖延症，它还包括有“立体几何需要想象力，而我自己想象力不丰富，所以我学不会”这种听上去有道理但是很荒谬的想法。所以在让你不舒服的事情出现时，拖延症就会出现，因为这件事情触发了你大脑内的痛觉中枢，之后大脑会通过转移话题到你喜欢的事情上，让你暂时得到愉悦。然而当逃避变成习惯时，你的痛觉中枢会越来越痛，这其实跟上瘾类似，只是短暂地从兴奋并且无聊的现实中解脱出来。打败拖延症的办法很简单，注重“过程”而不是“结果”，将事情拆分成一个个段落，但每个段落一定要给自己时限，完成之后给自己一个奖励，给大脑制造一些小兴奋，不断坚持地做下去，形成正循环之后，你就发现你再也不是“拖拉机”了。

脸书公司有一句座右铭：完成，好过完美。当你能努力地去完成时，你就已经战胜了拖延症，这好过你为了完美而去拖延。事实上，当你追求完美时，最终的结果往往更加不完美，只是你给自己找到了足够的心理安慰。

当你对马上行动感到困惑时，你需要问自己 4 个问题：Why？Why not？Why not you？Why not now？从来没有比此时更好的时间了，你需要的是马上行动。

认真做好每件小事

现在有不少年轻人总希望自己一步登天，很快就获得成功，所以普遍存在一种焦虑感：难的事情做不了，简单的事情又不愿做，不仅不努力，而且总是各种抱怨。例如，有的抱怨工作待遇太低，有的抱怨工作内容琐碎，有的抱怨社会不公，有的抱怨家庭环境不好，有的抱怨自己学历不够高，有的抱怨自己干的不是自己喜欢的事情等。

但是在他们当中，有多少人真正做了自己应该做的，并且把它做好了呢？实际上非常少。其实，无论做什么事情，要守好自己的本分，把该做的事情做好，而不是连最基本的事情都没有做到，却总是各种抱怨，各种找借口。

笔者发现，很多比你聪明的人，比你还努力得多，而且超出了你的想象。许多 CEO、高管，往往每天只睡四五小时，一些知名咨询公司如麦肯锡的顾问，每天也只睡五六小时，他们把大量的时间用在工作和学习中。所以这些人往往工作一年就有别人两三年的工作经验了。

被称为“中关村劳模”的小米创始人雷军认为，若非富贵人家，成就事业的唯一途径是忠诚和勤奋。雷军平均每天工作时长超过 16 小时，经常凌晨一两点才离开公司。有一次他到韩国出差，拜访了三星 3 个副社长。结果发现，两个副社长是早上 6：30 上班，另一个是 5 点，先去办公室跑步 1 小时再工作，晚上 6 点下班，但一般要应酬到 10 点左右。

还有什么比这个更让人担心的？情敌在看书，仇人在磨刀，闺密在减肥，比你有钱的人还比你努力。你不是王思聪，你不可能一开始就拥有开挂的人生。曾国藩提出：莫问收获，但问耕耘。沐木曾提出：“努力到无能为力，拼搏到感动自己”，这个时代，不属于“80 后”“90 后”“00 后”而是属于“努力后”。

例如，在你写邮件时，要把意思表达清晰，注意书写格式，不要出现错别字；领导安排任务时，把问题问清楚再行动，把事情考虑得周到一些；参加重要活动和会议时，提前进行预演，不要迟到；晚上少追点剧，多看几本书；周末别人都在吃吃喝喝和睡懒觉时，你到公园里跑跑步，锻炼锻炼身体。做到这些，你的机会才会多起来，命运也会慢慢地改变。

不要瞧不起这些小事情，工作本来就是一件件小事的集合，每个人每天要做的事情大多数是一些小事情，人与人之间的差异大多在一些细节和简单的小事情上，所有干大事的能力也都是从小事情上发展而来的。所谓一屋不扫，何以扫天下？如果你连基本的事情都没有做好，那是不可能成功的。

↗ 成功需要长时间的坚持

国外有一个有意思的调查：一件事情，20 个人有感触，15 个人有创意，10 个人有计划，5 个人做准备，3 个人立即行动，2 个人遇到困难停下，1 个人坚持并最终成功。

那些自律到极致的人，都拥有精彩的人生。什么是自律？就是长期坚持做有价值的事情。尽管建议你马上行动，并不建议你急着收割胜利果实，在心理学上称作“延迟满足”（在本书第 8 章中有详细论述）。

正如清华大学原校长、现北京市市长陈吉宁所说的，平庸与卓越之间的差别，不在于天赋，而在于长期的坚持、持续的投入。没有哪个高手是突然厉害起来的，背后都是坚持不懈的努力。

有一个记者采访科比：“你为何如此成功？”科比思考片刻，反问道：“你见过洛杉矶凌晨 4 点的样子吗？”

C 罗为什么 32 岁还拥有 23 岁的身体状况，浑身 50%都是肌肉，体脂 7%，这是因为他的高度自律，每天坚持高强度的训练，从不喝水以外的任何饮料。

罗辑思维的罗振宇每天发 60 秒语音，表面上看起来并不是很难，但长年累月坚持下来，是相当不容易的。

在中国的南方有一种毛竹，前 4 年只能长 3 厘米，从第 5 年开始，以每天 30 厘米的速度疯狂生长，仅仅用了 6 周就长到了 15 米。其实，在前面 4 年它将根在土壤里延伸了数百平方米。做人做事也是如此，不要担心你此时此刻的付出得不到回报，因为这些付出都是为了扎根。

也就是说一个人成绩的取得，往往跟长时间的积累与付出是高度相关的。国外有学者研究表明，人们在能力上的积累通常呈现 S 形曲线的特征。个人能力水平提升曲线，如图 5.1 所示。能力积累过程就好比飞机起飞一样，刚开始在跑道上需要滑行很长一段距离（例如，波音 737 起飞滑跑距离约为 1 280 米，最大的空客 A380 起飞滑跑距离为 2 900 米），才开始缓慢升空，最后冲入云霄。马云说：“今天很残酷，明天更残酷，但后天很美好，绝大部分人死在明天晚上。”就是这个道理。

今日头条创始人张一鸣是程序员出身，2005 年大学毕业后进入酷讯，与他同时进入的还有 2 个清华的计算机博士。跟他们比，张一鸣不是技术最好的，也不是最有经验的，但在第 2 年升为主管了，为什么？张一鸣几乎每晚都加班到凌晨，回到家后继续编程、学习，就是这样的持续拼命，才让他在一年后脱颖而出。

谈到如何成功，张一鸣说：“很多人人生中一半的问题是由这个原因造成的——没有延迟满足感。”绝大多数的人生痛苦，都是因为人们太在乎即时满足了，只要有一点付出没有立即得到回报，就会觉得痛苦，所以做事可能斤斤计较，只看短期利益，不看长期利益。

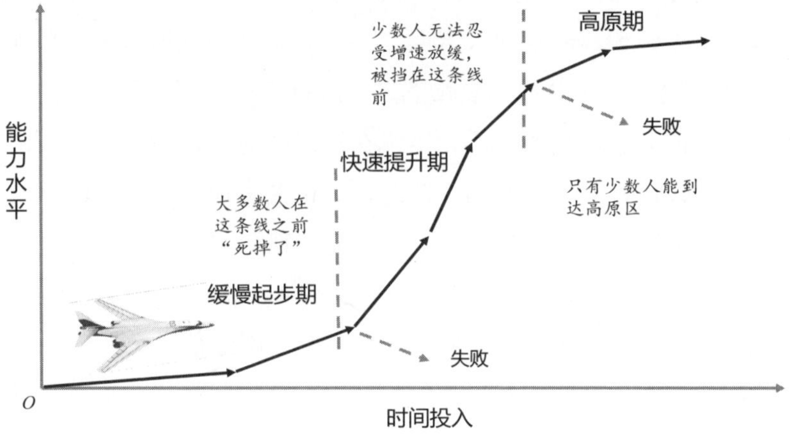

图 5.1　个人能力水平提升曲线

张一鸣说：“延迟满足感的本质是克服人性弱点，这是一项长期修炼。”你的延迟满足感程度更高，你的耐心就会更好，标准更高，目标更大，做事更从容专注，不计较眼前的利益，不在意一城一池的得失，对一时的成功看得淡，对短暂的失败不恐惧。

张瑞敏也说过，员工不成熟的第一个特征：立即要回报。例如，学钢琴、学英语等，如果刚开始觉得困难，就会放弃；做生意时总想着一夜暴富，如果一开始没有什么成绩，就想着要放弃。一个人开始荒废的迹象之一，便是沉溺于短期快感之中，不再做长期投入。

亚马逊经过近 20 年的亏损期，才开始赢利；京东也连续亏损了 17 年，最多的一年亏损为 17 亿元。马斯克的猎鹰火箭在发射成功之前，经历了 17 次失败，耗费了十几年时间。所以刚开始你不必太着急就有收获，你需要坚持下去才能开花结果。

2000 年，网易在纳斯达克上市，正好遇到了纳斯达克泡沫的破灭。网易的股价从上市时的 15.5 美元/股一路下跌，最低跌至 0.48 美元/股，跌幅达 97%，其市值也从上市时的 4.7 亿美元跌至不足 2 000 万美元。为此，丁磊曾想把网易卖掉。他的朋友步步高创始人段永平问丁磊：“你卖了公司之后干吗？”丁磊说：“我卖了公司有钱后再开一家公司。”段永平笑了：“你现在不就在做一家公司，为什么不做好呢？”一语点醒梦中人，丁磊听后瞬间明白了，于是开始对网易进行改革：放弃门户模式，把公司总部从北京搬回广州。后来网易发展越来越顺利，丁磊在32岁成为中国首富，时至今日网易依然是中国排名前五强的互联网企业。

很多人应该都有过这样的经历，当你在排队的时候，你会发现一个规律：另一队总是动得比较快；当你换到另一队时，你又会发现你原来站的那一队却开始动得比较快了；你等得越久，越感觉自己可能站错队了。

一件事情，坚持几天容易，坚持几个月也不难，难的是坚持几年甚至十几年，如果你能做得到，你离成功就会越来越近。不要一遇到痛苦就放弃，很忙、很累、很辛苦意味着你在走上坡路，容易走的都是下坡路，坚持住，很多困难挺一挺就过去了。

所以，不让自己后悔的最好办法，就是坚持！坚持自己的人生梦想而不去张望别人并受之影响；坚持自己当下的选择，不犹疑、不浮躁，做好当下、务实前行，一定会有你的精彩在远方等待你。

5.2 不做低品质的勤奋者

深度思考，摒弃浮浅

互联网时代，人们被迫碎片化地工作、沟通和思考。你的一天可能是这样的：随时随地收发邮件和信息，隔不久就要刷刷微博、朋友圈、在群里抢个红包……好似一种强迫症，根本停不下来，生怕错过几十亿元，错过拯救世界的机会。

人们不断被小事扰乱心神，网络似乎剥夺了人们的专注与沉思的能力。那么，人们如何才能提高专注力，让工作真正有价值呢？

卡尔·纽波特在《深度工作：如何有效使用每一点脑力》一书中提出：想要在碎片化的时代有效管理时间和精力，就必须学会深度工作。深度工作是指在无干扰的状态下专注地进行职业活动，使个人的认知能力达到极限。

与“深度工作”相对应的是“浮浅工作”，如回复邮件、参加公关活动等。这些工作既不要求很高的认知水平，也不要求高强度的智力投入，它们操作简单，容易被复制和替代，让你看起来非常忙碌，但是效率低下，价值有限。也就是说，人们永远无法通过重复、累积的“浮浅工作”得到“深度工作”的工作结果。

数字化时代，一些简单、可重复的工作有可能被机器取代，人的创造力变得越来越重要。而通过深度学习和工作，才能让你快速掌握复杂技能，从而在工作质量和速度方面都达到精英层次的水平。因此，深度工作是人们真正稀缺的能力，只有深度工作，才能创造真实价值，成为一个不可替代的人。

深度工作中最关键的部分是深度思考。美团创始人王兴说：大多数人为了逃避真正的思考，愿意做任何事情。表面上很勤奋，实际上却刻意回避了真正困难但更有价值的部分：深度思考。他们是在用战术上的勤奋来掩盖战略上的懒惰。这种“思维懒惰”所带来的“低认知水平”，使自己成为“低品质勤奋者”，得到的也是低价值结果。因此，你需要“深度思考”才能带来“认知升级”，从而成为“高品质勤奋者”。

深度思考还有一个重要原则是二八原则，是指凡事要抓关键，要把精力放到极端重要的事情上。在《麦肯锡方法》一书中指出：一次只做一件事情。爱因斯坦曾说：如果给我 1 小时解答 1 道决定我生死的问题，我会花 55 分钟来弄清楚这个问题到底是在问什么。一旦清楚了它到底在问什么，剩下的 5 分钟足够回答这个问题了。

↗ 适时远离外界干扰

《深度工作：如何有效使用每一点脑力》一书中提出：高质量工作产出=时间×专注度。正因如此，许多科学家、文学家、艺术家甚至企业家喜欢过隐居生活，远离尘事，如西奥多·罗斯福、理查德·费曼、马克·吐温、唐纳德·克努特、查尔斯·达尔文。余秋雨从来不使用计算机和手机；心理学大师卡尔·荣格在乡村的“塔楼”待了一年，不受打扰，心无旁骛地进行冥想、深度思考和撰写论文，因而才能写出著作《心理类型》。微软创始人比尔·盖茨每年都要进行两次“思考周”，在这段时间里，他会远离世事（通常是在湖边小屋），只读书，思考大局。阿里巴巴创始人马云也曾经多次到寺庙和道观里“闭关修炼”，在淘宝最困难的时候曾在西安闭门三天。

想要深度工作，你需要远离外界的干扰，高度专注于自己想要做的事情。在《深度工作：如何有效使用每一点脑力》一书中介绍了 4 种远离外界干扰的工作哲学，如表 5.1 所示。

表 5.1　4 种远离外界干扰的工作哲学

	禁欲主义哲学	双峰哲学	节奏哲学	新闻记者哲学
工作日程安排	与世隔绝，远离尘世喧嚣和科技，过着隐居生活，不使用网络和电话（可以收信件）	将个人时间分成两块，每年每月或每周有一段时间过着隐居生活，其余时间过正常的生活	每天有一个固定的时间（两三小时）进入深度工作的状态，屏蔽外界的干扰	只要有空闲时间，随时随地转入深度工作模式，其余时间按正常节奏工作
主要群体	文学家、艺术家、科学家	科学家、教授、学者、作家、咨询师	企业家、普通的办公室工作者	媒体工作者、诗人
代表人物	余秋雨	荣格	大多数人	记者

禁欲主义哲学可能不符合大多数人的价值观，你也不会像施行双峰哲学的人一样接连安排多天的深度工作时间，因此选择施行节奏哲学是不错的选择，但前提是你的工作节奏是稳定的朝九晚五的模式。

如果你的日程安排也很满，经常要出差、加班，没办法压缩出时间施行节奏哲学，更多的时候像施行新闻记者哲学的人那样，则可以竭尽可能压缩出更多的深度工作时间。例如，笔者完成本书的创作就是在项目间隙利用一切的空闲时间来完成的，特别是在坐飞机时，笔者觉得这是非常好的学习和工作的机会：没有电话的骚扰，也没有网络的干扰，也没有周围的人打扰，你可以一个人静静思考，还有人管吃管喝，多好啊。所以有一个美国的作家，曾为了完成写作，买了一张飞东京的头等舱机票，一路写作。飞到东京后，在休息室休息几小时，然后又飞回家。回到家后，作品就完成了。

需要注意的是，施行新闻记者哲学的人的深度工作的日程安排是很难做的，不适合刚尝试深度工作的新手。如果你对自己的工作价值有足够的信心，实现深度工作的技能足够熟练，施行新闻记者哲学将是一种非常不错的好办法，能帮助你在紧密的日程安排中挤出大量的深度工作时间。

↗ 限制网络使用时间

网络时代容易让人们分心，导致网络焦虑症，不能让人们自如地调整到最佳的工作状态。例如，你无法克制自己每 5 分钟就看手机、出门手机没有高于 70% 的电量就慌张的情绪，这都是网络焦虑症的体现。有人因此调侃说马斯洛需要层次底下的两个需要是：电量需要和 WiFi 需要。当你感到焦虑或无聊时，你就会把你的手机当成一种“社交拐杖”。2015 年，纽约城市大学做了一个调研，他们发现在下班高峰期时，一半的行人都边走边看手机，最终导致闯红灯。

网络空间是一个多重任务处理和极度活跃的世界，人们对它的狂热行为会带来自我蒙蔽，以为自己真的很高效、多产。事实上，社交媒体激发的只是一种“反应式思维”，而非“自创式思维”。它反而会限制人的创造性，并对心理健康造成不良影响。

想要深度工作，就要有意识地限定使用网络的时间，从而戒掉对网络的过度依赖。一旦你习惯了分心，当你需要专注工作时，就很难摆脱这种积习了。国外有研究发现，如果成年人和孩子不携带任何电子设备一起出门 4 天，他们在执行一项任务时表现出的创造力和解决问题的能力都会提升 50%。即使只是一次散步（最好是在户外），也可以大幅提升创造力。

那么，人们该如何远离网络干扰呢？

一是把无关 App 的推送全部关掉：游戏 App、购物 App，各种你平时不会用到的 App 都要关掉推送。这样你的手机一旦有了信息提示，就一定是重要的信息，大大减少了你拿起手机的次数。

二是删掉那个让你欲罢不能的 App。有权威机构调查显示，2014—2015 年，全球手机上瘾用户（每天使用 App 60 次以上）增长了 59%，所以要减少对网络的依赖，你就要删掉一些 App，特别是游戏类、社交类等消磨时间的 App。

三是关闭你的朋友圈。很多人隔几分钟就会拿起手机来，就为了看朋友圈有没有新东西。笔者建议你尝试一下，一周之内不看朋友圈，然后问自己：在这一周内你的生活是否变得更糟糕了？你所谓的“朋友”们是否真的在乎你的存在？曾哥在2018年春节期间就将微信关闭一周，获得了更多和亲人团聚、做自己想做的事的时间，你会发现没有朋友圈你和朋友的感情照样好，没有朋友圈你的生活照样精彩。

四是把手机放到视野之外。很多人都习惯把手机握在手里，一旦哪天它不在手里，心里就特别不踏实。其实，方便看手机也是人们放不下手机的原因。所以，尽量别把手机放手边，把它放远一点。这样，人们可以更专注眼前的事情，更沉浸在你和朋友面对面的谈话中。

有可能的话，准备两部手机，一部工作用，另一部私人用；回到家里就把工作手机留在包里，度假时则把工作手机锁在酒店的保险柜里。如果工作要求你必须随时待命，就在大脑中“关机”，直到手机真响了再进入“开机”状态。设法在工作和私生活之间划下一定的界限。

↗ 进行有成果的冥想

你有没有过这种经历：通常你在洗澡的时候思路特别清晰，经常有特别好的创意，恨不得马上写下来？传说阿基米德就是在浴室中发现了阿基米德定律。认知心理学博士斯科特·巴里·考夫曼的实验结果表明，72%的人都在洗澡的时候产生了创意。

原来，当你无所事事时，你的大脑开始游走，它进入了“自动模式”。在这个模式里，大脑开始解决问题、开发新创意、开启对这个世界的分析。其实洗澡只是生活中大脑放空的一种方式，你还可以冥想、散步甚至发呆。牛顿就是在林肯郡花园中发现了地心引力；王阳明躺在石头棺材里三天三夜，悟出了知行合一。其实，恰恰是生活中这些空闲、“无聊”的状态，能给人们带来无尽的创造力。

虽然在很多情况下大多数人很难容忍无聊，但从某种意义上说，无聊可被视为一种阈限空间，能激发人们的想象力与创造力，是人们探索未知领域的重要资源。

当你开始放空大脑时，它就开始释放它的魔力，不停地去寻找生活中的细节，好让自己“不无聊”。在这种情况下，人们的潜意识便开启了。潜意识对人们强大的信息库进行关联搜索后，通过无意识思考进行信息整合。在这种思维状态下，人们很少受限于常规模式。相对于专注地解决某一问题的状态，潜意识状态下更有可能出现创新想法。在停止有意识工作后，人们仍然会无意识地关注某一问题。创造性解决方案很可能在散步、开车、阅读或与孩子玩耍之时闪现，进而在休闲之余把棘手问题解决掉。研究表明，什么也不做或彻底放松不仅有利于人们的身心健康，还是解决复杂问题的最佳方式。

笔者推荐读者进行有成果的冥想。许多名人喜欢冥想，如乔布斯、科比、安吉丽娜·朱莉……许多企业的高管也喜欢通过正念冥想制定决策、解决问题。冥想就等于给你的大脑做瑜伽，会带来意想不到的灵感，使你产生很多平时没想到的点子。每天留有一定空闲时间的人，相对于连午休时间都被工作占据的人来说效率反而会更高。

威斯康星大学的研究人员对一些进行了 1 万多小时冥想的佛教僧侣进行研究，发现他们大脑里的伽马波显著多于常人，而伽马波与认知和解决问题的能力有关。

当发现自己永远有做不完的工作时，更加拼命地把活干完并不是聪明之处。人们总是自欺欺人地认为，完成下一个任务后就可以放松一下了。但待办事项在不断地增加，而人们还总想把事情做得更漂亮一些，这简直就是痴心妄想。如果陷入这样的旋涡，是时候摆脱单调乏味的工作休息一下了。

这时，建议你可以抽时间来放松大脑，定一个你自己可以接受、也不会耽误正事的时间，10 分钟，或者半小时，然后就静静地坐着，进入自主性发呆模式，将注意力集中到一个定义明确的专业难题上。如果你做得少一点，而思考多一点，你会过得更轻松。

令人惊奇的是，当人们放下某一问题时，通常过一段时间，你会发现自己豁然开朗，原来办法就摆在眼前。

5.3 和时间做朋友

马云曾说，世界本来就是不公平的，怎么可能公平？你出生在农村，盖茨的孩子出生在盖茨家，你能比吗？但是有一点是公平的，比尔·盖茨一天 24 小时，你一天也是 24 小时。

时间具有几个特征：不可移动、没有办法储存、无法增加、借不了、买不到、租不来，并且以稳定的速度无法阻挡地消失。对每个想要有成就的人来说，时间是最重要的资产，管理自己最重要的就是管理好自己的时间。

因此，除出身、智商、性格等先天因素外，如何管理这 24 小时，就成为人与人之间差距的最大来源。那些事业上有成就的人，都是极度自律、非常擅长时间管理的。时间管理体现了你的定位与选择，体现了你的工作重心，体现了你的努力程度，体现了你的自律性和坚韧性。你的时间管理和普通人一样，你就是个普通人；你的时间管理接近成功人士，你离成功就不远了。

↗ 善于区分轻重缓急

时间管理有一个基本的常识，就是区分轻重缓急。重要紧急的事情先做，然后做重要不紧急的，接着做紧急不重要的，最后处理不重要不紧急的。但是人们发现，这些道理很多人都明白，而在现实中最大的问题就是很多人不知道如何区分哪些事情是重要的、哪些是不重要的、哪些是紧急的、哪些是不紧急的。关于时间管理的轻重缓急的划分如表 5.2 所示。

表 5.2 关于时间管理的轻重缓急的划分

	不紧急	紧急
重要	准备工作 预防措施 制订计划 人际关系的建立 提高自己的能力	紧急状况 迫切的问题 限期完成的会议或工作

续表

	不紧急	紧　　急
不重要	忙碌、烦琐的事务 信件函件 纯粹浪费时间的事情 有趣无益的活动	造成干扰的事情、电话 某些信件、文件、报告 某些会议的出席 一些迫在眉睫的事情

第一类：重要且紧急的事情，如处理媒体对公司的负面报道、安全事故的抢救等。这些事情必须马上去做，否则后果将非常严重。但是在你立即去做的同时你应该思考这样一个问题：真的有那么多重要而且紧急的事情吗？

第二类：重要但不紧急的事情，如编写公司下季度的工作计划、制定家庭的投资理财策略、参加业务方面的培训等。这些事情虽然看起来不紧急，但是对自己未来的发展是非常有价值的，个人的核心竞争力大多都来自这类事情。如果你现在不重视它，它随时都会发展成重要且紧急的事情。例如，你发现下属的工作积极性不高、工作主动性不够，如果你置之不理，慢慢地经过一段时间，这事情可能变得比较严重，甚至出现员工离职的现象。那么这时，这个问题就变成了第一类事情（重要且紧急）。因此，对待这类事情，即使没有立即去做的必要，也至少要做一份时间计划表。因此，应当尽量避免更多的事情进入令人讨厌的第一类。

第三类：不重要但紧急的事情，如临时会议、突发的一些小状况等。这类事情的时间投入是相当可惜且无奈的，忙了半天可能一点效果都没有，包括你在内的很多人都会被假象所迷惑，认为"紧急"的就是"重要"的。其实"紧急"和"重要"一点关系都没有。所以，应当尽量减少第三类事情。

第四类：不重要且不紧急的事情，如看无聊的电视节目、一个人闲逛、无意义的社交活动等。这类事情就是用来打发时间的，仅仅当作调剂还说得过去，如果过多地沉迷于这类事情，你的价值就会大打折扣。

正如德鲁克所说的：忙碌的人们做了太多没必要的事情，多到足够令你惊讶……实际上应该向那些对自身、对自己的组织及其他的组织毫无贡献的工作说"不"……必须找出并舍弃完全没必要做的、浪费时间的工作。最好想一下如果整个工作都不做，会有什么后果。如果答案是什么影响都没有，那就是应该直接舍弃这个工作。

研究发现，普通人与高效能人士在时间管理上有非常大的差别。普通人与高效能人士时间安排的对比如图 5.2 所示。普通人的时间比例分配从大到小是逆时针方向的，而高效能人士的时间比例分配从大到小是顺时针的。

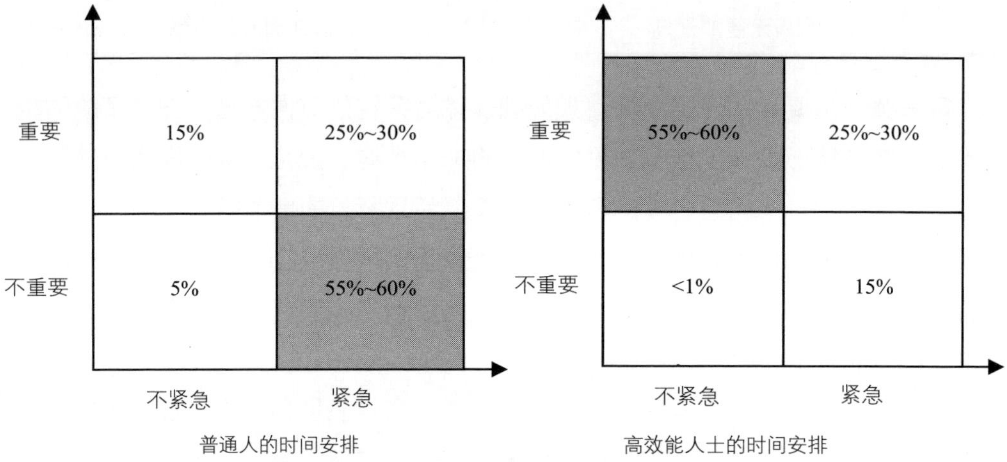

图 5.2　普通人与高效能人士时间安排的对比

普通人会把大量的时间花在紧急和不重要的事情上，就像救火队员一般，整天处理火烧眉毛的事情，那边出事了，就赶紧跑过去应付，这边出事了又立即赶回来处理，结果自己非常累，以致没有时间去思考一些长远的规划（重要但不紧急的事情），绩效显然上不去。这些事情是需要立即去办的没错，但是它们并不值得你投入太多的精力和时间。

高效能人士则会用大量的时间处理重要但不紧急的事情。当把这些事情考虑清楚时，就不会有那么紧急的事情了，即使遇到紧急的事情（不管是重要的还是不重要的），大部分时候也能轻松自如地应对，不慌不忙，减少很多的烦恼。

就像小时候放暑假时，有的孩子一放假就是疯狂地玩，到快要开学了再来做作业，这个时候是非常不想做的，最后开学了暑假作业都还没有做完。而有一些成绩优秀的孩子，放暑假时就会先把作业做完，再去玩，既玩得开心，又不耽误学习。

这在工作中也一样，高效能人士通常有一个特点：提早安排时间。无论是上班、开会还是约别人见面，不会卡着时间点去，而是会预计路上要多久，并会比原计划适当提前一点出发，以防受其他情况影响（如塞车）而导致迟到。

再例如，上司布置了一项很重要但不紧急的事情，一般人往往到时间点了再来处理，这时如果碰到突发事情，自己就要到处救火，而没时间来做那件重要的事了；而高效能人士则会先思考如何去做，并利用空闲时间尽早完成，等到时间点到了，会按时向上司提交作业，如果遇到紧急情况，也有时间轻松应对，根本毫无压力。

因此，可以总结出时间管理的四象限法则，如图 5.3 所示。

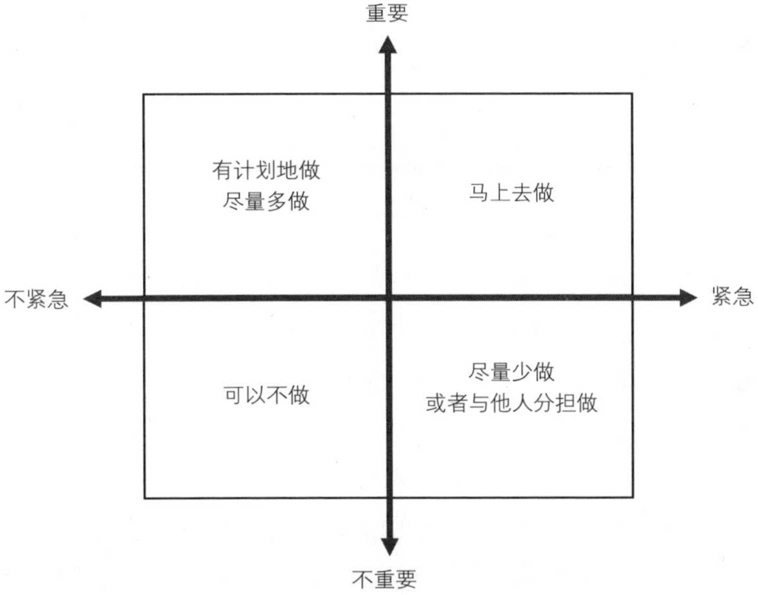

图 5.3　时间管理的四象限法则

↗ 检讨自己的时间安排

一周时间汇总统计表样例如图 5.4 所示。

你最好按图 5.4，统计一下你每天花在各项活动上的时间，连续统计一周，你一定会有惊人的发现。此图的功能是：通过意识到你如何利用时间，你自己发现哪些地方可以做出相应的调整。图 5.4 中的具体项目可以根据自己的需要进行调整。

睡觉：45 小时
吃饭：12 小时
看书：4 小时
写作：4 小时
看电视：15 小时
打电话/发短信：5 小时
发微信/刷朋友圈：15 小时
运动：0.5 小时
工作：47 小时
娱乐（外出游玩等）：5 小时
购物：3 小时
带孩子：7 小时
其他：5.5 小时
总计：**168** 小时

图 5.4　一周时间汇总统计表样例

图 5.4 是曾哥在 2014 年统计的一周时间汇总情况。通过这个图曾哥惊讶地发现，原来自己花在看电视、发微信上的时间竟然有这么长，而花在看书和写作的时间则非常少，花在运动上的时间几乎可以忽略不计。于是便对自己的时间安排进行了相应的调整：将每周看电视的时间减少为 7 小时，将玩微信的时间调整 7 小时……将运动时间调整为 2 小时，将看书和写作的时间均调整为 7 小时。

除此之外，你还要通过对自己时间的统计进行分析，发现自己在一天中什么时间段的效率最高，有的人是晚上夜深人静的时候创造力最强，有的人是早上时工作思维最敏捷；还可以了解自己在一周当中什么时间段的效率最高，有的人是周末状态最好，有的人一到周末就想休息了。一天工作精力分配表样例（出差除外）如表 5.3 所示，一周工作精力分配表样例（出差除外）如表 5.4 所示。

表 5.3　一天工作精力分配表样例（出差除外）

早　上	中　午	下　午	晚　上
精力充沛（Do）	思考迟钝（Check）	冷静（Action，Plan）	放松（Thinking）
处理 E-mail	计划跟进	思考问题	阅读

续表

早　上	中　午	下　午	晚　上
开会、决策 给方向、思路	休息 散步	做计划 面对面沟通	写作 社交活动

表 5.4 一周工作精力分配表样例（出差除外）

周一、周二	周三	周四、周五	周六、周日
精力充沛（Do）	思考迟钝（Check）	冷静（Action，Plan）	放松（Thinking）
关注重点工作 做出决策 给方向、思路	跟进重点工作 调整更新计划 走动管理	思考问题 沟通交流 做计划、规划	阅读、写作 家庭亲子活动 社交活动

选择在合适的时间做合适的事情，你就能获得心理学上所说的“心流”体验，一种全神贯注、投入忘我的状态。就像恋爱时的感觉一样，心流产生的同时会有高度的兴奋与充实感，你甚至感觉不到时间的存在，在某件事情完成之后会有一种充满能量并且非常满足的感受。

曾哥的文章与书籍创作大部分是在晚上和周末时间完成的，2014 年在专业期刊上发表了 30 篇人才管理的专业文章，2015 年完成了《破译人才密码：移动互联网时代的人才管理实践应用指南》一书的创作，2016 年完成了《西游领导力：探求组织发展的成功法则》一书的创作，2017 年和金菁等人合作完成了《数字化转型下的人才战略》白皮书创作，并完成了本书的大部分创作。

↗ 用统筹方法将部分工作并行

小时候语文课里有一篇华罗庚写的《统筹方法》，文中用烧开水泡茶的事例来说明如何用统筹方法来节省时间。

> 想泡壶茶喝，当时的情况是：开水没有；水壶要洗，茶壶，茶杯要洗；火已生了，茶叶也有了。怎么办？
>
> 办法甲：洗好水壶，灌上凉水，放在火上；在等待水开的时间里，洗茶壶、洗茶杯、拿茶叶；等水开了，泡茶喝。

办法乙：先做好一些准备工作，洗水壶，洗茶壶茶杯，拿茶叶；一切就绪，灌水烧水；坐待水开了泡茶喝。

办法丙：洗净水壶，灌上凉水，放在火上，坐待水开；水开了之后，急急忙忙找茶叶，洗茶壶茶杯，泡茶喝。

哪一种办法节省时间？显然是第一种办法好。

水壶不洗，不能烧开水，因而洗水壶是烧开水的前提。没开水、没茶叶、不洗茶壶茶杯，就不能泡茶，因而这些又是泡茶的前提。泡茶的时间安排示意如图 5.5 所示。

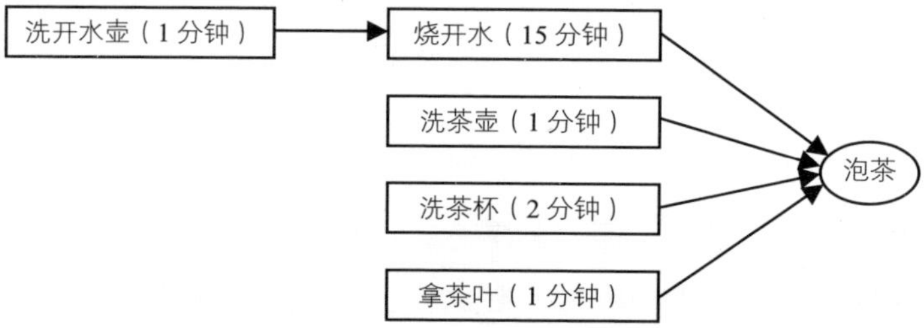

图 5.5　泡茶的时间安排示意

从图 5.5 可以看出，办法甲总共只要 16 分钟（而办法乙、丙需要 20 分钟）。洗茶壶茶杯、拿茶叶总共不过 4 分钟，大可利用等水开的时间来做。其实这个例子讲的就是工作并行与串行的问题，洗开水壶—烧开水—泡茶是串行，而烧开水与洗茶壶、洗茶杯、拿茶叶则是并行。这在人们的工作与生活中的很多地方都可以得到广泛应用。

有些工作是只能串行的，如吃饭的时候不能洗澡，看电视的时候不能看书（当然也有人这样做，我不建议，实质上两件事情都不会做得专心）。

有些工作是可以并行的，如坐车的时候可以听音乐、听录音，坐地铁、火车、飞机的时候可以看书、看视频。C 罗在看电视的时候做俯卧撑。那么，你要多去思考哪些工作是可以并行的，通过并行的方式来节省时间，提高工作效率。

软件开发里有一种方法叫敏捷开发，将一个大项目分为多个相互联系，但也可独立运行的小项目，同时分别由不同的开发人员并行完成，从而大大提高了开发效率，缩短了开发周期。

目标倒推，用计划应对变化

有人说，计划赶不上变化，因此做计划没用。特别是近几年，互联网思维泛滥成灾，很多人认为世界变化太快了，根本没有必要做计划。说这种话的人，都是对计划没有深刻的认识，其实不是计划没有用，而是你的计划没做好。

李笑来指出，计划总是被变化打乱的深层次原因在于：计划过于长远。事实上，无论变化多快，计划总是要有的，只是在制订计划的时候，必须要考虑到变化，应该以自身的情况分析自己究竟适合制订多久的计划。

并非每个人都有制订长期计划的能力。一般来说，计划的期限越短、内容越清晰，目标就越容易实现。长期目标、人生理想固然要有，但往往过于遥远，以至于人们总是看不清楚。人们要做的事情只是一步一步地往前走，把每一步都走好，走踏实。对于年轻员工来说，一个长期的目标不要超过 3 年或 5 年，短期目标则可能短至 1 个月、1 星期，甚至 1 天。

认为计划赶不上变化的原因，还是思维方式出了问题，过去人们往往习惯于以“条件导向法”来做计划，即从现有的条件出发，条件有多少，就做多少，也就是说，条件决定结果：

- 我能力还不够高，经验也不丰富，走一步算一步；
- 公司技术条件太差了，这样做不行，肯定完成不了任务；
- 那么高的销售额肯定达不到，现在市场不景气；
- 没给我配备足够的资源和条件，就是神仙也做不来……

而更好的方式是采用工程建设领域当中使用非常广泛的目标倒推法来做计划，这是一种逆向思维的方法，即从目标出发，反向推演，分析要达到设定的目标，现有条件的瓶颈和制约在哪里，然后缺什么，想办法补什么。目标倒推法会激发自己将无穷的智慧发挥出来，并很好地完成工作，甚至还可能完成那些你认为“不可能完成”的工作。目标倒推法的具体步骤如下：

- 为自己制定一个非实现不可的目标；
- 分析哪些条件不足，从而会阻碍目标的实现；
- 着手解决这些不足的地方，为实现目标扫除障碍；
- 千万不要遇到困难就随意更改目标，而是要为了目标迎难而上，直到目标实现。

计划达不到预期是很正常的，特别是那些充满了不可预见因素的事情，目标设置不科学、时间节点安排不合理、资源配置不到位、监督控制不给力，都可能导致计划赶不变化。所以 “目标刻在石头上，计划写在沙滩上”。但是也不要一遇到困难就修改目标。殊不知，目标一动，整个系统都被打乱了。没有比改动目标更简单、容易的事，但也没有比没有目标更能导致人的失败。

项目管理里面有句话：Plan is nothing，planning is everything。意思是计划的过程非常重要，在这个过程中你需要考虑多种因素、各种风险、各种关系，遵从计划的流程，才能做好计划。做计划的过程，能让你对项目或你计划的事情了然于胸。

↗ 有效利用碎片化的时间

经常听到身边的朋友“抱怨”工作和生活的以下现状。

- 太忙。白天忙工作，时常要加班，晚上还要回家看孩子，根本没有时间学习。
- 碎片化。除了工作根本没有一整段时间用于学习或自我提升，即使有时间，也经常是这里挤一点那里挤一点，没法静下心来。
- 迷茫。生活的压力、提升自我的紧迫感、疲惫的身体、繁杂的琐事，让学习变得不那么容易，有时会有不知所措的感觉。

不管愿不愿意，时间碎片化已真实地存在于人们身边。所谓碎片化时间，是指那些没有被安排工作、没有被计划，零散的、规律性较差的时间。

时间的碎片化改变了人们的学习、工作和生活习惯，对自我管理提出了新的挑战。在多而广的学习选择面前，人们常常迷失了方向，看着什么都不错，什么都想学。过载的信息给人们带来了很大的压力。

要想高效利用碎片时间，就要先了解碎片化时间的形成原因和特点。从形成原因上看，碎片化时间可分为客观形成和人为制造两类。

- 客观形成的碎片化时间：有些碎片化时间是长久以来一直存在的，这类时间大多出现在两个主要任务之间，如上下班的通勤时间，这是工作和照顾家庭两个任务之间的过渡时间。这类时间是任务之间的必要缓冲环节，也是人们调整状态、调节心情的时间。只要任务存在，这类碎片化时间就会存在，是客观形成的。

- 人为制造的碎片化时间：还有一部分碎片化时间是人为制造出来的，如本应在 1 小时内认真撰写工作报告，可中途一会接电话、一会回短信、一会看邮件、一会上厕所。这 1 小时被人为地切割成好几个零碎的时段，影响了工作效率不说，有时还会让人变得焦躁和不安。

由于每个人的学习、工作和生活角色各不一样，承担的任务也不尽相同，对时间的利用也各有特点。对于大部分职场人士来说，晚上和周末的时间才能由自己支配，而有些“三班倒”的工作者，早、中、晚的时间安排要根据工作情况来调整。

因此，首先要结合自己的实际情况，分析个人常见的碎片化时间分布规律，大多聚焦在早上、下午还是晚上，或是周末、节假日。

其次，尽量减少转移注意力的行为，从而避免一些碎片化时间的形成。例如，原本计划晚上阅读 1 小时，就要抵挡住手机的诱惑，不要做时不时地刷朋友圈，或者一会喝口水之类的事情。

最后，要化零为整，将完整的大段时间留出来处理更重要、需要静下心来做的事情。人为制造的碎片化时间，尽量避免或进行整合。例如，如果你是手机控，在阅读时，请关闭手机；如果你有拖延习惯，请给自己设置一个时间点，在这个时间点到来时必须马上行动。每个人注意力最集中、效率最高的时间段各不一样，在这些时间段内，安排做重要的事情。

由于碎片化时间往往较短，变数较大，在安排重要事情时，不一定安排事情的核心内容，可以安排一些辅助任务。例如，如果你要写作，每天上午效率最高，但又没有一整段时间用于写作，那么可以把收集素材、记录观点、制定写作框架等任务安排在这个时间段。

可以在碎片化时间里浏览新闻、社交聊天、刷朋友圈、看视频、听音乐、在线听课等，这些事情大多时间较短、灵活性强、分阶段、对效果的影响较小。

碎片化时间也分长和短。比较长的空当，如上下班或出差的途中，则适合看书学习。如果接下来还有重要的事情或高强度的工作，则抽空休息一下，如中午可以午休一会儿。

比较短的空当则要分3种情况：第1种情况是如果前后都要处理重要事情，如会议中间的间隔，或者两个重要工作之间短暂的时光。这个时间最适合休息，不适合学新东西。听听音乐放松一下，甚至上网都可以。第2种情况是如果前面是不重要事情，后面是重要事情，如做完常规的不繁忙的工作，不久之后将有一个上台演讲或致辞，这段短的空当时间就适合把下一项事情在脑中过一遍。第3种情况是如果前面是重要的事情，后面是不重要的事情，那么你可以随意活动。

总体来说，要根据你的身心状况来看，如果你感到大脑发胀，那就是以休息为主；如果精力还算充足，可以适当学新东西。

5.4 优秀是一种习惯

习惯的力量

一个人的成功很大程度上跟他的时间管理相关，而时间管理则由习惯来决定。人们每天高达90%的行为是出于习惯的，几点钟起床、洗脸、刷牙、穿衣、吃早餐、晚上回家后做什么、几点睡觉，一天之内有几百种习惯。

习惯是一种长期形成的思维方式、处世态度，它由一再重复的行为形成，具有很强的惯性，像转动的车轮一样，人们往往会不由自主地形成自己的习惯，不论是好习惯还是不好的习惯，都是如此。因此，习惯会在不经意间影响人的一生。倘若人们能看清并且改掉坏习惯，坚持好习惯，人们在人生道路上的成功率就会大大增加。

这是在提醒人们非常需要仔细检查一遍自己的习惯。看看哪些是有益的、哪些是无益的、哪些事有害的，将无益、有害的改为有益的，哪怕是一个小小的改变，假以时日，必能受益无穷。

著名心理学家威廉・詹姆斯认为：播下一个行动，收获一种习惯；播下一个习惯，收获一种性格；播下一种性格，收获一种命运。

习惯可以在有目的、有计划的训练中形成，也可以在无意识状态中形成。而良好的习惯必然在有意识的训练中形成，不允许也不可能在无意识中自发地形成，这是好习惯与不良习惯的根本区别。任何一个好习惯的养成都不会是轻而易举的。

与此同时，不良习惯形成以后，要改变它也是十分困难的，因为它深深根植于人们的潜意识当中，如果人们仅用显意识几乎无法改变它。显意识就像一位执勤的哨兵，夜深时哨兵开始打盹儿，但潜意识从不入睡，它永远静静地存在，静静地等待显意识哨兵开小差。

每个组织的文化都是从核心习惯发展而来的。例如，军人的叠被子、搞内务、走队列等，就是一种习惯养成，也是一种文化塑造。通过这种“养成教育”，来完成军人的基础格式化，使士兵去除娇气与浮躁，砥砺心智和品性，锤炼出过硬作风、精湛技能和严明纪律。这种日复一日的积累与坚守，不仅是军人的品格，更是一种战斗力提升的过程和途径。

正因如此，美国的各个公司和组织开始利用核心习惯重整工作环境，如在IBM，郭士纳通过“研究销售方法”这个核心习惯，对公司进行了重整。在麦肯锡咨询公司，管理人员通过“内部全方位的批评”的核心习惯，创造了公司不断进取的文化。而高盛投资公司则利用“风险评测”的核心习惯来强化各项决策。

↗ 按固定频率做事

法国著名生物学家拉马克的“用进废退”理论指出：人的任何器官，使用的次数多了，这个器官或组织就会进化；如果不使用或很少使用，那么它就会退化。

因此，你要锻炼哪方面的能力，你就必须持续地坚持下去。这是许多人都懂的常识，问题是怎样才能迫使自己持续地坚持下去。笔者给出的方法就是：按固定频率做事。

19 世纪英国小说家安东尼・特罗洛普著作颇丰，他提出：每天做少量工作，只要坚持下来，力量远大于大力神赫拉克勒斯[11]的奋力一击。作为一名作家，他每天都会工作，无论在周末、假期还是在度假时，偶尔写作时间较短（约10分钟），但是从不曾间断。

万事开头难，但每次中断之后重新开始也并不容易。不过每天都工作，工作劲头就可以得到保持，你不会感觉自己与工作过程脱节，不会忘记自己的工作进度，也不需要浪费时间来回顾自己原先所做的事情，好让自己清楚自己接下来该做什么或跟上自己的原有进度。因为你对工作的印象还较清晰，所以重拾工作更容易。

如果你不断地思考着与工作相关的事情，你就更容易理解这些事情之间的关系，找到灵感与灵感之间不同寻常的关联。例如，当你全身心投入一个创意文案之中时，你经历的每件事情似乎都与其相关，并且你可能感到整个世界都变得更加有趣了。

在这方面，德国哲学家、天文学家康德超级规律的作息，堪比瑞士手表。以下为康德的作息时间表。

> 4：45 仆人浪泊叫醒康德。康德命令：无论他怎么赖床，浪泊都必须想方设法把他拖起来。
>
> 5：00 喝两杯茶，抽一斗烟，备课。康德严格规定自己每天只抽一斗烟，终生不变，但年纪越大，烟斗也越大。
>
> 7：00—9：00 上课。
>
> 9：00—12：45 写作。康德的三大批判都完成于这个时间段。
>
> 12：45 待客。
>
> 13：00—16：00 与那些自己点名邀请的友人共进午餐，也是康德大发议论的享受时光。
>
> 16：00—17：00 著名的康德独门散步。定时定点，广大柯城居民一

11 赫拉克勒斯，希腊神话中最伟大的英雄，是主神宙斯与阿尔克墨涅之子，因其出身而受到宙斯的妻子赫拉的憎恶。他神勇无比、力大无穷，后来完成了12项被誉为“不可能完成”的任务，死后升入奥林匹斯圣山，成为大力神。在今天的西方世界，赫拉克勒斯一词已经成为大力士和壮汉的同义词。

看见康德就对表。有次康德看卢梭的《爱弥儿》走火入魔，忘了出门散步，广大市民一片混乱，一致认为教堂敲错了钟。

17：00—22：00 看书。要求：书房温度恒定 15 度。（这么低的温度，大概是为了保持头脑清醒吧。）

22：00—4：45 睡觉。传闻，一到 22 点，康德立马上床睡觉，而且是一沾枕头就入梦乡。

台湾“经营之神”王永庆的时间安排也是出奇的规律。他长期坚持做两件事情，一是每天早上坚持和高管开早餐会，二是每天跑步 1 小时，这两件事情风雨无阻，数十年如一日。王永庆说：“跑步很辛苦，也很枯燥，但是为了身体健康，就必须持之以恒地跑下去，久而久之，像日常工作之一，而不觉得辛苦了。”一直到他 80 多岁，仍然坚持每天跑步，直到医生劝他停止。

娃哈哈创始人宗庆后也是按固定频率做事的杰出代表。娃哈哈的每个销售人员及经销商每隔两三天就会读到一篇“销售通报”，这些通报都是宗庆后亲自写的。宗庆后边“走读”全国市场，边把自己感悟到的营销动向写入“销售通报”，两三天一份，频繁时每天一份，长则洋洋洒洒上千语，短则数行字。这些通报有的是写在一张便条纸上，有的则写在宾馆专用信封的背面，还有的是在行进中的汽车里草拟的，从不懈怠。在通报里，不仅有全国各个市场的销售状况评比和分析，还有对于各个时期市场形势的分析和判断；不仅有娃哈哈各系列产品的销售思路、方法、政策，还有公关广告活动、促销活动、品牌建设等多方面的内容，可以说是一套娃哈哈营销教案全书，娃哈哈的营销“羊皮卷”。

曾哥每周坚持写作，即使春节期间也不例外，除非有时出差加班、事情特别多，基本上也不会间隔几天，哪怕当天没有任何灵感，也要看着目录思考半小时以上。所以才保持了每年 20 篇以上的文章产量，以及每年出一本书的节奏。

塑造新的惯常行为

2003 年淘宝创立时，面对的对手是国内电子商务之王——易趣网，它的背后是全球最大的电商公司 eBay。

这时候马云带头，要求淘宝所有人都要学会一件事——靠墙倒立，俗称“拿大顶”。男的要保持30秒，女的保持10秒。这么做，一是办公条件确实不好，空间小没地方锻炼；二是人一倒立，就能体验到头重脚轻的倒空感，看问题的角度也不同了。换个角度看问题，马云很快找到了易趣的命门：每笔交易收取交易费，而且很高。对此淘宝用了 3 招：（1）聚拢中小卖家，不收交易费；（2）推出支付宝，保障交易安全；（3）加速本地化。这几招让淘宝瞬间爆发。

易趣为了反制淘宝，买断当时最火的三大门户网站广告，而且是排他性的。这时马云又开始“倒立”了，采取绕着打的方式，把广告投向非互联网渠道。当年的地铁站、公交站满眼都是那句“淘我喜欢”。

2005 年 10 月，易趣网国内市场份额剩下不到 30%。一场曾被预言要打 10 年的战争，淘宝用了 3 年就获胜了。从此，淘宝奠定了江湖地位。

阿里巴巴的倒立文化，其实就是一种反传统的习惯养成，通过这种形式来塑造组织的创新能力。在人们的日常工作生活当中这种形式也可以借鉴，通过反传统的习惯养成，来培养自己的创新思维。例如，早上用左手刷牙、从上往下扣扣子，看书的时候从后面往前面看……

但是这种习惯的养也并不容易。心理学家研究发现，一个人的新习惯或新理念的形成并得以巩固至少需要 21 天，称为“21 天效应”。也就是说，一个人的动作或想法，如果重复 21 天就会变成一个习惯性的动作或想法。英国健康心理学家费莉帕・勒理研究则发现，需要 66 天的时间来形成习惯。不管是 21 天还是 66 天，具体的数字其实并不重要，重要的是，习惯的养成是需要时间积淀的，习惯的形成大致分为以下 3 个阶段。

第 1 阶段：1~7 天。此阶段表现为“刻意，不自然”，需要十分刻意地提醒自己。

第 2 阶段：7~21 天。此阶段表现为“刻意，自然”，但还需要意识控制。

第 3 阶段：21~90 天，此阶段表现为“不经意，自然”，无须意识控制。

神经科学的研究认为，习惯的形成与脑内神经间新放电模式的建立有关。神经科学家安・格雷比尔的团队发现，当习惯形成时，基底神经节会形成新的神经活动模式，而当习惯消退时，这些模式也会发生变化。如果重新习得同样的行为，这些脑内的联结会更快地形成。

对于希望养成某些习惯的人们来说，坚持才是王道。通过笔者多年的潜心研究，发现大多数人之所以很难使自己的行为坚持下来，养成良好的习惯，主要原因就是懒。而要改变自己身上的懒癌，你需要付出更多的努力，当然也需要科学的方法。

麻省理工学院的研究人员在习惯形成中发现了一种简单的神经逻辑回路，如图 5.6 所示。这种回路包含三部分：暗示、惯常行为和奖赏。习惯的产生就是把这三部分拼在一起，然后培养一种渴求来驱动这一回路。

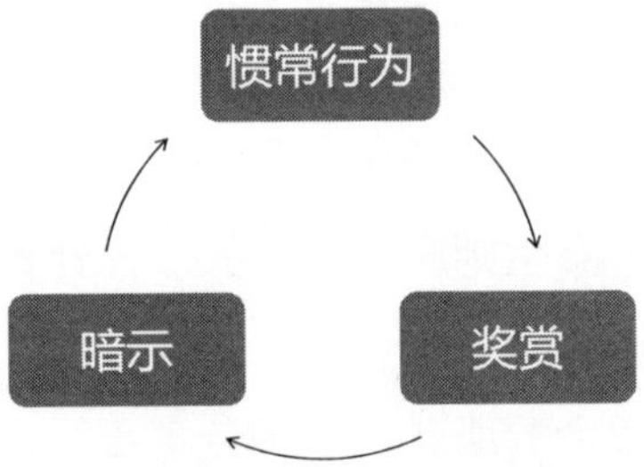

图 5.6　习惯形成中的神经逻辑回路

习惯是不能被消除的，而只能被代替。因此，如果人们想要改变某种旧的习惯时，就要从以下几个方面入手。

- 找出新的惯常行为；
- 用各种奖赏进行试验；
- 将暗示隔离出来；
- 设定目标和计划。

第一，你要找到一种新的惯常行为来代替旧的惯常行为。如果你想减肥，就应了解自己的习惯，看看为什么每天休息时，自己都会离开办公桌去吃点心？然后，每到休息时，就找朋友去散步，或者到他们办公桌那里闲聊，而不是去咖啡厅。如果你想戒烟，就应培养一种新的惯常行为，使它提供满足香烟在人身上产生的渴求感。曾哥写过一篇《戒烟的心得》的文章，里面提到自己年轻时戒烟的成功经验就是采用“水果疗法”：因为酒足饭饱之后吸烟的欲望最强烈，有“饭后一支烟，赛过活神仙”的说法，因此每当自己饭后想吸烟时，就吃水果来代替，效果奇佳，慢慢地就把烟给戒了。

第二，在培养习惯的过程中，你应当设置一些小目标、小计划，每个小目标都应有“适当”的奖赏。例如，当你的文案有了好的创意，并得到领导表扬后，你可以奖励自己去看一场电影。给自己的奖赏有两点需要注意：（1）和总体目标的大小成比例，别把奢侈的欧洲14日游作为成功跑完5千米的奖励；（2）别让它毁了你的目标，如果正在减肥，就别用一顿暴饮暴食奖赏一天的健康饮食，这会弄巧成拙。

第三，可以为自己设定公开承诺，通过外在的压力来鞭策自己。例如，笔者的某位男同事向大家宣布，如果自己在下个月的业绩不能达标，他就穿裙子来上班。于是为了避免穿裙子上班，他就拼命努力来实现自己的目标。这种公开承诺的尺度要大，要能给自己带来足够的压力，自己很害怕真的会实现。如剃光头，对于男生则毫无压力，对于女生则压力比较大。而穿裙子上班对于女生也是压力感全无，而对于男生则比较有压力。

第四，你要找到志同道合的朋友，互相分享目标、互相鼓励和扶持。例如，曾哥以前一直想通过跑步来锻炼身体，总是半途而废，后来有了微信和跑步软件之后，能在跑步时记录自己的运动轨迹与数据，并且还能分享到朋友圈中接受大家的点赞鼓励，同时通过参加公司组织的悦跑团、参加马拉松赛事活动，就逐渐坚持了下来，还跑了几次半程马拉松。

也就是说，你想改变一个习惯，必须找另一个惯常行为替代，而且当你和一个群体一起努力时，改变的成功性会大大提高。当习惯能改变时，不仅个人生活能改变，公司、组织和整个社群都会随之改变。

需要注意的是，你一次不必设置太多的改变，如果它远远超出你个人的意愿和自律的有限能力，很快又会退回到原来的生活模式，你的付出就会半途而废了。因此，你需要慢慢养成习惯——一次只关注一项重大变化，每一步都设定一个可行的目标，高度细化、科学设定的目标会大大增加成功的可能性。

定期整理并分类你的物品

如果你接触过一些知名专家学者或企业家就会发现，他们的结构化思维都很强。所谓结构化思维，是指建立一个思维分析框架，将复杂的问题结构化，然后用逻辑思维分析，找出问题根源或事物本质。简单来说，结构化思维，就是一种将问题进行分类的能力。结构化思维强的人，可以用很短的时间讲述很多的内容，逻辑脉络十分清晰，别人听起来非常舒服、容易理解，如罗辑思维的罗振宇，每天早上一分钟语音，都可以说清楚一个小主题。

所有的管理分析工具（如 SWOT、PEST、3C、波士顿矩阵、思维导图、鱼骨图、PDCA）有一个共同点，就是将复杂的问题，按某种逻辑关系进行结构化分类，从而使问题变得简单清晰。综上所述发现，高手的最大特点其实就是分类能力强。

除看《金字塔思维》一类的书外，该如何通过平时的行为训练来提高你的结构化思维呢?

第一种方法：定期整理你的物品，并将它们进行分类，包括书籍、衣服，以及笔记本电脑里的文件资料。一是按断舍离的原则定期丢掉那些不需要的东西，让那些更有价值的东西更能方便拿到；二是让你给这些事物之间持续建立一种逻辑关系，它们之间的共同点是什么，差异在哪里，不然你为什么会把它们放在一起呢。久而久之，你的结构化思维就得到加强。看一个人有没有结构化思维，去看他笔记本电脑里的文档资料就可以，如文档归类合不合理、清不清晰，不要的文档是否及时清理。那些桌面上满屏是文档，回收站垃圾不及时清理的人通常思维是比较混乱的。断舍离法则矩阵如图 5.7 所示。

第二种方法：写作。写作是非常锻炼结构化思维的一种方式。有些你在脑海中思考的东西，可能很快就会忘掉，而写作是将你的这些所思所想表达出来，而要表达出来，你一定会关注这些内容之间的逻辑结构。曾哥在中广核工作期间，有一位高层领导在一次演讲中指出，经常写文章的人和不写文章的人，5 年以后的职业发展会有很大的差异。为什么很多领导的秘书升职升得快呢？除和领导有比较亲密的关系外，秘书经常帮领导写稿子，他的结构化思维锻炼得很好。

第三种方法：经常发表公众演讲。道理与写作是相同的，演讲还有一个好处就是，能够及时得到他人及时的信息反馈，如你讲得好不好、思路清不清晰、有没有吸引力，从听众的表情一眼就能看出来，这些能帮助你及时调整你的思路。

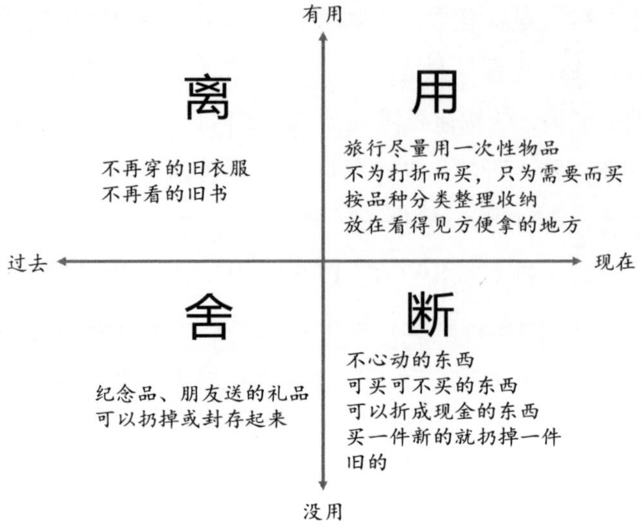

图 5.7　断舍离法则矩阵

第四种方法：可以多主持一些会议和讨论。因为你是主持人，你必须把握总体情况、总览全局、引导话题、总结别人的观点，不知不觉你的结构化思维就提高了。

此外，还可多参与编写规章制度、流程、手册等。自古真情留不住，总是套路得人心，所有的高手都是套路大师。所谓套路就是他有结构化很强的分析框架，把相关问题放到这个框架里，大部分问题都能很好地解决。而实际上，在日常工作中，这些套路往往隐藏在规章制度、流程、操作手册等里面。你亲自参与这些的编写，那么你就掌握了这些套路。

工作中好习惯的养成

工作中的很多事情，其实都与习惯有关。为什么有的人，你跟他沟通起来会很舒服，而有的人却很别扭？为什么有的人，你将一件事情交给他，你很放心，而有的人却总是让你不放心？这些都跟工作习惯有关。人们经常说某某人很靠谱，某某人不靠谱，什么叫靠谱呢？就是有好的工作习惯。那么，在工作中应该养成哪些好的工作习惯呢？

（1）不轻易承诺，而一旦做出承诺，就要努力兑现。

（2）重要的事情认真做好计划，提前做好充分的准备。

（3）重要的会议、演讲、活动都要提前进行预演，避免临时出现意外情况。

（4）上司交代的事情，件件有回音，工作过程中都定期向上司汇报工作进展，让领导少担心。

（5）自己能百度到的问题就不要去问别人。

（6）开会和约会不迟到，如果距离较远，要计算好路途远近，尽量提前出发。

（7）不把工作留到最后一刻才完成，给你的上司留一点提建议的时间。

（8）当出现难以承受的压力时，及时与上级沟通，为工作调整留有余地。

（9）对待自己的工作内容树立第一负责人的态度，对工作职责范围内的内容全权负责并敢于承担结果。

（10）仔细检查自己的工作成果，尽量不出现错别字等低级错误，不将半成品交给上司或下一个工作流程负责人。

（11）尊重并严格执行上司的安排，即使有疑问也要边沟通边执行。

（12）不固执清高，积极发现他人观点中的合理之处，善于肯定他人的优点。

（13）当同事需要帮助时，及时伸出援助之手。

（14）当同事工作出现纰漏时，积极想办法帮助解决，合作中做到互相补台不拆台。

（15）当自己的工作出现失误时，要敢于承担责任，并如实向上司反馈，不隐瞒问题和弄虚作假。

↗ 微信上好习惯的养成

如果笔者问大家，你知道如何用微信和朋友、同事来沟通吗？相信有很多人会说，我每天都用在微信，这还不简单。可事实上有很多人给亲朋好友发个拜年祝福的微信都不会发，总是喜欢群发各种微信来拜年，不要说称呼，有的连落款都不带一个，连谁发的都不知道。这种情况下笔者一般都不回，一点诚意都没有。

有的人朋友圈每天刷屏十几条、几十条，各种夸张的视频、图片，文字里面还好多表情符号，搞得就跟传销似的，这种见一个我就屏蔽一个。

还有的人与别人沟通，如很久没见的同学和朋友，聊天的时候说："你猜我是谁。”

还有的人，经常发“该清清了”“朋友圈第一条请点赞”“疯狂特价等你来挑”“帮忙给我妹投个票”……

有的人跟你谈正经的事情，总是喜欢发好多条语音，还说得没有重点。如果对方事后要去了解情况，得一条条看，很累人。有这个时间发语音为什么不直接打电话说个清楚呢?

给有些领导或同事发微信，都是正事，但他一次都没回，你以为他在忙没时间看，但发现在他群里和其他人聊得热乎，这种领导估计不是什么好领导。

通过微信上的这些表现，反映一个人的情商和教养。一个人如果总拿无用信息在朋友圈刷屏或总发无聊消息骚扰别人，好比随手往别人家门口扔垃圾，这是“微信品德”有所欠缺，难免招人烦。而那些能提供有价值的信息、能快速回复消息、说事礼貌清晰不啰唆的，就很让人喜欢。

在现实社会，人们都知道要遵守必要的行为规范。而混迹于微信世界，其实也有些基本准则要遵守，这可以让别人愉快，也给自己营造了良好的社交关系。微信上的沟通需要注意以下几点。

（1）别人给你发消息一定要回，秒回是最暖心的行为，没有之一。如果不想聊也可以告诉他，哪怕用表情或标点来委婉地表达也可以；收到就说“收到”，没时间就说“在忙，稍后回复”等；不回微信前请别发朋友圈。

（2）如果你找别人有事，不要总问“在不在？”有事直接说，急事不要发微信，特别是不要一条条发语音，打电话沟通更合适；能够一条信息说完的事情，不要分成好几条，每条几个字地说。对于比较重要的事项如要附有比较多附件的内容时，书面（邮件）形式会更为稳妥。

（3）发朋友圈，P（Photoshop，修图的意思）图的时候不要只 P 自己，帮朋友也一起修修；群里发红包时，不要只抢不发，还不说一句话；抢红包手气最佳，必须接着发红包。

（4）朋友圈要么就不发或不给别人看，不要设 3 天可见。

SELF DEVELOPMENT

第 6 章

增 值

6.1 学习是过程，增值才是目的

从新手到专家

这是一个人人都提倡学习的时代，人们对于学习的目的似乎并没有太多改变，无论是阅读，还是获取碎片化信息，或者是在线课程、移动学习，主要目标依然是获取新知识、新技能。你是不是觉得只要学习，能力就会随之提高呢？德雷福斯模型[12]残酷地显示，大多数人的技能掌握程度最高只到高级新手或胜任者。德雷福斯模型如图 6.1 所示。

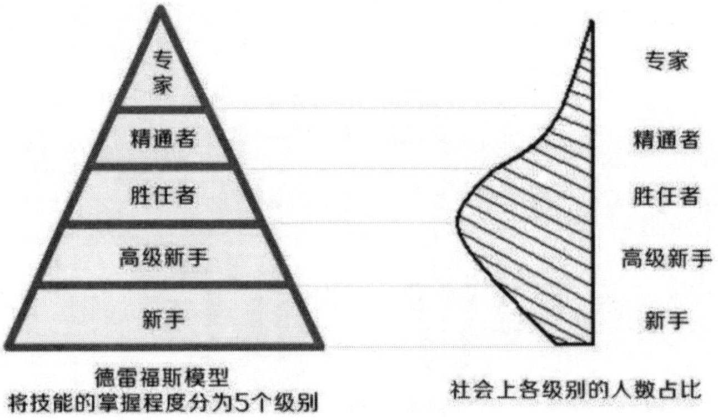

图 6.1　德雷福斯模型

与新手相比，专家具有以下特点。

（1）针对大量知识积累和技能训练带来的程序化和自动化，能够用简单的几句话将一件很复杂的事情讲明白，迅速抓住重点，也能快速地给出解决方案。

（2）具备可以迁移的经验和跨领域的隐性知识，能够洞察不同领域背后共同的本质，把握彼此之间的内在联系，通过很小的事情看出问题所在，观一叶而知秋，窥一斑而知全豹。

（3）有一套基于实践构建的知识和思维结构，这让他们面对复杂问题时，依

12　20 世纪 70 年代，德雷福斯兄弟（休伯特和斯图尔特）就开始研究人类如何获取和掌握技能，他们提出了德雷福斯模型，该模型概括了新手到专家必须经历的 5 个阶段。

然有多种解决方案，能告诉你哪种最省钱，哪种质量最优，哪种性价比最高，并且能更好地认识到任务需求和自己的能力之间的关系，不断更新迭代自己的心智模式。

注意：如果把一件事情交给一个人来做，他能很快速并且高质量地完成，那不一定是专家，可能只是胜任者。

↗ 为未来而学习，为增值而学习

成年人在何时会选择学习？答案是当遇到困难时。此时的学习可称为“为过去而学习”，因为当为了解决困难需要补充新知识而学习时，困难本身已成为过去时，而且这种学习的目的更聚焦在如何解决实际问题上。

在本书中，笔者更想强调另一种学习，即“为未来而学习”，你不再是遇到困难或被他人指出不足后才去学习的，而是主动地思考未来自己想要成为什么人，基于这个目标回溯当下的你需要补充什么，从而系统性地去学习。为过去而学习和为未来而学习两种学习的区别如表 6.1 所示。

表 6.1 两种学习的区别

为过去而学习	为未来而学习
解决实际问题，避免再犯错误	基于未来目标，全面扬长避短
点对点	系统性
随机、零散	有计划、循序渐进

以金菁为例，其工作在未来有两种走向，一种是去甲方从事组织发展、人才管理工作，另一种是继续在乙方做咨询顾问。这两种未来走向对个人的能力要求有所不同，相比专业能力来说，前者更需要沟通协调能力和执行力，而后者更看重专业能力和创造力。基于两种选择，学习路径和规划是有所不同的。

将本章节命名为增值，因为学习是一个过程，并不是最终目的。学习的目的是提升自我，增加自我的价值，成为更好的自己，乃至影响和改变周围的环境与世界。

6.2 信息库的建立——知识学习

从知识的分类说起

什么是知识？至今也没有一个统一而明确的界定。柏拉图认为，一条陈述能被称为知识必须满足 3 个条件，它一定是被验证过的、正确的，而且是被人们相信的，这也是科学与非科学的区分标准。对知识分类的梳理和了解，丰富了人们的元认知知识，在下次学习新知识时，可以更好地指导人们采用不同的学习策略。

根据现代心理学和教育学的观点，以及整合了 J.R.安德森、冯忠良、J.H.弗拉维尔等心理学家的观点，笔者将知识划分为陈述性知识、程序性知识和元认知知识 3 种类型，如图 6.2 所示。

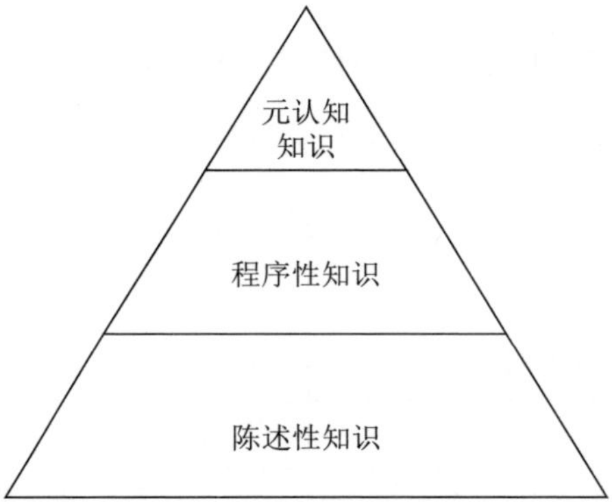

图 6.2　3 种知识类型

陈述性知识，正如字面意思，是指能够被人所陈述和描述的信息，主要反映事物的状态、内容及事物变化发展的原因。这类知识主要用来回答事物是什么、为什么和怎么样的问题。例如，人们知道太阳是一颗恒星，太阳东升西落是一种现象，太阳看起来东升西落是因为地球的自转运动等，都属于陈述性知识。

程序性知识，是指个体难以清楚陈述，主要反映活动的具体过程和操作步骤，以及怎样进行推理、决策或解决某类问题的知识。在遇到问题时，不仅要想到如何解决问题，同时也要知道在什么样的场景下，使用什么样的方式解决什么样的问题。程序性知识主要用来解释做什么和怎么做到的问题。例如，程序性知识包括一套舞蹈动作的步骤、一个咨询项目中的各实施环节和过程等。

元认知知识，是指关于认知的知识，有关人作为学习者的一切特征的知识。例如，人们对于什么因素影响认知活动的过程与结果、这些因素是如何起作用的、它们之间又是怎样相互作用等问题的知识。元认知知识主要包括三大类。

第一类，有关学习主体的知识，可以概括为“知人”，这里的人就是指人们自己，以人们想要学习编程为例，先需要了解自己作为学习主体的相关情况，如自己对编程领域的学习兴趣多大，学习该领域知识对自己来说难度有多大，自己与该领域的大牛相比差距有多大等。

第二类，有关学习活动的知识，可以概括为“知事”，同样还是以人们要学习编程为例，如编程课程需要多长的学习周期，课程难度多大，哪些渠道和方式可以学习等都是关于这项学习活动的知识；

第三类，有关学习策略方面的知识，可以概括为“知术”，如依据自己当前的工作状态，什么样的编程学习方式最适合自己（自我学习还是参加培训）等知识。

3 种知识对比如表 6.2 所示。

表 6.2　3 种知识对比

类型 / 对比项	陈述性知识	程序性知识	元认知知识
功能	辨别事物	解决问题	学习特征
认知加工的深度	记忆、理解	应用、分析	评价、创造
考察方式	笔试	观察行为	自我报告、相互评价
提取的速度	激活速度慢，需要在长时记忆中有意识地搜寻	激活速度快，行为链条中前一个操作的结果迅速成为后一个操作的条件，可以迅速激活和“点燃”后续步骤	自我认知的部分相对是稳定的、容易提取的，而与具体情境、任务相关的部分不尽相同，需要复杂的认知加工，提取速度不一

续表

对比项 \ 类型	陈述性知识	程序性知识	元认知知识
遗忘的速度	陈述性知识只要求“印刻”在头脑中，所以学习速度快，如果没有采取深加工策略，遗忘得也会很快	程序性知识要求人按一定规则和步骤进行操作，因而学习的速度慢，但由于操作过程调动了多种感官参与，伴随着一定的深加工，所以遗忘也慢	元认知知识的形成需要深度的认知加工，一旦形成，基本不会遗忘

三类知识，三条策略

在学校的经历中，人们接受的教育以陈述性知识为主。随着年龄的增加，在步入工作以后，需要具备更多的程序性知识。而人们最难以掌握的则是元认知知识。抛开知识本身而言，最难获取的是与自我相关的知识。

各个领域的专家相较于新手的一个重要标志是他们不仅清晰地知道自己知道哪些东西，也同样清晰地知道自己不知道哪些东西。可以说，他们具备的是“知之为知之，不知为不知”的智慧。

针对 3 种类型的知识，给出 3 个建议：不忽视陈述性知识；结合实践情境，应用程序性知识；多维度探索元认知知识。

不忽视陈述性知识

从对陈述性知识的记忆、理解到对程序性知识的应用和分析，探索元认知知识在这个基础上，增加了评价和创造的过程。三类知识的认知加工过程逐渐复杂和精细化，可以说，陈述性知识是后两者的基础。人们在成长过程中从学校接收到了大量的陈述性知识。从中小学时代的“全文背诵”到大学时代的考前“连夜突击”，对陈述性知识，人们打上了不可磨灭的死板、需要死记硬背的刻板印象。

在以快速、便捷为特点的现代社会，迫于职业与生活的种种压力，人们对待知识学习的态度越加倾向于快速掌握，“8 天掌握英语口语”“7 天掌握微信公众号运营”这类标题的文章随处可见。成人学习者似乎陷入了一个误区：“只有能够解决自身所面临实际问题的知识才是更实用、更有价值的，才是需要去学习的。”陈述性知识被人们自然而然划分到用不到、不能解决问题的那类知识去。但是，心理学家安德森提醒人们：那些能够解决实际问题的程序性知识的学习同样需要有一个重要的前提，即陈述性知识。

陈述性知识为人们解决实际问题提供了背景信息和基础，只有对陈述性知识进行反复练习与运用之后，才能够转化为程序性知识。以学习英语为例，只有人们记住了大量单词，才能支撑人们进一步阅读和口语表达。并且，人们在实践中获得的经验又是以陈述性知识的方式在记忆中存储和激活的。由此可见，在人们急于获取程序性知识或元认知知识之前，需要先强调陈述性知识的基础地位。否则，就容易导致欲速则不达的结果。

笔者也经常听到一些职场新人的抱怨：“我现在的工作不是我所学的专业，也没有人带我，公司的培训也不够完善，根本不知道怎么提高自我能力。”在这种情况下，踏踏实实地先阅读基本专业书籍，导入基本的陈述性知识必不可少。

结合实践情境，应用程序性知识

程序性知识是“如何做事的知识”，教你如何思考及如何解决问题。在遇到问题时，不仅要想到如何解决问题，也要知道应用的场景。

以 Excel 里面的 VLOOKUP 函数功能为例，它本身是一个纵向查找函数（陈述性知识），需要通依次设置 lookup_value 、table_array、col_index_num 和 range_lookup 四项值，才能实现查找功能（程序性知识）。掌握这项函数功能非常依赖于情境学习，如果只看该函数的解释和每个参数的说明，不但难以记住，而且即使记住了也很容易遗忘。但是一旦如果有了使用的情境，如将人员信息表和成绩表内容进行匹配，只要在实际情境中多操作几次便可以轻松应用该知识。

程序性知识有如下特点。

（1）认知内容综合性强，需要进行高级加工、精深学习。

（2）对应用的情境依赖性高，认知任务主要在于正确把握当前情境并做出合理判断。

（3）认知过程是一个交互的过程，需要主动参与，是一个不断反复的过程。

（4）认知过程是一个连续的整体，实时性要求高。

所以，程序性知识的掌握和使用该知识的情境密切相关，通过情境任务为接触点来记忆、理解、应用和分析程序性知识，才能够真正将其转化为技能，灵活使用。

多维度探索元认知知识

元认知知识一般是指关于认知的知识，也是指个体对于自身情况是否有足够的了解，并且能够做出正确的判断，包括了解自己认知活动中的优势与不足，以及采用什么样的一般策略去发现必要的信息。元认知知识主要分为 3 部分，自我知识（知人）、关于认知任务的知识（知事）和认知策略知识（知术）。

那么，在什么情况下会让人们获取元认知知识呢？相比前两类知识，元认知知识更加复杂，是驾驭知识的知识，自然也更难以掌握。想要增长元认知知识，一是需要定期地对自己的学习认知情况进行总结和思考，二是需要在具体的实践中探索自己的认知特点，三是积极接受来自他人的反馈与评价。

↗ 书要如此选，书要如此读

虽然学习不仅是读书，但无论在车马慢、书信远的时代，还是连脚步都飞快的当下，阅读书籍依然是一种重要的获取知识的途径。深入而广泛的阅读是杰出领袖最鲜明的特质。阅读能激发他们的洞察力、创新意识、同理心，提升个人效能。因为很多大师都帮你把经验总结到书里面了，读书使你可以站在巨人的肩膀上思考。此外，读书是最省钱、省时的学习方式之一。

很多人在读书时存在几个误区。一是完全不看书，只是利用朋友圈进行学习。如果你想获得成长，建议每年至少阅读 5~10 本专业类书籍。二是买书如山倒，读书如抽丝，就像女人买了衣服不穿一样，买了书回来后却不怎么看。三是书看得太多太杂，没有聚焦，市面上流行什么就看什么。读一本经典书，胜过 10 本闲书，一个领域内的最权威的、最经典的书也就那么几本，其实也不用花太多时间。

笔者也曾经尝试利用上下班的碎片化时间来进行学习，但点状化、真伪难辨、质量不一的信息输入，反而弄得人疲惫不堪，效果不佳。

当代著名教育家朱光潜曾说："任何一种学问的书籍现在都可以装满一个图书馆，其中真正绝对不可不读的著作，往往不过数十部甚至数部。"足见想挑选出一本好书并不容易。书籍浩如瀚海，笔者有以下几个小小的心得，供读者参考。

首先，买不买最新的书呢？这个问题得看情况，如一些专业领域的书籍，如医学，知识和概念的更新速度很快，但编撰成册往往需要一定时间，很多信息伴随着书籍从编撰、翻译到出版就已经落后了，这种情况下必须选用最新的书籍，甚至还要额外及时了解前沿动态，才能保证知识不落伍。

但面对一些市面上的经管类等图书，笔者倒觉得不用急于参考各大畅销排行榜，而是等待一段时间，参考书评而选。而在某些领域，经典的旧书、老书往往有着历久弥新的观点和洞见，不因时代发展而褪色，这些书反而更具有阅读的意义。

其次，如果想要快速了解某个专业和领域，让领域类的专家给你推荐、参考权威书单是有效途径。毕竟，已经有一位前人帮你做了一遍筛选，也许不是所有书都对你的胃口，但提升了你选书效率。通过一本书的参考文献和脚注按图索骥，也能找到你想要读的经典书籍。好的作者，本身就是一份优质书单，锁定一个优秀作者，阅读他的系列作品既能保证阅读质量，又能提高学习的系统性。同一个主题，你最好买几本不同的书来看，因为每本书的角度、内容深浅度都不一同，多看几本书，你才能对这个主题理解得更全面、更深刻。

最后，看国内的书？还是国外的书？如果有一定的国内外作者书籍的阅读量，相信你一定有体会，中国人写书往往体系大，框架完整，一本书的内容恨不得包括万象，把道理说完。而西方作者往往选中一个很小的切入点，研究得深入透彻、娓娓道来。两者并没有严格的好坏之分，但两类书籍的阅读也是对人们思维方式的训练，一味只读某一类作者的书都不可取，笔者建议对同一主题，可以挑选国内外的书籍进行对比，相信在知识之外，也有更多的启迪。

说完选书，再来谈谈读书。这里谈的主要是对你工作有帮助或一定专业领域类的书籍，毕竟看小说这件事，就不用再教了。通过阅读目录，对书籍的整体框架性有所了解，重点阅读导读、序言和总结部分。笔者的建议是需要利用相对完整的时间按章节进行阅读，并不太提倡碎片化的学习，并且遇到有所联想和感悟的地方，及时做标注；而对于某些流程、模型、理论等，可以尝试动手画一遍来加深理解和印象，并且要求自己思考、联想、套用实际的例子来加深印象。有的人“书本上没留下什么痕迹，脑海中没留下什么印象”，读了很多本书，发现自己也没掌握多少知识。

不同学习方式，其效果差异很大，如图 6.3 所示。因此关于读书还有很重要的一点，就是除了输入一定要有输出。只有输入，没有输出，你存储的信息就没有被调用，而没有调用的信息要么被遗忘，要么就被浪费了。写读书笔记是输出，向别人转述你阅读的内容和感悟是输出，结合阅读感悟和实际工作能写成文章更是输出。只有通过不断地输入和输出，反复地训练，这些知识才能真正为你所用。

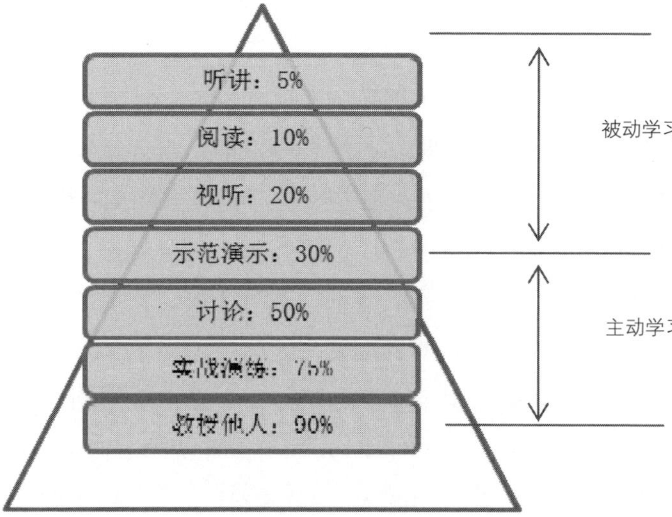

图 6.3　不同学习方式的不同效果

6.3 修道场的搭建——技能提升

10 000 小时定律的对与错

大家还记得那篇初中课文——欧阳修的《卖油翁》吗？文章记述了陈尧咨射箭和卖油翁酌油的事。陈尧咨擅长射箭，“发矢十中八九”，当世无双，水平已经很厉害了。站在旁边看的卖油翁只是“但微颔之”，不以为然。陈尧咨不是个善茬儿，当官的时候用刑惨急，经常用棒子把人打死，死老头你敢瞧不起我？老头也没说什么，取了一个葫芦放在地上，用一文钱盖于葫芦口，抬手就倒油进钱孔，钱一点都不沾湿。“吾亦无他，唯手熟尔。”我也没什么本事，手熟，达人一个。陈尧咨讪笑了两声，让老头走了。

这个故事生动形象地说明了“熟能生巧”的道理，所有技能都能通过长期反复苦练来达到熟练的境界。这和 10 000 小时定律的意思有相似的地方。格拉德威尔在《异类》一书中指出：人们眼中的天才之所以卓越非凡，并非天资超人一等，而是付出了持续不断的努力。10 000 小时的锤炼是任何人从平凡变成世界级大师的必要条件，他将此称为“10 000 小时定律”。

在此，需要纠正很多人的以下几个误区。

第一，这 10 000 小时不是一个绝对精确的数字。例如，优秀专业演员的专业技能习得往往是 3 500 小时，记忆类专家技能习得只需要数百小时。10 000 小时无非是要表达：你想要成为专家，你需要大量的练习时间。

第二，不要认为我在一个领域练习了 10 000 小时，我就一定能成为这个领域的专家，这是不确定的。按每天工作 8 小时，一周工作 5 天计算，那么成为一个领域的专家至少需要 5 年的时间。但是很多人在 5 年内根本就成不了专家，为什么呢？格拉德威尔的原文所要表达的是，10 000 小时的练习是成为某个领域专家的必要条件，并不是充分条件。

这就涉及技能提升的另一个问题：练习方法。人们必须要了解什么是技能？技能和知识有什么区别？

所谓技能是由一系列动作及其执行方式构成的，属于动作经验的范畴，而知识属于认知经验。知识学习所要解决的是事物是什么样及怎么样的（陈述性知识）、做什么及怎么做（程序性知识）的问题。技能锻炼所要解决的是完成活动要求的动作会不会及熟练不熟练的问题。技能与程序性知识密切相关，但并不完全等同，因此有的学者把技能界定为程序性知识是片面的，只看到了两者之间的联系，而没有看到两者之间的本质区别。例如，在“拧螺丝”这项活动中，程序性知识是说明拧螺丝的动作步骤及执行顺序，而技能则是实际拧螺丝的动作方式，是把这些程序性知识转化成相应的活动方式。因此，要真正掌握技能，不仅要掌握某些程序性知识，而更重要的是要通过实际操作，获得动作经验，所以才有了 10 000 小时定律。

仅懂得 10 000 小时定律，你的技能不可能得到快速提升，甚至无法得到有效提升，而你需要掌握的方法就是——刻意练习。

《刻意练习：如何从亲手到大师》一书的作者安德斯·艾利克森和罗伯特·普尔通过大量的研究发现，人人都可以拥有莫扎特那样的完美音高，莫扎特的完美音高根本谈不上是只有幸运的少数人才拥有的天赋，而是一种只要经过适度的接触和训练，几乎人人都可以培养和发展的能力。他们进而得出结论：天才其实是训练的产物，各领域的杰出人物都靠大量练习来成功，而这种练习就是刻意练习。谷歌、丰田公司也运用这种练习来培训他们的员工，这种练习就是刻意练习。

↗ 创建有效的心理表征

艾利克森他们还发现，杰出人物与一般人有一个重要的区别，就是长时工作记忆，它也是刻意练习的本质。那些卓越的专家，能够将工作记忆与长时记忆对接起来，能调用更大容量的工作记忆，他们大脑中负责长时记忆存储转换的海马体比常人大得多。例如，国际象棋大师在长时记忆这款硬盘中存储了 5 万~10 万个关于棋局的组块。

幸运的是，艾利克森认为这种长时工作记忆能力是与具体领域相关的，并且通过他所说的刻意练习可以习得。那么，人们该如何通过刻意练习获得长时工作记忆呢？

刻意练习一个重要的特征就是创建有效的心理表征。所谓心理表征，是一种与人们大脑正在思考的某个物体、某个观点、某些信息或其他事物相应的心理结构，或具体或抽象。例如，一提到蒙娜丽莎，很多人马上便会在脑海中看到那幅著名油画的形象，那个形象就是蒙娜丽莎落在他们脑海中的心理表征。如果只是普通的技能训练，便没有心理表征这回事。

将杰出人物与普通人区别开来的因素是：他们通过年复一年的练习，已经改变了大脑中的神经回路，已创建高度专业化的心理表征，这些心理表征反过来使得令人难以置信的记忆、规律的识别、问题的解决等成为可能，也使得他们能够培养和发展各种高级的能力，以便在特定的专业领域中表现卓越。

心理表征有助于找到规律，如杰出人物能够看到“一片森林”，而普通人只看到“一棵树”；心理表征还能够进行无意识的决策，使人们进入“自动化”的思考；心理表征还有助于解释信息、组织信息、制订计划，从而有利于高效学习。技能与心理表征之间的关系是一个良性循环：你的技能越娴熟，创建的心理表征就越好；而心理表征越好，就越能有效地练习，以磨炼技能。

那么，如何创建有效的心理表征呢？艾利克森给出的方法是：3 个 F，即专注（Focus）、反馈（Feedback）、 纠正（Fix it）。

专注和投入对创建心理表征至关重要。专注就是你必须把注意力集中在你的任务上。记住：如果你在走神，或者你很放松，并且只是为了好玩，你可能不会有进步。

反馈就是你需要有人帮助你来准确辨别你在哪些方面还有不足，以及怎么会存在这些不足，然后你要纠正自己的错误。所以，不论什么时候，只要有可能，最佳的方法就是找到一位优秀的导师。优秀的导师可以为你提供宝贵的即时反馈，帮你创建心理表征，以便你能监测和纠正你的表现，这是你无法从其他地方获得的，这就是“高人指路”的价值。

如果你想提高棋艺，只和别人下棋无法提高，你要单独研究特级大师的棋局，才可能提高；如果你想提高销售能力，你天天去拜访客户不一定对你有帮助，你要花一些时间和销售大咖在一起，了解他是怎么销售产品的、他的思维方式如何、他的行为习惯是怎样的，这才是你技能提升的关键。当你自己的技能得到提升后，可能需要更换导师。

但是有时，人们往往没法找到合适的导师，这时候该怎么办？

复制是一种非常重要的方法。在音乐界，莫扎特的父亲教他作曲，采用的方法是让他研究当时最杰出的作曲家，并复制他们的作品。在艺术界，画家、书法家、音乐家在学习阶段都是大量地复制名人的作品。富兰克林在为了提高写作能力，也是通过研究大师的作品，努力从记忆中复制它，然后将复制品与原始作品进行对比，以发现其中的差别，并予以纠正。人们只有努力复制杰出人物的成就，在失败时停下来思考为什么会失败，才能创建有效的心理表征。

此外，人们还可以将自己的新作品与旧作品进行对比。富兰克林每次写完之后，回头找到最初的文章，将它们与自己写出的文章进行对比，并在必要时纠正自己写的版本。曾哥也经常把自己写的书和文章拿出来反复看，然后对比、修改。在管理上也一样，经常进行反思和复盘有助于提升你的管理技能。

↗ 刻意练习的几个原则

在进行刻意练习时，有以下几点需要注意。

一是动手做，边做边学。知识和技能之间的区别，正是发展专业技能的传统路径与刻意练习的方法之间的核心差别。一直以来，人们的关注焦点几乎总是知识，即使当最终的结果是能够做某件事时，传统的方法也一直是先找出关于正确方法的知识，再让学员运用那些知识。刻意练习则完全相反，它只聚焦于绩效和表现，以及怎样提高绩效和表现。所以，技能提升的一个重要前提是要动手做，边做边学，在做的过程中学习，通过学习来让自己做得更好。如果你不动手，只动嘴、动脑，你的技能便不会得到任何提升。

二是进行有目的的练习。有目的的练习是与天真的练习相对应的。所谓天真的练习，基本上只是反复地做某件事情，并希望只靠反复，就能提高表现和水平，这是非常天真的想法。一旦某个人的表现达到了可接受的水平，并且可以做到自动化，那么，再多练习几年，也不会有什么进步。例如，开了 20 多年车的老司机，可能还只是稍稍比那些只开了 5 年的人好一些，原因在于如果没有刻意练习地提高，这些自动化的能力会缓慢地退化。而只有有目的的练习才能提高你的专业水平。定义明确的特定目标，如涉及“连续 3 次，不犯任何错误，以适当的速度弹奏完曲子”，比漫无目的的练习要成功得多。因此，你不能漫无目的地重复同样的动作，而是要制定清晰明确的具体目标，才能有效地引导你的练习。

三是找到学习共同体。有人认为，艾利克森关于刻意练习的证据多是来自认知复杂性较低的活动，如涉及象棋、钢琴、篮球、出租车等，但是对于认知复杂性较高的活动，如管理、销售、研发等作用有限。例如，人们日常工作中的基础技能、管理技能该怎么练习？如何通过训练成为一位优秀的管理者？其实认知复杂性高与认知复杂性低的学习活动的差异性在很大程度上表现为隐性知识的多少与比重。然而人们往往会忽略隐性学习。而隐性知识需要在情境中寻找：在哪里用，就在哪里学。研究表明，成人的最佳学习方式并非独自练习，而是在情境中学习。例如，你要学习辅导下属的技巧，就应当在实际的管理场合学习，因为这一技巧最终是用在管理场合的，而且大量知识存在于学习共同体的实践中，不是在书本上，所以有效的学习不是闭门苦练，而是找到属于自己的学习小团体。如果你想获得优秀的管理咨询技能，就要想办法进入最优秀的咨询公司；你想获得最厉害的编程技能，就要进入最厉害的互联网企业。学习者最开始时围绕重要成员转，做一些事务性工作，随着技能增长，进入学习共同体圈子的核心，逐步做更重要的工作，最终成为专家。

四是要走出舒适区。如果你从来不走出舒适区，便永远无法进步。例如，业余选手在十几岁时就开始上钢琴课，等 30 年过去了，表面看起来他们已经积累了数十万小时的练习，但实际他们的水平还是没有什么大的提高，很有可能比年轻时弹得更差，这是因为他们没有走出舒适区。然而，你要使身体不停地获得休息和补充能量，但不要一下子推得太猛，如果一下子推得太猛，使自己远远离开了舒适区，就有可能受伤，而且事实上反而阻碍了你的提高。一个人遇到的挑战越大，大脑中的变化也越大。但如果过分地逼迫自己，则可能导致倦怠和学习低效。

五是要获得练习的动力。第一种方式是增强继续前行的倾向，一旦你已经练习了一段时间，并且可以看到结果了，这种技能本身就可以成为你动力的一部分。所以，刚开始你不要做得太难，可以将漫长的旅程分解成一系列可控的小目标，并且每次只关注它们中的一个，甚至可以在每次达到一个目标时，给自己小小的奖励。第二种方式是弱化停下来的理由，最有效的方法就是留出固定的时间来练习，不受其他义务和分心的事情干扰，如把手机关机。保持对事情的兴趣也非常重要，研究表明那些厉害的人成长的路线基本遵循“产生兴趣—变得认真—全力投入”的过程。

6.4 必经之路——经验积累

经验是一条你走得多的路

把大脑比作一台计算机、一个信息加工系统，人们同时拥有两个信息加工的系统，一个是直觉系统，它是快速、自动、毫不费力的，另一个则是推理系统，它是慢速、控制、需要主观努力的。卡尼曼在2002年诺贝尔奖致辞中提到的人类思维的双轨模型，如图6.4所示。

直觉系统	推理系统
快速的 平行加工的 自动的 不费力 联想的 缓慢学习 情绪化的	慢速的 顺序加工的 控制的 需要努力 遵守规则的 灵活 中性的

图6.4　卡尼曼在2002年诺贝尔奖致辞中提到的人类思维的双轨模型

“经验”往往被看作直觉系统的范畴，在发挥经验的最大价值之前，人们需要认识“经验”的含义。在词典中，经验有两层含义，一层是人们在实践中获得的知识和技能，另一层是人的亲身经历。将这两项内容对应到心理学领域，一层就是人们通过“反复实践”获得的自动化反射，另一层则是人们存储在大脑中的情境记忆，情境记忆是以时间和空间为坐标对个人亲身经历的、发生在一定时间和地点的事件（情境）的记忆。

自动化反射和情境记忆都带有“走捷径”的特点，也正是这样人们才能够发挥经验的最大价值——变得高效、快捷、自动化、无须过多花费认知资源等。

在生活工作中，只要稍加留意，你就能注意到经验是如何“隐性”地发挥作用的。作为一名咨询顾问，金菁常常需要写很多的项目方案并提交给上司审核。在工作两年后，她开始有这样一种感觉，在写方案的过程中，总会有一些“下意识”的想法，如这一部分我是不是该写得更详细一些？测评完了是不是应该加上结果反馈？A 部分和 B 部分之间是不是加上一页过渡会更好呢？这些念头往往一闪而过，瞬间消失，如果没太在意她就把方案交了上去，最后上司指出的需要修改的地方正是那些没有在意的直觉念头。这些一闪而过的念头，其实正是经验内化后，快速启动为线索的一种表现，在你没有意识到的情况下，大脑已经利用过往的经验开始对当前的工作进行加工，形成一个个直觉的念头，不时跳出来提醒你了。所以在工作中，人们需要重视经验的作用，重视直觉的价值，通俗地说，不要放过那些你说不清道不明的“一闪而过”的念头。这里笔者加了个前提，那就是“在工作中”，因为直觉并不是每次都是准确的，准确直觉的前提是经历过经验的检验。工作中的直觉是人们不断在重复、学习、掌握、修正的内容，相对生活中的直觉，它的准确性更高。有研究表明，领导者做出的直觉决策远远多于理性决策，这也很好理解，他们的经验已经内化成更高级的决策模式，也许说不清楚决策过程，但决策的结果又令人惊艳。这并不是什么神奇的事情，人们的大脑也有着自己更为快捷的工作模式。

再来看看关于个人亲身经历的情境记忆。“情境记忆”依赖于大脑的海马体区域，是一种具有丰富上下文细节的记忆形式；“语义记忆”则主要依赖于大脑中的新皮质，是一种更为一般的记忆形式，记录原始情境记忆的要点。有研究者发现，每当一个情境记忆被检索时，海马体都将检索发生时的新的上下文合在一起自动重新编码。随着时间的推移，伴随每一次检索，多种记忆痕迹就积累起来，大脑皮层则从这些痕迹中提取相似之处，形成一个广义记忆，也就是语义记忆。通过这个过程，记忆随时间而变换，从大多数海马依赖性的、上下文丰富的记忆转变为更一般的记忆，也就是捕捉初始情境记忆的要点。通俗地说，这正是人们逐渐将知识、技能、实践转化为经验的大脑活动过程，人们的经验在一次次实践情境中不断更新、迭代、升级。这也提醒人们，虽然大脑会主动进行相似线索的提取加工，从情境记忆升级为语义记忆，但是如果人们自己能够有意识地在每一次实践中进行反思、复盘，则可以加速人们“升级”的速度与质量。经验的形成与提取过程如图 6.5 所示。

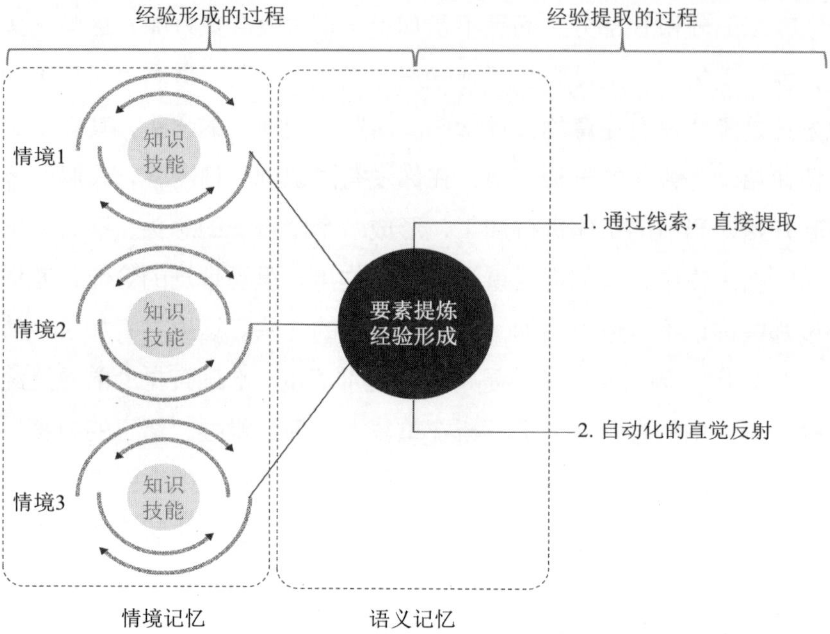

图 6.5 经验的形成与提取过程

大脑常常被比喻为一个“黑匣子”，随着越来越多的科学研究从生理、神经科学、认知科学、心理学的角度探索出这个“黑匣子”的秘密，人们可以更好地了解到经验是如何产生的。对于这条走多了的路，你是否有停下脚步，思索它是如何形成的?

↗ 没有经验时，我该怎么办

当笔者在网页的搜索栏键入“没有经验”4 个字时，后面紧接着出现了“怎么找工作”5 个字，看来没有经验时如何找工作成为不少人的困惑。

先从操作层面来聊一聊这个问题。站在你想要应聘企业的角度来考虑这个问题。企业不是慈善机构，不是学校更不是你的亲朋好友，可以包容你没有相关工作经验，你要做的是向企业证明你有胜任该工作的能力。所以更聚焦一点说，你可以不具备与该工作相关的直接经验，但一定需要展现具备胜任该工作的能力。

所以面对一件缺乏直接经验的事情，如“没有经验如何找工作”这件事，可以从以下 4 个方面着手。

- 发挥元认知能力。元认知，简单地说就是对自己认知的认知、对自己思考的监控，具体到缺乏经验如何找工作这件事上，就是要思考胜任该项工作你需要的能力有哪些，以及知道自己目前在这些能力上的水平。
- 掌握门槛性知识。门槛性知识是你开始做事的前提，这一点最为基础也不能忽略，没有门槛性知识作为支撑，其他一切都是空谈。它相当于塑造你的原料，没有原料，何来塑造?
- 寻找交汇点。缺乏经验找工作只是代表你缺乏的是与该工作相关的直接经验，既然你选择该岗位，一定是有相关原因的，如兴趣使然、与自己擅长相关，总之你与这份工作之间一定有一个交汇点，你要做的就是找到这个点，并且放大。
- 案例分析。当缺乏经验时，还有一种非常有效的做法就是收集案例。你缺乏的是直接经验，但你具备思维分析的能力，通过对案例的分析、信息的加工提炼出自己的观点，这也是最能看出你独一无二，区别他人的地方。

以本书两位作者为例，当金菁得知自己要参与撰写本书时，也对自己充满了疑惑和不确定，但在一次次撰写的过程中，上述 4 点也日渐清晰。之所以曾哥会找到她，其实也是看中了她的问题分析、经验归纳、文笔等方面的能力，这就是元认知能力。她本身从事咨询顾问工作，大量的归纳分析工作积累、心理学背景等都成为门槛性知识储备。而在写作的过程中，她也大量回顾、分析自己过往的经历作为材料，这就是她在写作过程中努力寻找自己与主题的交汇点。最后，因个人的经历和思考往往有限，所以通过采访职场朋友，收集案例并加工分析，才带来更多更全面的启示。

↗ 向拿来主义说“不”

当遇到一件从来没有接触过的工作时，或者外部的环境变化和往常有了很大的不同时，再或者是一项全新充满挑战的任务时，人们第一时间会做出怎样的反应？看看别人是怎么做的往往是一条捷径。

笔者也就“参考别人的经验是否有效”采访了两位朋友，一起来看一看，在借鉴和参考别人的经验时，人们最需要把握什么。笔者要求他们从背景、行为过程、结果、原因和思考5个方面来分享一件自己经历的工作事例。

背景：什么情况下需要借鉴别人的经验（找朋友、找同行、参考标杆……）？

行为过程：他人是怎么做的？我如何借鉴？

结果：取得了怎样的效果？

原因：借来的经验“水土不服”的原因。

思考：如何正确借鉴经验，区分可借鉴的部分和需要调整的部分。

【事例1】

人物：小李，某知名软件公司用户体验人员。

背景：“某企业级社交产品B需要策划一次针对迟到员工的惩罚活动。”

行为过程：“之前有看到某个人社交网站A在它的一个粉丝群里策划了一个活动，对群里粉丝本月打卡迟到次数进行统计，累计打卡迟到次数最多用户要接受惩罚。惩罚就是最后一名的用户要通过直播公主抱第一名的用户。由于任务目标类似，在此次企业级社交产品进行了类似的设计。”

结果：“非但没有效果，还遭到了用户的强烈谴责。”

原因：“分析下来发现，原来B的用户群体是职场人士，打卡迟到次数最多的是程序员，他们不像普通白领过朝九晚五的生活，迟到次数最多也无可厚非。因此B的微博遭到了程序员的围攻，而大量非程序员也在微博吐槽这样的活动对程序员毫无尊重。”

思考：“总结下来就是用户群体和产品调性不同，不能随便照搬活动策略。”

【事例2】

人物：冰姐，某国际知名果酱品牌国内市场部经理。

背景：“刚刚加盟这家公司的时候，公司启动了一个电商项目，就交给我来负责。”

行为过程：“后来才了解到，老板对国内的市场也不了解，只是被一个服务商洗脑了，觉得大趋势要做互联网电商，别人网上销售，我们也网上销售，我们这个品牌就能很快卖给中国消费者。我们就在天猫开了个店卖果酱，花费大半年时间开了。”

结果：“开始很好，后来就发现销售不增长了，销量只能卖那么多。”

原因：“所以当我遇到这个问题时，我就去问行业内的人，因为我也是第一次完全去管电商。立刻就有一些懂电商，尤其是管理层的一眼就看出问题在哪，是产品的品类问题。果酱本身在天猫就只能卖这么点，而且这个产品就不适合开天猫店，应该拿到超市（线上、线下）这种地方去卖。”

思考：“这个店是在我进公司之前就开的，老板他们也不懂，当我再做下去时，就发现它（天猫旗舰店）不是我们正确的方式，应该从战略的角度去看这个问题，应当把我们的产品分销到京东、天猫超市等，然后我们可以维持旗舰店。而且这个品类太小，我们是不是要看看有什么其他大的品类适合中国市场，就是往上面，从大的格局去看这个事情背后的动机。”

在工作的过程中，有一些任务对你而言是从未接触过的，时间紧任务重，难以完全创新，借鉴他人成熟经验往往成为立刻想到的方法。但结果不尽如人意，归根结底是没有审视清楚使用别人经验的条件，没有考虑到借鉴对象和实际对象的差异。

事例 2 中更是上升到当企业在面对大趋势（网络销售）时的考虑不足，不是所有商品都适合通过天猫旗舰店的方式进行销售的，品类单一、缺乏国内知名度等原因造成了投入时间精力和花费的天猫店勉强度日。

上面的例子似乎告诫人们经验不是那么好借鉴的，但如果他人经验能够为你所用，加速学习和成长的速度，又何乐而不为？（不鼓励照搬照抄，不尊重他人的知识产权的行为。）

当你接到一项新的任务，并且锁定了借鉴目标时，不妨在整个任务过程中从以下 3 个方面去做一些分析。借鉴经验的分析模式如图 6.6 所示。

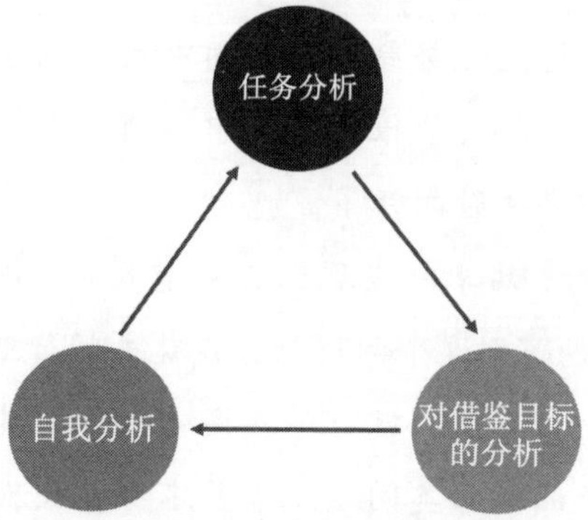

图 6.6　借鉴经验的分析模式

任务分析：工作任务本身需要达到的目标是……

工作任务对你而言最难或最具有挑战的部分是……

对借鉴目标的分析：借鉴目标成功的关键是……

借鉴目标的适用条件与所做工作任务的差异性是……

可借鉴部分是……

不可借鉴部分是……

自我分析：做好这项工作任务，我的优势是……

借鉴经验实践后，成功的原因是……我可以内化的经验是……

借鉴经验实践后，失败的原因是……我可以总结的教训是……

任务分析、对借鉴目标的分析和自我分析并不是相互独立的，很难在实践之前就明确上述分析的种种答案。分析的结果通常是在实践的过程中渐渐澄清的，只有把这 3 个方面的分析贯穿整个工作过程中，才能实现有效借鉴，并且最终内化出自己的经验。

保护你的个人经验产权

近年来，大众知识产权保护的意识不断提高，但总体来说，还是偏向企业、组织、群体，个人的知识产权保护较多限于专利权、著作权等。其实在日常的工作中，我和金菁也遇到过自己的劳动成果被他人挪去搬用，多半时候只能无奈。同事一句借鉴参考、客户一句发些资料，你只能将自己的工作成果奉上。在此不过多介绍法律上有关知识产权保护的措施，而是来谈一谈在日常工作中，应当如何尽可能维护自己的工作成果。

“每次上司发了任务，同事总是等着我做好，再来问一下你做好没有？这方面我都不知道怎么做，给我看下你的，借鉴一下！”

“我将调研报告交给组长。组长自己也要交，但他并没有写，而是在上交前一小时以我的调研报告为基础做修改（并意图上交）。我对他说：‘你这调研报告是怎么写的？’他说：‘我没抄你的，你那个写得太浅。’”

以上两个案例是在知乎上搜到的，但可惜都没有太多的回应。似乎在职场上的这种情况，大家往往觉得难以处理。虽然心中气愤不已，但碍于同事和上下级的关系，难以直接拒绝，这里不多言如何从人际处理上恰当解决，而是更多强调自我心态的调整和作为。

一方面对自己工作成果的重视和维护是对自我价值的自信；另一方面对于知识劳动型人才，工作往往很难有量化的标准，轻易地被挪用、抄袭无疑损伤积极性。

开源的心态

所谓“开源”，是指在软件开发过程中，开放其设计让所有使用者自由修改的一项机制，现在已逐渐演变为泛指在产品、计划与专案方面，通过开放大众的参与、讨论与修改，进而加速其发展、增加透明度及大众福祉的方式。在工作中，尤其是项目制、团队制的工作，需要广泛的创意，这时，也许你的创意独一无二，但它的实现同样离不开大家共同的努力。开源的心态有利于人们的初衷完美落地。同样，如果个人独立完成的成果被同事借鉴，不妨看作自己专业形象的树立和影响力的拓展，毕竟，只有认可你的工作才会拿来参考。最佳的机制是别人在借鉴你的经验的同时，对方能够进一步优化你的成果，互为加速成长的方式才是本书提倡的职场合作。

回头看的心态

事情发生的当下，人们的情绪总是最先被激发，心里愤愤不平，觉得自己辛苦的成果凭什么就这样给别人行个方便。这时，可以思考两点。第一，你真正不能被别人拿走的是什么？你缜密的思维、你强大的知识储备所带来的奇妙联系、你幽默轻松的行文风格，这些深深带有你烙印的东西，甚至当你到达一定高度时，别人不敢抄袭你的东西，因为即使拿去他也没办法驾驭。第二，在工作成果完成的那一刻，它也就只能证明过去那个时间的你产出一个很完美的结果。借鉴你、抄袭你的人不过在模仿过去的你，而你正在不断到达更高的地方，他只能在山下遥远地仰望你。

注重署名权

职场上的很多工作成果也许没有办法申请著作权，但不妨开始坚持署名权。提交报告、方案、总结时，都在文件属性、文件名和内容中注意添加自己和参与者的署名，这同样也是树立自己的专业形象和确保自己的劳动成果的一种有效手段。

6.5 对世界的原则——心智模式

王民明曾在阿里巴巴供职 7 年，官至阿里巴巴 HRVP（人力资源副总裁）。他在谈对领导力的理解时，将其解释为“认识现实的能力”。在加入阿里巴巴的第 1 年时，王民明向彭蕾汇报工作，非常努力，做了 3 个阿里巴巴之前从没有做过的项目，驱动团队加班熬夜，大家一起拼命干了 1 年，后来彭蕾调到蚂蚁金服了。换了一个人当老板，他一看，觉得这 3 个项目没价值，于是把 3 个项目都砍了，人分流到其他不同的地方。

王民明在形容这段经历时用了“碎掉”“重建”这样的字眼，所谓重建就是先要理解老板，为什么你觉得这么有价值的事，在他的眼里毫无价值。这句话也正好解释了，每个人都具有自己不同的心智。这个故事并不是要强调了解老板的想法、理解老板的意思多么重要，而是强调在基于自己的心智模式，尤其是认定了某些信念时更要认识到心智模式无法触及的盲点，以及别人的心智模式。

王民明在选定这 3 个项目时，肯定是基于自己的心智模式的，除了已经有的知识经验作支撑，他具有这几种信念："这 3 三个项目是有价值的""这 3 个项目能成功""团队这么努力，不会没有回报"……但结果不尽如人意。

但经此一役，王民明最重要的是"重建"了自己的心智模式。

同样，在笔者最开始做咨询顾问时，撰写方案总是习惯按照自己能够理解的方式去写，当然，这也非常合乎逻辑。先要自己理解才能够传达给别人，但随着工作经验的增加才发现，客户往往希望你能够按他理解的角度去呈现。

人们常常说要有客户思维，其实本质上就是能够理解他人的心智模式。客户往往希望看到简单明了的逻辑和给项目带来的价值，但顾问本身会陷入对技术问题和专业问题的纠结，如何在这两者之间取得平衡，也是遵循自己心智模式和认识现实（客户的心智模式）的平衡。

↗ 心智模式的概念

人们常常看到各种鸡汤和口号要求人们打破常规思维，拆掉思维的墙，从当下开始改变，即刻行动等，却没有意识到更深层次在发挥至关重要作用，无时无刻不在影响人们思维和行为的关键——心智模式。

人们绝大部分的所见所思所做并不是源于现实的世界，而是人们的心智模式。

关于心智模式，有着许多不同的概念，笔者认为它是一种认知结构，是一种最高级的知识表征形式，是一种对世界概括性的看法。心理学、管理学、人工智能各领域都对这一概念进行了研究与分析。综合这些领域对心智模式概念的理解，可以发现一些共同之处：

（1）心智模式本身的形成受到各种外部环境和个人经历等因素的影响。

（2）心智模式包含结构化的知识和信念。

（3）心智模式的作用是帮助人们描述、解释和预测自己的行为。

（4）心智模式持久地指导人们的行为，根深蒂固于人们心中。

（5）心智模式使人们更加快速高效地处理外界信息。

（6）心智模式在客观性、合理性方面有一定的局限性。

正因为心智模式的以上特征，它无时无刻不在影响着人们的思维、决策、行为，各领域的高手、专家往往具备更加成熟的心智模式，或者说擅长不断更新自己的心智模式甚至双轨并行（新旧心智模式）。

上海交通大学教授吕晓俊认为："从某种意义上来看，个体终其一生都在不断地寻找验证心智模式的证据，并将完善心智模式作为最终的目标。"

学习心理学以后，让笔者受到最大冲击的一个真相就是，并不是事情、他人等外部因素影响了人们，而是人们对于这些事情和人的认知。尤其是当人们难以改变外部环境本身时，唯一可以做的就是改变自己的认知。如果人们始终按照自己的固有反应模式去看待一切，往往会忽视那些真正的威胁和机遇，制造沟通的隔阂。

↗ 信念＞知识

心智模式包含结构化的知识与信念，这里的信念是指人们对自己的想法观念及其意识行为倾向，强烈的坚定不移的确信与信任。在这里，信念并不是指非常强烈的信仰，而是指人们对大大小小的事情都会有自己的看法与观点。

在心智模式的两项核心内容中，知识相对容易补充、更新，而较难改变的是信念。心智模式往往代表着每个人的私人化经历和在关键事件上的立场，其中，信念往往起到更大的作用。

写本书的过程就是自己信念转变的过程，曾哥和金菁决定开始写这本书时，两人的状态是完全不一样的。曾哥工作时间比较长，年纪较大，经历和思考的深度也更优于金菁。所以最初她总是觉得自己还没有准备好，"我还没有经历很多，怎么能写出指导别人自我发展的文字呢？"这就是她一开始的信念，可以说，对自己写出的文字充满了怀疑。随着确定主题，拟定目录，阅读相关书籍，思考自身的经历，采访身边的职场朋友来收集案例，她的信念开始发生转变。虽然没有丰富的经历，但是她有着心理学专业的背景，对心理学概念有深入理解，而且咨询顾问的工作经历让她能够把各种案例和概念之间加以联系和分析，提取共性。随着不断阅读、不断输入更新知识、不断在工作和生活中潜移默化地思考，她对于写作这本书的信念已经转变为"我能够结合自己的专业背景和思考能力，总结出有价值的文字和观点”。在这整个过程中，信念的转变远远大于知识更新带给她的影响，但同时，也正是因为不断输入的新知识，促使她发现自己的长处，最终导致信念的改变。

↗ 看不见的默契——共享心智模式

除个体面对外界世界表现出来的一贯的信念和认知外，团队同样拥有共同的知识结构和信念结构。因为知识和信念上的共识，团队成员才能够形成对于任务的准确理解和期望，从而协调各成员的行为，并适应任务和其他成员的需求。

在工作中，人们要面对各种各样的团队合作，在这些合作中，正是因为有着共享心智模式，人们才能够以一种看不见的默契进行合作，而无须过多的沟通和解释，也没有出现根本性的冲突（甲乙方的沟通难度一定大于甲方和乙方各自的内部沟通，因为各自拥有不同的共享心智模式）。

团队的共享心智模式水平越高，团队在对问题的理解、具体的协调过程就越加容易达成共识和高效，从而达成高绩效水平。团队共享心智模式常常被看作达成团队高绩效的一个中介变量。

共享心智模式究竟共享的是什么？简单地说，咨询公司往往有着一套内部达成共识的解决思路和方法论，它就是共享心智模式的一部分。团队合作中，人们面对的情境可以分为与工作任务相关的任务情境，以及和与团队成员合作相关的人际互动情境。

将共享心智模式的内容：知识、信念，与任务情境、人际互动情境进行交叉，就得到了共享心智模式的四象限模型，如图 6.7 所示。

共享心智模式的四象限包括关于任务情境的知识、关于人际互动情境的知识、关于任务情境的信念和关于人际互动情境的信念。

从知识和信念的维度来看，知识结构的稳定性大于信念结构，也就是说相较于信念，人们更容易就知识话题达成一致或做出妥协。

从任务和人际互动情境来看，任务情境受到不同类型工作任务的影响，具有特异性，而人际互动情境下的知识信念具有更高的普遍性，这部分的知识、信念也较容易迁移，因此在任务情境中取得一致的难度大于在人际互动情境中。

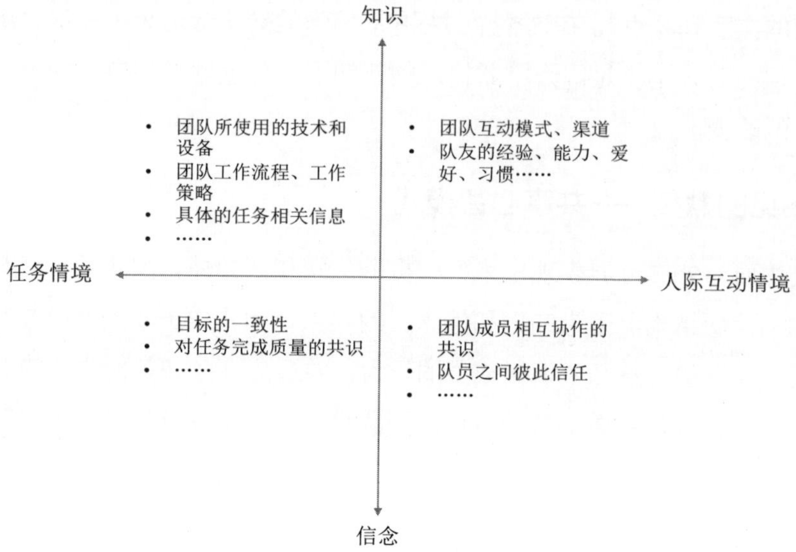

图 6.7　共享心智模式的四象限模型

在共享心智模式的 4 个象限中，任务情境下信念的一致最难达成。

以笔者最熟悉的咨询项目合作为案例，来对共享心智模式的四象限模型做阐述。通常在与客户进行沟通和撰写方案时，就已经形成了一个小型团队，包括主要负责撰写方案的项目经理、承担专家形象和指导角色的合伙人，以及其他可能在后续参与具体执行的咨询顾问。在关于任务情境的知识这一方面，团队成员对方案的呈现形式（PPT 还是 Word）、相关的 Office 技巧、项目实施计划、客户背景信息等内容都有所掌握和认知；在具体项目实施过程中，往往作为与客户有深度沟通和对项目实施全面把握的项目经理在项目目标和质量上很有可能与其他项目成员缺乏一致。这也是为什么工作中，常常会觉得分配给项目成员的成果总是不够满意，这往往是由共享心智模式中的关于任务情境的信念不一致造成的。在项目过程中，人们对项目成员的性格、能力通常有一定认知和把握，也因此分配相应的工作任务，较难把握的则是如何在出现工作分歧时进行协调，确保项目成员彼此信任。

如果只是从任务角度来分析团队为什么不能达成绩效似乎太过不近人情，事实也的确如此。共享心智模式更多从团队对任务的知识和信念角度来给出解释，越来越多的领域都发现了共享心智模式在高效团队、高绩效结果中发挥的中介作用。

在团队沟通不便利，或者团队面临新情境时，共享心智模型发挥的作用最大。

第一，当团队无法通过充分沟通形成一致意见时（如团队成员工作负荷高、任务重时间紧，或者团队成员分散在不同地域），团队对共享心智模型的依赖更大。在面对重要任务或跨区域组合团队时，要特别注重团队成员的共享心智模式的一致性，更高的共享心智模型能够促进团队的高效协作。

第二，当面临新情境时，共享心智模型水平较高的团队能快速就新情境的关键因素达成一致理解，所以在新情境下其沟通、协调等团队过程更顺畅，团队绩效更高，适应新情境的能力更强。

在提高团队的共享心智模式方面，团队领导者发挥着举足轻重的作用，在工作任务开始前，领导者如果能够提前澄清过程中需要注意的关键点，提供丰富的知道信息，在任务过程中，对失败和挫折以支持性态度进行引导都会促进团队共享心智模式的提升。在任务启动会和过程监督中，作为团队领导者发挥着不可替代的统一作用。

团队培训和干预措施也是重要的影响因素，研究发现交叉培训（一种以见习队友的任务和职责为主要内容的团队培训策略）能提高团队共享心智模型的水平。在团队内部进行适当工作任务轮换、鼓励团队成员轮流分享都是有效提高团队共享心智模式的措施。

SELF DEVELOPMENT

第7章

反思

7.1 你真的懂反思吗

这几年，每到年末的时候，各大应用软件都铆足了劲儿在年终盘点设计上花心思，如网易云音乐的年度听歌报告、支付宝的年度账单……每次都在朋友圈掀起分享的热潮。如果仔细分析，还会发现，网易云音乐的年度听歌报告更偏重回顾，如 2017 年听的次数最多的歌、听歌的总天数、特殊的日子（听到最晚、听的次数最多）等；而支付宝除了回顾年度总花费、出行次数等，还多了一项预测 2018 关键词，回顾之后，更指向未来。

↗ 回顾过去是为了指向未来

虽然时代发展日新月异，但是写工作总结这件事情在很多企业依然是一项惯例，经常有人说工作总结有什么好写的，甚至每年的工作总结只是改个日期就重新上交了，上级敷衍不看，自己也敷衍带过，殊不知自己其实错过了一次自我反思的机会。而另一些人并没有把工作总结当作一项任务，而是看作一次自我反思的机会，从内外因、从自我和他人、从机会和资源各角度来回顾自己的工作成果，分析经验教训并提出改善计划，不出几年，这两类人的能力发展和职场走向就不可同日而语了。还有些人虽然也写工作总结，但是以粉饰自己的成绩为主，谈到自己的不足及未来规划时篇幅很少。真正好的工作总结应当是“1/3 谈过去，2/3 谈未来”。如果你觉得你昨天的成绩很了不起，说明你今天做得不够好。

回顾某一阶段或某一项自己做过的事情，梳理行为与结果之间的联结，总结出经验和教训，即为反思。反思的内容必须是“亲身经历”的，虽然学习他人经验是一条捷径，但不得不承认，从自身经历中汲取来的信息，才会带给你最痛彻的领悟和改变的力量。虽然反思的内容通常已经发生，成为过去完成时了，但回顾和反思更应该聚焦在学习、理解而不是评价和指责自己已经发生的错误上，即“为下一次行为总结出经验和教训”。在反思过程中最重要的就是使用“根本原因分析”去发现问题的原因（而不是看表象），因为一旦人们明白了问题及其原因，他们常常就更有动力去解决问题，这就是“行为与结果之间的联结”。

在反思中，每个人都会扮演两种角色：“执行我”与“反思我”。“执行我”是将学习与工作活动发生时当下的人们，他们默默行动，往往眼中只有任务本身；而“反思我”则是指一位内在判官，以“执行我”为观察、监督和思考的对象。

失败的事、成功的事、新的事

“失败乃成功之母”，从失败中寻找原因，避免再次犯错，是反思最重要的一项内容。同样，成功的事也需要琢磨，因为个体的成功往往除了自身努力，还有外界环境和机遇的影响，必须分析出每次成功至关重要的原因，是自己？还是借了东风？成功的事若不反思，成功便难以复制；失败的事若不反思，教训不足以刻骨铭心。从结果上看，无论成功与失败，都有反思的必要；从新旧上看，第一次做的事情必须进行反思。

1．失败的事

无论是“试错法”还是“经验学习”都被看作成人学习的主要途径之一。而经验之后往往紧跟的一个词就是教训，教训是人们从亲身经历中总结出来的千方百计要去避免的“雷区”，它为人们今后的行为提供规范指引。失败往往带来的直接后果是经济损失、情绪受挫，短暂的恢复必不可少，而最重要的则是能够进行事后反思，对失败的关键点进行复盘排查。

皮克斯总裁埃德·卡特穆尔说过：“错误不一定是坏事，或者说，根本就不是坏事。错误是尝试新事物的必然后果，应该被视为宝贵经验。”

失败会带来很多负面影响，除了不可挽回的后果，还有伴随而来的对自我的气愤、失望、否定，乃至抑郁。这些都会使人们羞于承认错误，也希望尽可能将其掩盖过去。你以为是失败带来了痛苦的感受，其实是背后自身的弱点和问题才导致了痛苦，如果不能跃过这些情绪去反思背后的原因，你的失败回报率永远将是0。

无论做什么事情，在结果揭晓之前，都需要付出努力，如果把投入的资源作为分母，最终的回报作为分子，则可以得到一个回报率的公式：

$$失败回报率=\frac{失败中获取的收益}{投入的资源}\times 100\% \quad (7.1)$$

如何最大化失败的回报率呢？答案显而易见，降低分母，即投入的资源，增大分子，即从失败经历中攫取的财富。在决定开始某项面临风险的事情时，不妨灭一灭热情的火焰，边做边看，而不是一股脑投入自己所有的精力和资源。要正确对待失败，因为失败中总结的经验为今后的行为可以提供指导。

2. 成功的事

似乎对失败、错误的反思显得理所当然，那么成功的事呢？人们往往联想到的是“分享成功”“成功的喜悦”……剖析失败固然可贵，但反思的价值不仅包括查找失败的原因，更包括剖析成功的关键。

笔者在帮助企业进行人才盘点时，时常会发现一些业绩优异，但能力一般的人，这背后的原因多种多样。例如，某个区域销售总监所在的区域属于经济发达地区，市场情况良好，相比有些需要努力开拓的二级市场，成熟的市场只要不犯致命错误，最后的业绩都还不错。而另一种情况是，某个分公司总经理，上任一年左右，由于其前任管理者已经打下了较为良好的基础，无论是在人员的管理还是资源的积累等方面都相当扎实，因此他接手后业绩刚好爆发。这些情况下，如果这位区域销售总监或分公司总经理只沉溺于成功的喜悦，不正视背后的多方原因，很有可能换一个市场或公司，这些业绩就难以再现了。

笔者总结出一个公式：

$$人生高度=社会红利+组织红利+个人水平 \quad (7.2)$$

因此要认清自己，哪些是自己的能力，哪些只是自己所在的平台带来的红利，不要误把平台资源当成自己的能力。

心理学中的行为者和观察者效应指出，人们在成功时喜欢将原因归结于自身，容易忽视外部客观因素，而心智模式概念也一再提醒人们，人们对问题的看法总是不能百分之百地与现实一致。在成功完成某项任务后，更需要自我反思，对自我外部、主客观因素进行复盘，才能找到真正的关键因素，在今后的工作学习中进一步固化。改正错误与巩固成功，两者不可偏废。

3. 新的事

新年初始、每月的第一天、开始一份新工作、来到一座新城市开始新生活……总之带有“新”色彩的时间和事件似乎总能激发人们去做一件事，那就是停下来思考，回顾过去，看看来时的路，展望未来，为自己定下新的目标。

除了从结果角度分析成功与否，如果某项工作或任务对你而言是全新的，是第一次做，那么无论结果如何，都需要迅速进行反思。新工作或新领域需要人们接触大量新知识和技能，学习的方式和实践的过程都与以往经验式工作有很大不同，对这一类事件进行反思，往往会触发意想不到的新灵感，助力自我发展。

↗ 事后反思与规律性反思

失败的事、成功的事和新的事，其实都是在事后进行反思，因此一定要趁热打铁。人们的记忆会随时间衰退，及时的事后反思才能起到作用。除了事后反思，还有一种以时间为节点进行的反思，可以称为规律性反思，每日、每周、月底、季末、年末都可以成为进行规律性反思的时间点，而反思的内容则以日常记录为载体，如曾国藩的“吾每日三省吾身”就是每日反思的典型。

从难度上来说，规律性反思相对简单清晰，而事后反思根据不同类型事件和任务的不同则难度不一。因此，从操作上来说，可以先通过日常记录形成规律性反思，掌握反思的方法和工具，提高熟练度，形成结构化的反思。这样，事后反思的深度才会提升，才会让反思不流于形式和浅层次的触动，毕竟行为改变才是反思的意义所在。这也是邱昭良在《复盘+：把经验转化为能力》一书中对于个人反思的建议，即“先僵化，后优化”。

无论选择使用各种笔记软件、手机应用，或者最常用的 Office，还是带有记录功能的日历，都可以进行日常记录。日常记录的意义并不在于选择什么样的形式，而在于长时间内容沉淀后展现出的规律，并自然而然触动人们思考。金菁刚参加工作时，部门领导就统一发给员工一个 Excel 制成的工作日志模板（见表 7.1），简单到只有时间、工作类型、工作内容和工作结果 3 个条目，但清楚明了地展示了一年的工作内容，甚至个人的成长路线也自然浮现了，即从辅助参与类的工作为主逐渐过渡到独立承担项目。

表 7.1 工作日志模板

时 间	工作类型	工作内容	工作结果
1 月 20 日	项目工作	分析 A 项目人才测评数据	《××公司人才测评结果汇总表》
	销售支持	无	无
	内部运营及发展	修改业务材料	《××课程介绍》
1 月 21 日	项目工作	撰写 A 项目团体分析报告	《××公司人才测评团体分析报告》
	销售支持	与××拜访 B 公司，谈人才盘点需求	无
	内部运营及发展	无	无

在这里，笔者建议记录模板不用弄得过于复杂，如涉及每项工作的起止时间、无论大小每件事情的总结，因为太复杂的模板会加重记录负担。以工作记录为例，可以对工作类型进行划分，并且可以伴随工作和时间变化进行优化调整，重点记录工作内容和结果，其中有重要价值和对自我触动的事情再另外进行深入反思。日常记录的价值主要还是在于形成记录和反思的习惯。

↗ 回顾与前瞻——两种“对立”模式吗

如果把反思视为对过去的回顾，那么同样也有强调面向未来思考的前瞻，这两种特质是对立的吗？是否可以在一个人身上同时存在呢？在盖洛普的“优势识别器”测量工具中，就正好有回顾与前瞻两项才干。

对于回顾，“优势识别器”给出了特别具有诗意的描述：“你回顾以往，目睹蓝图浮现，继而重归初衷。这些蓝图和初衷后来被粉饰得面目全非，无法辨认，但是你的回顾使它们原形再现。你必须让蓝图再现，因为无论情况如何，如果你未见蓝图，你就不可能尽你所能。”在这里，回顾特别强调过去经历，尤其是经验对当下面临问题的指导价值。

而对于前瞻，又有这样的描述：“你是个喜欢遥望天际的人。未来使你着迷。未来如同墙壁上的投影，在你眼中惟妙惟肖。你是一个幻想家，能够看到未来的种种，并珍视这种想象。”前瞻认为必须打破传统和现状，创造一个全新的未来。

回顾或反思让人们意识到预测未来行为的方式之一就是了解过去行为，但过于迷恋过去会阻碍你对未来更多可能性的思考。同样，前瞻也需要原料的输入，毫无过去信息的前瞻是空中楼阁，镜花水月。回顾完全可以作为前瞻信息的来源之一，其他的信息还包括跨界和多领域的知识。

笔者关注了猎豹移动 CEO 傅盛的公众号“盛盛 GO”，可以从傅盛的文章和他的公司发展上发现，在他身上同时结合了回顾与前瞻两种特质，傅盛在一次访谈中说过：“我的复盘几乎是不断的，可能每天我都有时候会陷入一种思考，想一想这么长时间发生了什么。我们做对了什么，做错了什么。”“我一直告诫自己，就说你不能简单地从一些简单的点上去思考问题，这些好像不是真正的原因。我一直在问为什么会这样？原因到底是什么？”而猎豹在 AI 方面投入的时间很早，包括投资建立自己的人工智能公司猎户星空。猎户星空已经在语音识别率和数据积累方面成为业内领先，傅盛也力图为猎豹移动打造一个更有前途、占领未来的业务版图。从傅盛的文章中也可窥见，他对心理学、神经学、生物学等知识有所涉猎。多领域的知识同样是前瞻决策的必要输入，而长期的总结分享也成为傅盛独特的个人标签，一个不断复盘总结又能眺望远方的人，必定将走得更远。

7.2 增强反思的力量

联想创始人柳传志说过：“我对自己的评价是智商中等偏上，情商较高，和别人比也不是有特别巨大的优势。那我的优势是什么呢？是勤于复盘。所以创办联想之后，我就养成了一个习惯。一段时间的工作之后我就停下来，花些时间把所有的工作梳理一遍，看清楚方向，也想清楚这是不是正确的路径。复盘是自我反思的一种非常好的工具，我建议大家好好养成‘复盘’这个习惯。”

复盘需要沉下心来，仔细进行分析和整理，而在面对各种情况的当下，也有可以随时进行反思的小工具——“自我对话”。

↗ 复盘工具——行动后反思与根本原因分析

复盘，是一个围棋术语，指双方对局完毕后，把刚才的对局再重复一遍，以检查对局中招法的优劣与得失关键。下围棋的高手都有复盘的习惯，这样可以有效地加深对这盘对弈的印象，也可以找出双方攻守的漏洞，以提高自身水平。棋手平时在训练时大多数时间并不是在和别人搏杀，而应该把大量的时间用在复盘上。

复盘工具涉及两个经典分析方法，就是同样都源于美国军队的“行动后反思”和“根本原因分析”。

行动后反思（After Action Review，AAR），是指对一个事件的专业讨论，以绩效表现为核心，重点放在帮助参与者发现自己发生了什么，为什么发生，如何保持优势，以及改正缺点上。

根本原因分析（Root Cause Analysis，RCA）是一种回溯性失误分析方法，起源于美国海军核部门对于事故的分析，后来被广泛地用于不同行业，被公认为一种有效的事故分析方法。它主要用来逐步找出问题的根本原因并加以解决，而不是仅仅关注问题的表征。RCA 的目的是找出潜在失误及根本原因，从而改进系统，避免类似事件再次发生。

以上两个分析工具都是结构化的总结分析方法，都是以学习和预防为导向，服务未来的，都注重挖掘原因，提出改进措施。但也存在一些差异性的地方，AAR 与 RCA 的对比分析如表 7.2 所示。

表 7.2　AAR 与 RCA 的对比分析

概　　念	行动后反思（AAR）	根本原因分析（RCA）
底层逻辑	（1）回顾目标 （2）评估结果 （3）分析原因 （4）总结经验	（1）问题 （2）原因 （3）措施
适用范围	个人复盘 团队事件/活动复盘	主要用于事故分析

续表

概　念	行动后反思（AAR）	根本原因分析（RCA）
适用范围	项目/阶段性复盘 经营/战略性复盘	
个人复盘	适用于个人阶段性总结反思，如月度、季度、半年度和年度或项目总结	适用于对失败的事（效果不佳、不满意结果等）的总结反思
差异	• 没有区分成功或失败的事情，只要是重要事件都可以进行复盘 • 主要是对目标、结果的评估 • AAR 的适用范围更广一些，经营管理和生产运营均可以结合不同内容用 • AAR 的分析内容要大于 RCA	• 针对失败类型的事件 • 主要是对事件发生时整个过程的描述偏生产、医疗事故类问题的分析总结 • RCA 中对于根本原因的分析方法可作为 AAR 中的一部分

化经历为经验——AAR

行动后分析的前提是在某一项事情之前有一定的目标和计划，通过事后回顾，将实际发生的动作和结果与当初设定的目标和计划进行对比分析，从而巩固成功经验，纠正错误行为。用于个人复盘时，它非常适合用于做阶段性的自我总结或完成某一项明确任务后的总结。

在国内的企业中，联想是把 AAR（也常被称为复盘）思想运用得炉火纯青的企业，复盘甚至被当作考察管理者的一个重要评价维度。复盘可以作为成人学习能力的一项注解，它不仅是个人能力提升的有效方式，而且可以在团队或组织内形成一种结构化总结、共享经验教训的学习氛围。因此，也可以说 AAR 不仅可以通过分析得出经验，而且它的分析过程本身也是一种个人提升技巧。

对于个人而言，AAR 并不复杂，选择一个安静的时间给自己，使用结构化的表格，用心思考，便可以完成一次“自我体检”。AAR 的流程包括回顾目标、评估结果、分析原因和总结经验，根据这 4 个步骤，可以配有相应的提问来帮助人们思考。表 7.3 是金菁基于“写《自我发展——个体时代如何释放自我价值》一书”这件事所做的个人复盘（AAR）分析表，供参考。

表 7.3 个人复盘（AAR）分析表

步骤	提 问	回 答
回顾目标	• 最初的目标是什么 • 预先制订的计划是什么	目标：在拟定图书的整体框架后，一年内利用下班、周末等休息时间完成初稿 计划：每月有 5 000 字的产出，每周进行讨论
评估结果	• 实际上发生了什么 • 与目标相比，哪些地方做得好？哪些未达预期	实际：进度滞后，没有灵感或工作较忙时一个月都没有产出 做得好：有灵感时，几天之内就有大量输出 未达预期：总体进度滞后了，讨论没有形成规律
分析原因	• 实际状况与预期有无差异 • 如果有，为什么会发生这些差异？哪些因素导致了目标没有达成？失败的根本原因是什么 • 如果没有，成功的关键因素是什么	有无差异：有 原因：①没有按计划执行；②对于工作和写作的平衡没有处理好；③太过依赖灵感，忽视积累
总结经验	• 从过程中学到了什么新东西 • 如果有人做同样的事，我会给出怎样的建议 • 哪些是应该继续的动作？哪些是要停止的动作	收获：写作这件事情应当是计划性和灵活性相结合 建议：①多输入信息，然后给自己整段时间思考加工；②及时记录灵感；③注意工作和写作的平衡，更有效利用碎片化时间和整段时间 继续动作：继续保持信息的输入，并记录灵感 停止动作：忽视计划，要有一定的强迫输出量

↗ 抽丝剥茧寻根本原因——RCA

RCA 除了针对组织中的事故，对个人的失败经历也有重要价值，因为它同样强调的是通过对问题本质的挖掘来预防问题发生，以服务下一次行为。RCA 把惩罚责任者文化转变为学习预防文化，这与笔者所提倡的反思态度是一致的，当内心的“反思我”这位内在判官出现时，并不是带着惩罚追责的色彩对“执行我”穷追猛打，而是力图发现“执行我”不完善的地方，以便在今后不再发生同样的错误。

在 RCA 中，最重要的一步就是发现造成问题的根本原因，其中原因又被分为以下 3 类。

- 直接原因：立即导致事件发生的行为、疏忽或条件。
- 根本原因：基本的原因，如果被纠正就能防止不利条件的重新出现。
- 促成原因：此原因的存在不会必然导致事件发生，但使事情更容易发生，仅它被纠正并不能阻止事情重复发生。而纠正它可降低事件发生的可能性，提高结果质量。

而纠正行为是指为消除上述 3 种原因，减少不良后果或提高结果质量所采取的行动措施。

RCA 的流程包括问题、原因和措施，根据这个 3 个步骤，可以配有相应的提问来帮助人们思考。表 7.4 是基于一个工作中的“与客户沟通效果不佳”的失败经历所做的个人根本原因分析（RCA）表，供参考。

表 7.4　个人根本原因分析（RCA）表

步骤	提　问	回　答
找问题	发生什么事（描述问题）	某次与客户沟通项目需求和思路，客户对自己希望解决的问题和达到的目的描述并不清晰，同时质疑我们的解决思路过于通用，而我在沟通时也习惯陷入细节，总体效果不佳
原因分析	事情为什么会到此地步？有哪些原因（分析原因）	（1）对客户的需求背景缺乏提前准备和了解 （2）客户对我们的方法论有一定的偏见，认为我提出的解决思路比较通用，没有亮点 （3）客户本身对自己的需求还没考虑清楚，要解决什么问题、达到什么目的描述得都比较模糊 （4）自己在影响客户和应对一些棘手问题上技巧有所欠缺，常常将谈话置于对细节的讨论中 （5）我们提出的解决思路的确还有创新和提升的空间

续表

步骤	提 问	回 答
原因分析	是否是根本原因三问: （1）该原因不存在时，同类情况还会发生吗 （2）如果这个原因被纠正或排除，同类情况还会因为类似的原因再发生吗 （3）该原因纠正或排除后，类似情况还会发生吗	直接原因:（2） 根本原因:（3）和（5） 促成原因:（1）和（4）
措施缓解	如何预防类似情况再次发生（纠正行为）	• 从根本原因来说，针对客户的情况事先在解决思路上做一些思考和预判，结合其行业背景等信息提前预设沟通风险点并思考应对策略，在正式沟通前需要客户明确自己的项目目的 • 从促成原因上来说，加强沟通前对客户情况的了解和准备，日常注意提升自己对客户的影响力，提醒自己在初次沟通时避免陷入细节的纠缠中

在找问题中，将已经发生的失败经历（可以是自己不满意效果、成果质量的事件，因 RCA 在组织中常常用来分析的是“办砸了”“事故”级别的事情。但作为一种个人分析工具，凡是自己做得不太好、不满意的事情和经历都可以借助其来分析）进行客观描述，尤其在涉及其他人（同事、客户、上级、同学……）时，客观地描述自己和他人对于这件事可能表现出的态度和展现的行为，以在分析时尽可能从客观和全面的角度进行分析，既不以“愧疚”心态把问题责任全归于自己，也不以“怨天尤人”心态把责任推于其他人。

在原因分析中，需要仔细回忆事情发生时的情况，并对可能的答案（原因）进行记录，然后再逐一对每个答案问 N 个“为什么”，来判断它们究竟属于哪种原因，通过反复问“为什么”，才能够把问题逐渐深入化，直到根本原因自然浮现。

以表 7.4 中的失败经历来说，可以从相关方、流程和内容等角度去考虑潜在的原因，如从事件的相关方来说，就包括自身的原因和客户的原因，而从流程上来说，则包括沟通前准备和沟通过程中影响表达的原因，最后从内容上来说，则是项目目的、解决思路等方面的原因，将这些原因一一列出以后，再判断所列原因究竟是否为根本原因。

最后，在措施缓解中，针对根本原因和非根本原因都要进行评估，思考改正办法，这样才有利于自身的改善和提高。

有效复盘，你还需要……

掌握复盘的分析工具以后，需要及时运用这些工具对自己的经历进行分析。但如果对复盘理解出现了偏差，或者在分析过程中忽视了一些原则，涉及了一些坏习惯，那么反思的效果将大打折扣，所以要想有效复盘，你还需要掌握以下原则。

第一，清楚复盘的目的。复盘是为了找到关键点，以服务下一次行为，不是追悔莫及或春风得意。失败和成功都很容易将人们拉入情绪的旋涡，难以自拔。复盘是为了让人们重回理性的道路，所以失败后的懊悔一下不是复盘，成功后情不自禁地和别人描述自己的功绩更不是复盘，复盘需要你沉下心来，抛开情绪，找到结果背后的关键点。

第二，以开放、客观、公正的心态来进行回顾与思考。人人都有缺点，人人也都喜欢为自己的错误找理由，这些都是再正常不过的，但能够真正面对自我，面对现实才是自我进化的初始，否则即使进行了复盘，也是雾里看花，不能找到自己真正的缺点和成功的关键。

第三，看到各种类型的原因。就像根本原因分析中提到了 3 种原因，虽然根本原因是人们挖掘的关键，但直接原因和促成原因同样不能忽视，如做饭不好吃的根本原因是厨艺不佳，但如果食材不好、厨具不行，厨神也难为。人们需要通过全面的分析，更加还原事情的原貌，看到来自各方面因素不同程度的影响。

第四，区分现象和原因。现象是事情呈现出来的状态，原因则是躲在背后的操控因子。人们很容易犯的一项错误就是纠结于表面的现象，甚至误把现象当原因。例如，人们评价某个同事工作完成不好是因为投入度不高，但投入度不高可能并不是原因，而是现象，背后的原因可能是工作动机不强，对公司环境不满意，个人遇到一些情绪问题等。

脑中的言语——自我对话

你有过自我对话的习惯吗？年会表演前，深呼吸一口，自己安慰自己："一会没问题的，都排练了那么多遍，一定全场最佳！"再或者挨了领导批评，忍不住内心吐槽起来："没及时给客户反馈全怪我吗？我上周就把改好的材料发了，你不审核，我就没发客户了，哎，真倒霉！"

这种脑内的自我对话，其实从人们幼儿时期就开始了，如幼儿总会一边玩玩具一边嘀嘀咕咕，或者在遇到问题时自问自答，只不过幼儿常常通过出声的言语对自己的行为进行指导。当人们长大后，这种自我对话就逐渐内化为不发声的脑内对话了，以协助人们思考、控制和引导行为，也包括舒缓情绪。

自我对话和真正的说话一样，都会激活大脑中负责言语的区域——布罗卡氏区，甚至在自我对话时，人们呼吸的节律、语速都与正常说话一致。尤其当人们在日常生活中面临一些困难、负性生活事件[13]、压力事件时，自我对话的使用与否，使用频率都将对人们的情绪、问题解决和决策产生影响。

可以说，自我对话是一种联结自我意识和外在行为的桥梁。通过自我对话，自我意识可以监控和调节外在行为，反过来，通过自我对话对行为进行反思，可以促进人们的自我意识。

有科学家发现，人们日常的自我对话主要有 4 种类型：自我批判型、自我激励型、自我管理型和社会评价型。前两者较为容易理解，自我批判型就是对自己的行为给出一些负面的批评；而自我激励型则相反，是给自己正面的鼓励；自我管理型相对中性一些，它偏重对当下的问题提出解决方案和想法，指导自我进行思考；社会评价型是指人们很关注他人对自己的评价。自我对话的中介作用如图

13 负性生活事件是指能够引起个体消极情绪体验的生活事件，是个体在家庭、学习、工作等生存环境中发生的一些要求个体做出适应的情况或变化，如休学、失业、降薪、受罚等（曹亚杰，2008；Holmes & Rahe，1976）。

7.1 所示。

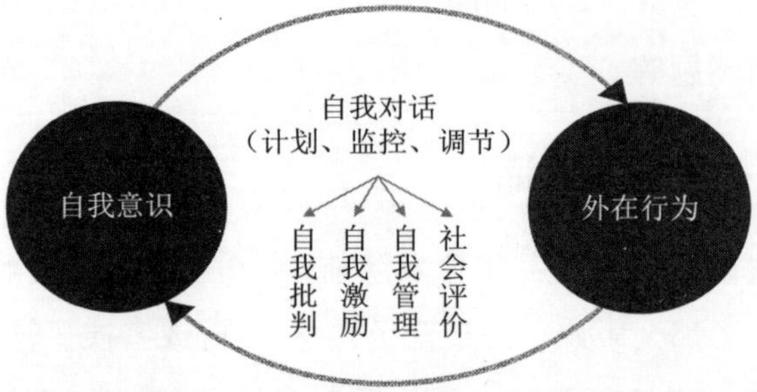

图 7.1　自我对话的中介作用

那么，人们会在哪些情况下应用自我对话呢？主要包括 3 种应用场景：重大的场合或时刻、收到别人反馈时、进行自我分析与探索时，而后两者的情境通常与反思行为有一定的关联。

重大的场合或时刻

对个体而言，重大的场合包括公开演讲、工作汇报、述职汇报、表演等场合；重大的时刻包括面试前、参加大型考试时、比赛前，与他人进行一场交流前（和客户沟通、和上级谈话、和家人沟通等）。

很多研究已经发现，正向、自我激励性质的自我对话可以提高运动员的成绩。在面试和公开演讲前，必要的自我对话可以缓解人们紧张不安的负面情绪。“我完全符合这个岗位的要求”“我准备得相当充分”“我可以顺利完场接下来的演讲”“我为此准备了很久且很充分，一定会取得良好的效果”……这些鼓励话语能够使人们镇静下来。

收到反馈时

无论是受到别人的表扬还是批评，也许人们表面不动声色，但内心早已波涛汹涌。

当面对他人的意见甚至批评时，尤其是自己花费了大量时间和精力产出的工作成果没有得到想象中的认可时，在听取他人意见和反馈的初期，人们会本能产生一种被指责的委屈情绪，然后下意识地抵制建议，这时适当的自我对话非常有利于人们正视现实，形成反思。例如，“她刚才提的意见并非完全不对，可能是我们对目标的理解不一样”“冷静地想想，我当初在思考时确实忽略了时间进度的问题”“别人也不是针对你，只是对事不对人而已”……通过脑内的一系列自我对话，不仅可以缓解和调节情绪，同时客观地做出分析，接受他人有价值的建议。

笔者在以往的 360° 测评中，曾经遇到这样一个案例，王经理的上级和同级均给出了她较高的评价，但下级给出了她负面评价，评分很低。王经理看到报告后的第一反应就是，“我在他们心中有这么差吗？”“下属的评价有问题！”“我做的工作，领导和同事都看在眼里，他们怎么能这么打分？”但仔细看了来自下级的主观评价语后，王经理逐渐冷静了下来：“他们评价说我管理风格比较高压，让他们喘不过气来，我总觉得是他们能力有问题，达不到我的要求，但也许我的管理方式也不完全正确。”这段心中的自我对话可以直白地反映出，王经理先后运用了不同类型的自我对话，从最开始的拒绝接受别人的反馈到开始反思自己的领导行为。

进行自我分析与探索时

自我探索行为按照时间线划分，既包括对未来的预期，如制订下一季度的工作计划；也包括对当下面临情况的分析，如我该如何回复客户这个刁钻的问题；更有对过去行为的反思，如这次面试虽然失败了，我有哪些地方需要吸取教训。

对于生活和工作中发生的各种情况，人们可能来不及做每项记录，或者花时间思考分析总结，但其实，脑海中的自我对话无时无刻不在运转，帮助人们厘清自我意识与行为之间的联系。

↗ 自我对话的典型用语

除了自我激励和自我批判性质的对话，人们更应该关注自我管理和社会评价两种类型的自我对话，这两类自我对话的发生意味着人们对自己的行为进行评估、判断和引导，在一些反思场景下，这两种对话可以有效帮助人们缓解情绪，并且更加理性地看待问题。自我对话的典型用语如表 7.5 所示。

表 7.5 自我对话的典型用语[14]

分　类	典型用语
自我批判	我为自己所做的事感到惭愧 我真的很难过 有一些坏事发生在我身上 ……
自我激励	有一些好事降临到我头上 我想做得更好 我为自己感到高兴 我为自己感到骄傲 ……
自我管理	我需要弄清楚我应该怎么做 我需要思考可行的行动方案 我会自己指导自己的言行 我想提醒自己我需要做什么 ……
社会评价	我当时应该做一些不同的尝试 我要设想别人对我刚才说的话的反应 我需要分析一下最近别人对我说过的话 我试着预测别人会说什么，我该怎样回应对方 我想在脑海内重放和别人说过的话 ……

不同类型的自我对话都具有不同的作用。人们要结合具体的应用场景善用自我对话，借助这种“脑内小剧场”，可以改善情绪、加深自我认识，最终改善人们的行为。

14 改编自 *The Self-Talk Scale: Development, Factor Analysis, and Validation* 这篇论文。

SELF DEVELOPMENT

第 8 章

平 衡

8.1 工作和学习中的平衡

思考与行动的平衡

有一天深夜，著名的现代原子物理学的奠基者卢瑟福教授走进他领导的实验室，看见一个学生仍勤奋地在实验台前忙碌着。

卢瑟福关心地问道："这么晚了，你在做什么？"

学生回答说："我在工作。"

"那你白天做什么了？"

"也在工作呀。"

"那么，你一整天都在工作吗？"

"是的，教授，我从早到晚都没有离开实验室。"学生说得很肯定，似乎还期待着卢瑟福的夸奖。

不料，卢瑟福却反问了一句："你很勤奋，整天都在工作，这自然是很难得的，可我不能不问你，你用什么时间来思考呢？"

这个故事告诉人们，要注意思考与行动之间的平衡。德鲁克说："成功人士的法则是他们在思考和行动之间保持了完美平衡，既不强调也不忽略任何一方面，在两者之间保持恰如其分的平衡。"

因此，笔者建议你要适时地停下工作，以便对自己所做的事及做事的方法进行思考。思考问题和解决问题是工作中最重要的部分，因此必须抽出时间处理它们。不经过思考就不可能从过去的经历中吸取教训，而只会在同一地点反复跌跟头。

南非有句谚语：停下你的脚步，等一等你的灵魂。笔者建议在忙碌一段时间之后，尽量抽空稍作放松和休整，以便自己有时间思考一些长远的事情，如来一次说走就走的旅行，或者周末陪家人出去散散心。如果有时实在太忙连这样的时候也没有，可以在每天的通勤时间来适当放松一下。例如，每天中午吃饭，很多同事喜欢点外卖，但曾哥都是自己下楼去吃，为什么呢，下楼去的时候，适当散散步可以放松下紧张的大脑，同时换一种状态可以给自己带来一些灵感。

工作与学习的平衡

在工作和维持工作能力之间保持平衡也是非常重要的一个方面。这就好像买了一部车，主人期望汽车正常运转，但是如果维护不当，汽车就不能正常运转。要使汽车能够正常行驶就需要及时进行保养，对出问题的部分进行维修。人们应当把这一原则用于身心平衡方面，但实际上人们常常做不到。许多人把自己当作一部汽车，希望开得远，开得快，开得潇洒，但从不对汽车进行保养，除了给汽车加油，很少注意其他部件出问题时发出的警告信号。

前段时间，阿里巴巴 40 万元年薪招聘产品体验员，要求 60 岁以上，与子女关系和睦，广场舞 KOL（关键意见领袖，key Opinion Leader）优先。这条新闻像一个奇闻在朋友圈里传开了。大家都以为是假的，又是个噱头，60 岁以上不颐养天年也就是带带孙子了，就算跳广场舞跳得好，那也是个老年人，还能干什么啊?

过了几天，10 个候选人出炉了。83 岁的李路阿姨是清华大学毕业的学霸，思维敏捷，言简意赅，她还是十几个群的意见领袖，经常组织线下活动。62 岁的黄大伯是“IT 宅男”附体，直接做了 PPT 来介绍自己，“淘宝 12 年买家经验”“芝麻信用分 785 分”“熟练操作 photoshop 设计软件”。

看到这个新闻立刻想到前段的另一个新闻。有一个收费站要被拆除了，36 岁的工作人员哭喊说：“自己的青春都献给收费站了，除了收费自己啥都不会，以后怎么活？”

这些收费站的工作人员，以为自己一辈子都能在这个岗位天天收费，稳定的生活让自己从来不想别的。当社会变化时，反而跟对方哭诉：“我的青春都献给你了，你说不要就不要了？那我怎么办？”这能怪别人吗？还不是自己不够争气。

这个社会变化真的非常快，特别是人工智能的迅猛发展，很多职业过两三年说没就没了。所以，你除了在现有岗位上锻炼自己的工作技能、积累专业经验，还需要抽出 20%的时间适当地学习和拓展自己的新知识、新技能。因为你现在的知识和技能过一段时间后，可能就老化、落伍了。

即使你的职业在短期内不会发生大的变化，但是如果没有持续地学习，你也一样会被淘汰，因为你的知识和技能总有一天会被榨干。如果你不能获得新的知识和技能，对于公司来说你就失去了利用价值。一个没有利用价值的人是没有前途的，分分钟可以被其他人替代。所以你要持续地投资自己，为自己补充新的职场燃料。

↗ 输入与输出的平衡

人们的大脑无时无刻不在接收来自外界的知识和信息，这就是输入，这些进入你大脑的信息，经过思考整合，再通过你表达出来，这就是输出。大脑就像一个黑箱，扔进去一堆东西，它给出一个结果。你不是科学家，无须弄清楚这些信息知识究竟在大脑中发生了什么反应，但在这个信息泛滥的时代，你必须弄明白的是，自己的输入和输出之间平衡吗？你又是怎样进行输出的？

不得不说，大部分人是只进不出的，每天上下班途中急急忙忙看几篇自己关注的公众号"干货"，转发到朋友圈，似乎就完成了一个阅读仪式，但晚上睡觉前回想起来，很多已经没什么印象了。

参加读书会、听演讲、看电影、去旅游等，都会有各种丰富多彩的信息，输入黑箱中的信息不见得立即都会有输出，丰富的信息输入是为你的输出提供原料。但笔者必须要说，你一定要输出，并建立自己持续的输出习惯，否则原料再多，不过是过眼云烟，什么也留不下。

只进不出，大脑只是信息的临时储存器，而你要塑造自己的输出习惯，做信息的加工者。输出的方式可以分为以下 3 类。

第 1 类是整理思维。在阅读或看电影时，人们会被代入具体的内容与情境中，很难立刻做出完整的思考，但依然会有一些星星点点的碰撞产生，这也是一种输出。通过及时记录零散的思维碎片，可以对信息原料进行粗加工。之后，再进一步形成系统化的思考，如做思维导图、写影评、写游记攻略等，这些带有整理和写作色彩的输出行为都需要你花费一整段的时间进行思考加工，这是精加工。

第 2 类是公开表达。如果说第 1 类方式比较偏个人化自我思考，第 2 类则是将自己的想法公开进行表达，如看完电影后去朋友圈或豆瓣发一段数百字的影评，或者旅游途中，精心整理拍摄的照片，写下点滴感悟与友人分享。不一定要有自己的公众号、发表文章、获得公开性的认可才叫输出，在日常生活中人们的点点滴滴带有思考的行为都是输出，你应当更明白自己思考所带来的价值，从而不断塑造自己的输出方式。

第 3 类是与人讨论。这种讨论不限于写出来还是说出来，与他人就同一个话题去交流，你的输出将得到更好的修正，如金菁就很喜欢看完电影后写段影评发在朋友圈，再与同样看过的友人在评论区讨论，即时被挑战也没关系。

↗ 即时满足与延迟满足的平衡

在共享经济和即时满足经济包围的当下，人们总是希望凡事越快越好，网页多加载几秒就不耐烦了，听音乐时总是在听了几秒前奏后就开始按下一首。人们总希望自己的需求能在第一时间得到满足，多一秒都不愿意等待。即时通信、共享单车、外卖服务、P2P 金融服务等都是为了满足人们的即时需求出现的。

但对即时满足的崇尚并不能成为合理的理由，人们似乎忘记了等待、耐心、自我控制所带来的种种益处。例如，支付的便捷使人们的冲动消费越来越多，技术便利省下的时间并没有使人们用来思考。

多莉·克拉克在《2017 年，让我们一起戒掉“即时满足感”》中提到的工作案例，可能更令职场人感同身受，人们习惯利用待办事项列表来安排工作。根据领英的一项调查得出，63%的专业人士会使用待办事项列表。但是，iDoneThis（一种团队任务日历管理应用程序）分析了用户数据之后发现，在用户所输入的待办事项中，有 41%从未完成过。面对需要处理的一堆工作，人们宁愿先去完成“给 Amy 发邮件”或“编辑演讲 PPT”这类工作，借此得到一些更为即时的满足感，而另一些真正有意义的事情（如写书）反而总是被忽略，从而排到列表后面了。面对有轻重缓急的各种事项，人们本能地倾向于先做那些简单、易完成的事情。

延迟满足是指一种甘愿为更有价值的长远结果而放弃即时满足的抉择取向，以及在等待期中展示的自我控制能力。

延迟满足的意义首先在于它能训练人们的目标感。月光族常常有钱就花，想买就买，如果给自己设定攒钱的数目，并且有效分解到每个月，推迟满足便形成了。如果想购买某样东西，同样也可为自己设计一些先决条件，如完成某网络课程的学习，读完某本书，减肥 5 千克……延迟自己对快乐的拥有。制定目标不仅仅是为了完成给自己设定的任务，而是当完成每个小目标之后，意味着能为自己设定更大更高的目标了。拥有对自己完成多大目标能力的认知远远大于完成目标本身带来的意义。

其次在于它能提升人们的自我控制能力。锻炼意志力、抑制内心冲动、抵制外部诱惑、坚持不懈……这都是延迟满足带来的价值。如同目标感的训练并不止于完成目标，自我控制能力的提升最重要的是让人们能够更好地调节、掌控自己的行为和行为的时机。正如斯科特·派克在《少有人走的路：心智成熟的旅程》这本书中写道："推迟满足感，意味着不贪图暂时的安逸，重新设置人生快乐与痛苦的次序。首先，面对问题并感受痛苦；其次，解决问题并享受更大的快乐，这是唯一可行的生活方式。"

另外，延迟满足的价值在于延迟、忍耐、等待后会获得比即时情况下更多的收获，这些收获有看得见的（完成目标），也有看不见的（理解自我的能力），如果延迟后和即时所获得的基本一致，也就没有了延迟的必要了。当前便利社会下，技术加快了人们的工作生活节奏，提高了便利性，同时也需要人们分清需要即时满足和延迟的满足的各是什么。

↗ 答应与拒绝的平衡

在职场上，你是很难拒绝别人要求的"老好人"，还是信守只扫自己门前雪的"保身派"呢？

笔者曾有一位同事，性格偏内向，不善于沟通，但专业度高、想法多，也能吃苦，这种性格组合使她在不知不觉中揽了不少活和责任在身上，即使想拒绝，又不懂得或不好意思开口，总是考虑别人的难处，一次、两次地降低自己的底线，最后各种事情都成为自己的事，不堪重负，可谓"老好人"的典型代表了。同样，在笔者带过的团队成员中，也有一种人即"保身派"，只领自己的任务，只要不是领导安排的任务，一概不做或推三阻四。如果团队中长时间存在"保身派"和"老好人"，那么成员工作量会出现严重不平衡现象，团队氛围也会受到影响。作为管理者，要警惕这种现象，确保工作的安排有所均衡，加强和"老好人"的沟通，帮他分析应当拒绝哪些分外工作，而对于"保身派"，可以从自身提高、团队互助、公平等多个角度来进行提醒。

你可能说领导在不断给你分配分外的事情，而你也不总是扮演“老好人”或“保身派”的角色，所以，这里重点还是分析作为职场中每天面对各种分内、分外事情的你，应当如何在答应与拒绝之间寻找平衡。

笔者的观点是：在职场上，可以答应别人提出的帮忙（职责以外的）和工作安排，但要做出一些判断。例如，你多做的事与自己本职工作相关吗？对于能够提升工作竞争力的额外事，当然不拒绝，而不是一味答应干一些毫无干系的琐事（琐事在工作初期难以避免，但在一定时间以后要思考自己每天做的事对自己发展的重要性有多大）。

此外，要遵守一定的团队规则，如笔者曾经所在团队，每个人独立负责一个项目的同时，也会作为彼此的项目成员开展工作，这种情况下，承担他人项目的工作，暗含着当你的项目需要支持时，也可以寻求其他人的支持，这种人际上的等价交换，不能装糊涂。而对于一些工作量大、重要性高的额外请求，要特别慎重，衡量自己当下的工作饱和度和事情的性质，再选择接收或拒绝，有些义不容辞会让你脱颖而出，但有时盲目出头可能是去背锅。

一味接收，并不能让你在职场上成为一个人见人爱的“人民币”，最多变成一块哪里需要哪里搬的“砖”。某些时候拒绝比答应更有力量，展示自己的底线在哪里，也能够让自己的付出得到认可，获取影响。同样，把自身发展和工作联系起来思考，承担某些额外工作，会加速你的自我提升。

↗ 排序和联结的平衡

“比上不足比下有余”“你想要的不是幸福，而是比别人更幸福”“有一种孩子叫别人家的孩子”，这三句话放在一起，你会想到它们的共同处之处吗？那就是无处不在的排序思维。人们总会不由自主地对他人和自己进行等级的评估，这个等级划分的依据也是各种各样的，包括金钱、权力、家庭、能力甚至孩子等。与排序思维对应的是联结思维，在这一框架下，人与人之间有着天然的吸引和亲近，渴望与他人建立平等的联系。排序思维和联结思维这两个概念是临床心理学家伊莲・艾伦提出的。

举一个例子，领导公布了部门年度优秀员工，并不是信心十足的你，而是同时进入公司，但你觉得能力、学校各方面不如你的小涵。虽然此前你们关系也还不错，但此时此刻，你连恭喜也不想和她说。如果说之前你对小涵有60%的排序、40%的联结，此时此刻，排序值瞬间暴涨到了99%，只剩下1%的联结还在苦苦挣扎。

排序和联结这两种思维暗中指导着人们的工作与生活，在人际关系和问题处理中都扮演了重要的角色。伊莲·艾伦在她的《每个人心中都有一个被低估的自我》一书中，十分强调要用联结思维代替排序思维，但笔者认为，排序思维和联结思维是可以平衡的，两者并没有好坏之分，如果只有排序思维，凡事都要争个你死我活，那人生也太过残酷无情了，没有休息；如果只有联结思维，似乎又太温情如水，无法自我实现了。

适当地使用排序思维，能够刺激人们参与竞争，获得成就感，并且必要的优势感能够维护人们的自尊与安全感。这里没有使用优越感一词，而是用了优势感，就是想表达这样一个观点，对自我身上的优势（明显强于他人的特点），可以借助排序思维来提升自信。但同时，你不能一叶障目，看不到别人自我的宝贵和独特之处。也许他人在这一方面不如你，但在另一方面有他自己的优势。用任何单一的标准去定义别人，包括把等级位置等同于这个人本身都是不公平的。

当一起面对客户时，笔者和其他部门的同事都会启用联结思维，而在日常工作的业绩竞争中又会调动排序思维。适时地使用排序和联结思维，尊重他人也尽己所能，这两种思维才能更好地为你所用。塑造自己的思维，不要被单一思维所掌控。

8.2 工作与生活的平衡

平衡：高效能的脉动

曾有人对工作与生活平衡的理念提出质疑，他们认为工作不等于付出也不等于痛苦，生活不等于享受也不等于快乐，因此工作与生活并不是对立的，也就不存在工作与生活平衡的问题。

其实这种观点是没有真正理解工作与生活平衡的内涵：如果你过于关注工作，而缺少对生活的关注，可能导致身体健康的恶化、家庭成员的疏远……而这些会反过来影响你的工作。

沃顿商学院管理学教授斯图尔特·弗里德曼说，当你把注意力全放在工作上时，你最终会付出很高的代价。工作的时间长、假期的次数少、因电子设备的普及而从来没有真正下班的这些因素，对你的人际关系、健康和生产力，都是有害的。

因此，获得更多业余生活空间越来越受到人们欢迎。近期的一系列调查表明，如果员工得以在工作和生活之间进行平衡，旷工现象就会减少，员工的士气就会大增，效率会明显提高。例如，尽量在工作时间内完成工作；把工作留在单位，不要经常把工作带回家；同家人和朋友度过有意义的周末。国外一些企业开始尝试给员工带薪休长假的福利，并且发现这样反而工作效率更高。

然而，要在工作与生活之间取得平衡并非易事，人们的时间永远不够用，唯一的办法是在每一天里最大限度地生挤硬塞，再高效的时间管理也无法确保人们有足够的精力处理每件事。正如吉姆洛尔、托尼施瓦茨在《精力管理》一书中所说：

> 我们对广度的热爱超过了对深度的关注，注重反应速度却不愿深入思考。我们流连于事物的表象，满足浅尝辄止的片刻欢愉，却几乎从不久留。我们在人生的道路上争先恐后，却吝于用片刻思考目标和方向。我们事务缠身，却又总是筋疲力尽……
>
> 我们吝惜睡眠，用外带快餐填饱肚子，用咖啡提神，用酒精和安眠药放松身心。面对工作的无尽索取，我们拖着疲惫的身体回到家里，又常常发觉家庭也不再是欢乐和力量的源泉，只是为超负荷运转的生活又添一项负担……

之所以难以取得工作与生活的平衡，是因为持续消耗和恢复不足导致了过度疲劳、效能打折和体力崩溃，也就是说精力管理出现了失衡。因此，有技巧的精力管理是高度表现、健康和幸福的基础。因此，要在工作上取得高效能，使工作与生活取得平衡，需要有效地管理精力。

↗ 精力消耗和再生之间的平衡

通常情况下，人们极少考虑自己消耗了多少精力储备，总是想当然地认为它能够随用随取，所以有时不注意休息，拼命加班加点，以为自己还年轻，身体顶得上。事实上，任何人过度消耗而恢复不足最终都将导致精力衰竭。也就是说，如果消耗的精力超过恢复的总量，人们最终会崩溃、衰退、萎缩、失去热情、生病，甚至英年早逝。

研究者发现过劳死亡的 5 种明显诱因如下：

- 妨碍正常恢复和休息模式的超长时间工作；
- 妨碍正常恢复和休息模式的夜班工作；
- 无假期无休息的工作；
- 高压无休息的工作；
- 高强度体能消耗和持续高压的工作。

以上 5 种诱因的共同点是长期的精力消耗模式和缺乏间歇休息。

在正常情况下，人们体内的“快乐荷尔蒙”和“压力荷尔蒙”总是和谐地共同运作、互相制约，适时地进行“加油”或“刹车”，以构建人们平衡的心智、情绪和身体状况。当人们面对压力时，身体的肾上腺释放出去甲肾上腺素、肾上腺素等化学物质。这些物质能促使人们的血管收缩、血压升高，使人亢奋，创造出一种带有诱惑的冲动，也就是人们所说的肾上腺素迷幻，从而应对紧张的事件与活动。因此，这种狂热不停歇的工作节奏产生的“压力荷尔蒙”有可能令人上瘾。

如果在高度紧张状态下长时间运转，压力荷尔蒙就会过多地产生，从而破坏人体内的生态平衡，导致精力储备急剧消耗，引起心血管长时间收缩，血液黏稠度和血脂增加，其代谢的废物就会黏附在血管上，久而久之便引起动脉粥样硬化，甚至产生巴塞多氏病。

巴塞多氏病是过劳死的先兆，也是长期承担压力的后果，在过度训练的运动员中尤其高发，因为他们总是不断突破自己的极限，却极少休息和恢复。巴塞多氏病的症状有：静止心率升高，胃口不佳，睡眠不良，静止血压高，易怒，情绪不稳，失去动力，受伤，感染概率增大等。

盘点前几年华为公司发生的过劳死事件，都是由于高强度加班、过度劳累而导致的，而富士康此前频繁发生的跳楼事件，也跟长时间的简单性、重复性工作、高度单线化的生活方式有关。

精力过度消耗会导致身体受到伤害，但是精力使用不足也并非好事，精力恢复如果超出消耗则导致精力萎缩和衰弱。因此，为了提高能力，必须突破自己的惯常极限，模仿运动员进行系统训练，系统性地增大压力，随后得到充分休息。例如，为了增加肌肉的力量，需要提升肌肉极限，有针对性地向它施加压力，使它爆发出超常水平的精力，即“超量补偿”。超过极限消耗精力并有效恢复，人们会在各方面成长。

人们从本能上会抗拒走出自己的舒适圈。如果停留在正常范围内使用肌肉，肌肉永远不会增长。提升能力需要接受短期的不适。心理学家米哈里·契克森米哈赖在《心流：最优体验心理学》一书中写道：最佳时刻，往往发生在一个人的身心为了达成艰难目标或完成有意义的事情，而自愿达到极限的时候。

因此，能力提升的关键在于，既要超出日常的极限，又要定期休整恢复，两者兼备才能成长。这其实也是客观自然的规律所在。自然界本身存在规律的脉动，在活跃和休息之间有节奏、波浪形地交替。涨潮退潮，四季更替，日升日落，不胜枚举。同理，所有的有机体都遵循从恒久的节奏，如鸟类迁徙，熊类冬眠，松鼠收集坚果，鱼儿产卵，生物的活动都有一定的间歇。利用碎片化时间见缝插针地休息，称为有节奏的波动，它代表了生命的本质脉动。

人们需要遵循生命的节奏，必须学习如何有节奏地消耗和更新精力，在各个层面培养精力消耗（压力）和精力再生（恢复）的动态平衡，以减缓身体和思维的衰退。

↗ 有规律的作息习惯

在第 5 章“行动”中提到，养成良好的习惯，它会自动把人们拉向某条轨道。例如刷牙，你并不需要每天提醒自己去做，它已经变成因健康观念而自发产生的行为。人们在刷牙时通常切换到自动模式，不需要刻意的努力和主动的意识。

回顾生活和工作中那些积极而高效的时刻，你会发现背后少不了某些特定习惯的帮助。如果你饮食规律，很有可能是采购食品的习惯和点餐的规律所致；如果你身体健康，很可能是因为每周有固定的时间锻炼；如果你跟伴侣和孩子关系亲密，说明你习惯经常抽出时间陪伴他们。因此，为了使你的身体处于良好的状态，你需要培养有规律的作息习惯。

世界卫生组织对影响健康的因素进行过如下总结：健康 = 60%生活方式 + 15%遗传因素 + 10%社会因素 + 8%医疗因素 + 7%气候因素。生活方式的核心是养成良好的生活作息习惯。每天的健康作息时间是健康生活方式的一个侧面体现。任何试图更改生物钟的行为，都将给身体留下莫名其妙的疾病，你在二三十年之后再后悔，已经来不及了。

英国威斯敏斯特大学的研究人员通过研究整理出来一份号称最健康的作息时间表。这种健康作息计划是一种理想状态，在实际工作生活中往往会出现各种意外事情来打乱你原来设计好的节奏，由于较枯燥单凭毅力很难坚持，通常半途而废的居多。但是你必须要了解以下几点信息，这对你的健康很有帮助：

- 晚上 9 点—11 点为免疫系统（淋巴）排毒时间，此段时间应安静或听音乐。
- 晚上 11 点—凌晨 1 点，肝的排毒时间，需在熟睡中进行。
- 凌晨 1 点—3 点，胆的排毒时间，同上。
- 凌晨 3 点—5 点，肺的排毒时间。此即为咳嗽的人在这段时间咳得最剧烈的原因，因排毒动作已走到肺；不应用止咳药，以免抑制废积物的排除。
- 凌晨 5 点—7 点，大肠的排毒时间，应上厕所排便。
- 凌晨 7 点—9 点，小肠大量吸收营养的时段，应吃早餐。
- 半夜至凌晨 4 点为脊椎造血时段，必须熟睡，不宜熬夜。

建议你对照上述信息对自己的作息时间加以调整，根据自己的实际情况制订适合自己的作息计划，同时借助时间管理的 App 等工具来监督自己执行，以求获得最健康的生活方式。如果这样也实在难以做到，希望你能尽量做到以下几点：

- 不要突然改变作息时间；
- 不要黑白颠倒（除非工作需要）；
- 不要熬夜；
- 不要暴饮暴食；
- 不要吸烟；
- 不要酗酒。

↗ 睡眠是最好的休息

睡眠是人类最重要的精力恢复来源。睡眠的缺失会影响力量、心血管能力、情绪和整体精力水平。大约有 50 项研究表明，思维能力即反应时间、专注力、记忆力、逻辑分析及辩证能力，会随着睡眠不足而衰退。睡眠需求随年龄、性别、基因体能而异，但普遍的科学共识是：每晚需要 7~8 小时的睡眠才可以运转良好。

据《精力管理》一书介绍，心理学家丹・克里普克追踪了 100 万人在 6 年间的睡眠模式，每晚睡 7~8 小时的人死亡率最低，睡眠不足 4 小时的人死亡率较前者高出 2.5 倍，而睡眠超过 10 小时的人死亡率相比高出 1.5 倍。也就是说，精力再生不足或再生过量都会增加死亡的风险。

睡眠的时间也会影响工作表现。过去 20 多年间，所有的大型工业事故如切尔诺贝利事故、博帕尔事故和三里岛事故，都发生在半夜，多数情况都是现场负责人长时间工作并经常睡眠不足。1986 年，挑战者号宇宙飞船的悲剧导致 7 名宇航员丧生，也是由于美国航空航天局的官员连续工作 20 多个小时后做出了继续发射的不幸决定。夜晚工作的时间越长、越连续、结束得越晚，你会变得越低效，也更容易犯错误。

除了精力再生，睡眠还是成长与修复的阶段，尤其是慢波三角波主导的深层睡眠阶段。这段时期细胞分裂最旺盛，机体释放出最多的生长荷尔蒙和修复酶，白天持续紧张的肌肉得以恢复活动。

列宁认为，不会休息的人就不会工作。睡眠也是一种核心竞争力。因此，在工作中也不能用力过猛，必须学会为一天画上休止符，强迫自己在固定时间离开跑道，停止处理信息，把目标从工作成果转向精力恢复。无论你工作多忙，你要强迫自己每天保证 7~8 小时的充足睡眠，如果某一两天难以做到，那么过后你要迅速补觉，在一周内做出适当平衡。

↗ 小憩片刻，满血复活

在有些情况下，人们或许无法保证一次完整的 8 小时睡眠。这时，有规律的短暂打盹儿可以弥补人们缺失的睡眠，每 4 小时可以小憩（打盹儿）20~30 分钟，也是一种精力恢复的手段。这种睡眠方法叫“达・芬奇睡眠法”，即把完整的睡眠时间分割开来，是一种多相睡眠。

研究睡眠的心理学家克劳迪奥·斯坦皮曾认为，当睡眠剥夺不可避免时，系统的短时间打盹可以在一定程度上保证人们的最佳状态。但他并不提倡将多相睡眠当作一种生活方式，因为如果想要通过多相睡眠来增加工作时间，睡眠的质量和数量必然会受到严重影响，长期下去只会产生类似睡眠剥夺的症状，根本无法提高创造力。

对于哺乳期的妈妈来说，多相睡眠是不得已而采取的一种休息方式。她们每隔几小时就要给宝宝喂一次奶，而且每次时间都会很长，加上中间又要换尿片、哄孩子睡，基本上没有完整的长时间睡眠，因此就能采用多相睡眠来使身体得到休息。

多相睡眠的方式引起了军方的高度重视，因为战时突发状况多，如果能运用多相睡眠来保持充沛的精力将是个不错的解决方法。根据美国军方的研究报告，如果单次打盹儿的时间较短，则打盹儿的频率应当增加，总体要保证每天 8 小时的睡眠时间。

美国航空航天局在对抗疲劳的实验中发现，小睡 40 分钟效能可提高 34%，并达到完全的清醒。哈佛大学研究员也发现，参加多项任务的受试者精力可能降低 50%，而只需午睡 1 小时就能重新达到效能顶峰。

一般来说，那些容易打盹儿的人，工作效率很高，这是因为他们很善于在超支精力与恢复精力间取得平衡。

据说，英国前首相丘吉尔每天吃完中午饭后都会去床上小睡片刻；撒切尔夫人每天下午 2：30—3：30 总是在办公室打个盹儿，无论有什么重要的事，秘书都会等到 3：30 以后才进去找她；美国前总统比尔·克林顿也是每天午饭之后小睡半小时。

美国一本健康杂志刊登过一篇文章，讲的是一项经过 6 年的研究表明，在中国、希腊、意大利和西班牙，人们都有白天打盹儿的习惯，而这些国家的人患心脏病的比率较低。研究发现，有白天打盹儿习惯的人死于心脏病的风险，比没有的人低 34%。

↗ 在适当的时候需要停工

毛主席说过，身体是革命的本钱。但是人们往往容易低估体能在效能中扮演的角色。然而体能是精力的基本来源，即使人们在大部分工作时间都是坐着一动不动的。它不仅是敏锐度和生命力的核心，还影响着人们管理情绪、保持专注、创新思考甚至投入工作的能力。然而，许多领管理者往往忽略精力对体能的需求，却仍然期望下属随时保持最佳表现。

人们很难做到全程高能，但建立体能消耗和恢复的节奏性平衡，能够确保精力储备保持在相对稳定的水平上。正如李笑来说，任何人都不可能 100%地有效率，至少不可能总是 100%地有效率。如果一个人强迫自己一定要如此，那么他必然会像那些始终用 100%的功率运转的机器一样，由于损耗太大而提前报废。

人们之所以每天工作 8 小时，是因为企业发现，减少员工的工作时间反而能够出乎意料地提高生产率。在工业革命期间，每天工作 10~16 小时是劳动者的常态。福特是第一家尝试 8 小时工作制的公司，结果发现，他们的员工不仅每小时的生产率得以提升，整体的生产力也有所提高。在两年时间内，他们的利润率翻了一番。瑞典最近尝试 6 小时工作制时，也发现员工的健康和生产率得以提升。波士顿咨询公司通过实验发现，强制员工休息或延长休息时间能提高生产效率。

既然保持长时期的专注很难，偶尔可能要开一下小差。所以培训上课、大型会议、体育比赛都会设有中场休息环节，连电视中的文艺表演也会插播广告。在工作中，人们不妨参考番茄工作法，把这小段时间用来休息和娱乐。例如，你需要专注于这件事情 2 小时，即 120 分钟，那你就可以把当天的任务分解成 6 块，每一块用 20 分钟去完成，再把 20 分钟当作专注的基本时间单位，在每个时间单位过后休息 5 分钟，想办法犒劳一下自己——喝杯喜欢的饮料，和同事聊聊天，或者给恋人打个电话说点肉麻的话……在休息的最后 1 分钟，重新振作，试着恢复状态，进入下一个 20 分钟。

3M 公司以创新能力著称，为了保持创造力“发动机”的高速运转，3M 公司早在 1948 年就发明了“15%时间”制度——给员工 15%的停工期做自己的事情。这一制度后来被许多公司所效仿，谷歌就是其中之一。

建议你制定明确的时间安排：像计划工作会议一样预先安排好休息时间，每周有几个晚上或一两天不工作，每年抽出几周休假，彻底放下工作，严格遵守停工期的安排。“停工”不是一件容易的事，在这样一个时代，把工作完全留在办公室似乎已经成了天方夜谭。然而，人们仍然有必要在工作与休息之间划出一定的界限，留出时间陪伴家人与朋友、外出活动，这对提高工作效率、激发创造力和维持身心健康都有重要意义。

笔者上班时，经常会喝很多水，这样每隔几十分钟，就要去一趟厕所，通过上厕所这种方式让自己在繁忙的工作中有一小段空隙时间，从而使自己更加专注地工作。

适当停下来，还有一个好处就是会产生“酝酿效应”。研究表明，给有意识的头脑休息可以激活无意识头脑。当人们面对一个难题束手无策、不知从何入手时，思维就进入了“酝酿阶段”。直到有一天，当人们抛开面前的问题去做其他事情时，百思不得其解的答案却突然出现在面前了，令人们忍不住发出类似阿基米德的惊叹，这时“酝酿效应”就绽开了“思维之花”，结出了“答案之果”。“山重水复疑无路，柳暗花明又一村”正是这一心理的写照。

曾哥特别喜欢运用“酝酿效应”，工作日吃午饭时，除非时间特别紧急，一定是自己下楼到餐馆里吃的，基本上不会叫外卖。因为在吃饭的时候，他可以适当放松，暂停思考工作问题。经常在吃饭时或回来的路上，那个百思不得其解的疑难问题，突然脑门灵光一现，就迎刃而解了。因此，如果你面临一个难题，不妨先把它放在一边，去和朋友散步、喝茶，或许答案真的会“踏破铁鞋无觅处，得来全不费工夫”。

脑力劳动者可能都有这样的体会，当你在沐浴的时候、躺在床上的时候、散步的时候、坐车的时候、听音乐的时候、在海边度假的时候、和家人团聚的时候，往往能获得灵感的来源。所以，你要给自己一些独处的时间，让自己在完全放松的情况下发发呆，思考一下人生。

↗ 变换节奏，劳逸结合

对体力劳动者来说，主要是身体上的疲劳。“疲劳”主要是由重体力劳动产生的大量酸性物质引起的，如果十分疲劳，应采取静止的休息方式。通过及时补充营养，补充睡眠，就可以把失去的能量补充回来，把堆积的乳酸等废物排出体外，所以这时最佳的休息方式就是睡觉。

但如果你是坐办公室的，你的疲劳状态主要是头脑疲劳，大脑皮层极度兴奋，而这时身体却处于低兴奋状态，对待这种疲劳，睡眠能起到的作用不大，除非你是熬夜加班，连正常睡眠时间都达不到。因为你需要的不是通过“静止”恢复体能，而是要找个事儿把神经放松下来。

因为思考会耗费巨大的精力，大脑只占体重的 2%，但需要人体 25%的氧气供给。如果思维得不到足够的恢复，会导致判断失误、创造力减弱、无法合理评估风险。而思维恢复最好的办法就是有意识地平衡左右脑，间歇地让右脑主持大局，让左脑得到有效恢复。因此，你不需要停止活动，而只是改变活动的内容。大脑皮质的 100 多亿个神经细胞，功能都不一样，它们以不同的方式排列组合成各不相同的联合功能区，这一区域活动，另一区域就休息。

密歇根大学通过研究提出注意力复原理论，这一理论认为，在自然中度过时光（如在公园散步、听音乐、体育运动等）能够使精神放松，有助于提高注意力，使自主性引导注意力得到复原。

对于许多金领、白领阶层来说，每天大量的会议、邮件和管理事项让他们的脑细胞不停地运转着，处于高强度的状态，而其他身体部分则相对处于低强度运行状态。这种情况下最好的休息方式不是躺下来睡觉，因为这时大脑很难平复下来，往往满脑子都是事情，反而翻来覆去睡不着造成失眠，所以必须转换节奏，让身体部分兴奋起来。例如，去打打篮球、游泳、跑步、健身等，让身体出汗，让肌肉消耗能量，让大脑思维的部分先放松下来。运动完后洗个热水澡，全身放松，然后补充些营养再睡觉，这样才能达到好的休息状态。

↗ 坚持运动，身体倍棒

一项针对 80 位管理人士为期 9 个月的追踪调查发现，定期锻炼的人比不锻炼的人健康水平提升了 22%，处理复杂问题的能力也高出 70%。

加拿大人寿保险公司发现，63%的健康计划参与者称身体更加轻松，疲倦减轻，工作时更有耐心，有 47%的人称自己的直觉更加敏锐，与上司和同事的关系更加融洽，工作的愉悦程度也提高了。国外曾有人研究得出，爱好运动的人，整体领导力比不爱运动的人要高出许多。

运动还有很多其他功能，如减少你的脂肪含量，让你的体型更美。很多人参加工作以后，一整天待在办公室，久坐不起，晚上回家累得只想倒头就睡。运动量明显减少，摄入的热量没能被充分消耗，再加上工作压力较大、饮食不规律，进而导致多余热量转化为脂肪，体型变胖，成为所谓的“中年油腻男”。

华尔街一直都是金融资本的圣地，同时也意味着全年无休止的工作，人们原以为他们的健康状况也不好。但事实上，他们才是真正的人生赢家。每年他们都会组织一次华尔街精英们的铁人十项赛。他们要求选手们在 4 小时内完成 400 米跑，扔橄榄球，引体向上，37 米冲刺双杠下撑，500 米划桨，撑竿跳，18 米折返冲刺，卧推（男性 80 千克，女性 35 千克）和一个完场 800 米跑。这些看着都腿软的项目，22 ~ 62 岁的华尔街精英们竟都有人报名。

笔者也是跑步爱好者，周末时就会穿上跑鞋，打开跑步软件跑个几千米、十几千米，就连出差在外，也会带上跑鞋。跑步对体能的恢复非常有帮助，特别是脑力劳动者，还能起到换换脑的作用。除了跑步以外，球类运动、游泳、攀岩、健身等都是很好的运动方式。年龄大的人可以选择相对轻松休闲一点的运动，如散步、太极拳、广场舞（不许笑，我们是认真的）等。

即使适度锻炼有诸多益处，很多人还是几乎不锻炼。原因很简单，因为锻炼身体其实比较累，它需要人们踏出舒适区，体验不适的感觉，并且需要持续一定时间才能见效，但大多数人在看到明显的效果之前就放弃了，所以你需要坚持。

↗ 回归家庭，拥抱幸福生活

家庭是你的温馨港湾，不管你多么的成功，你必须要重视你的家庭，这是人生幸福的来源。所有财富、成就都是过眼云烟，一个人的人生幸福最终是映射在他身边最重要的人身上的。所以，无论你多么忙，在工作之余，你一定要强制自己抽出时间来，定期陪孩子，和爱人来一些浪漫的约会，与家人举行一些聚会。

当你和家人在一起时，你发现是多么的幸福和快乐，你会忘掉工作中的很多烦恼，压力荷尔蒙减少，快乐荷尔蒙增多。而这种快乐幸福的时光，会反过来影响你在工作中的心情，使你工作更有效率、激情和自信。回归家庭还可以减少你的后顾之忧，使你有更多的精力集中到工作当中。否则，若后方失守，你的工作反而受到更大的影响。从另一个角度来说，一个对自己的家庭都不负责任的人，很难保证对公司的事业负有责任心。

2016 年金立携手黑马会、《南方人物周刊》对 200 位知名企业董事长、总裁、合伙人、总经理等成功人士进行的专项调研显示，82%的企业家认为，成功的标准是家庭幸福。谈及家庭与事业的关系，75%的企业家认为，幸福家庭能够让企业家在工作上更加心无旁骛，有助于事业少走弯路。企业家认为成功的标准如图 8.1 所示。

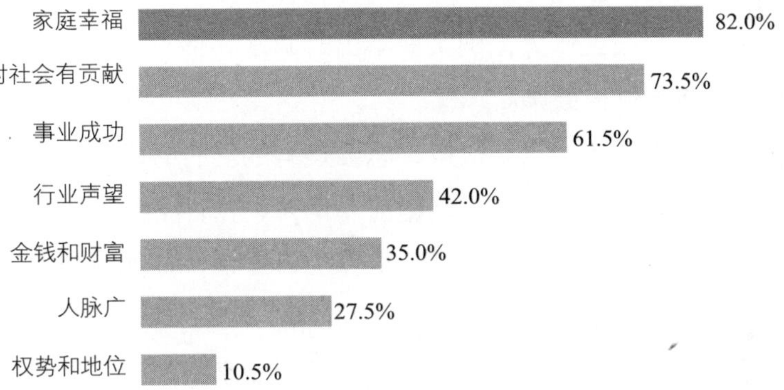

图 8.1　企业家认为成功的标准

越忙越顾家，这是不少成功企业家的状态，如扎克伯格，每年都要抽出时间陪妻子度假。而越来越多中国企业家，也将更多的精力投入家庭中。在超过 45 岁的企业家中，75%的人一周陪家人时间超过 35 小时。这一数据已经超过职场平均水平，但依然有 80%的企业家认为需要花更多的时间陪伴家人。他们表示，如果有假期，最先考虑的就是跟家人一起度假。大部分受访的企业家表示，在陪伴家人时，就算有突发工作，也不能丢下家人。

当工作和家庭发生冲突时企业家的处理方式如图 8.2 所示。

调查，在离婚的主要原因里，因为一方或双方有婚外恋占 40%以上，排第 1 位。很多人由于终日忙于工作，在工作中与异性接触的机会大大增加，和同事的相处时间甚至比配偶还多，往往在不知不觉中，让婚姻以外的情感滋长，夫妻双方情感疏远，彼此感受不到对方的爱，终究一发不可收拾。

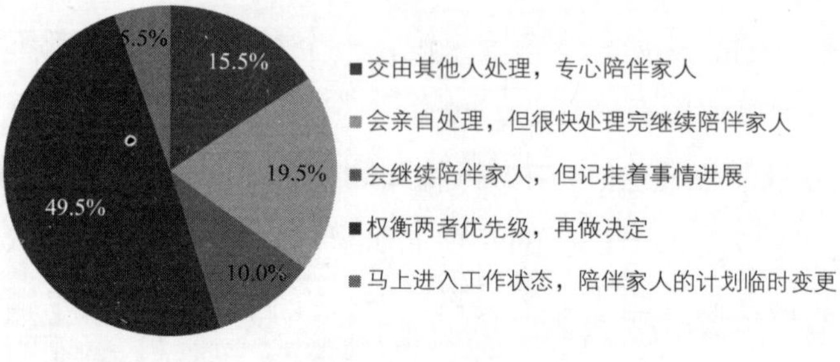

图 8.2　当工作和家庭发生冲突时企业家的处理方式

很多所谓的成功人士，把大量的时间都花在工作上，对家庭几乎没有关注。从短期来看，某一阶段工作太忙确实抽不出时间来，情有可原，但从长期来看，这种工作方式，并不值得鼓励。

时间就像海绵里的水，只要很挤，总会是有的。有时确实工作太忙，时间冲突，可以有计划性地将一些家庭活动提前。例如，预计下周太太过生日时你会出差，那么你可以在本周末时，准备好礼物和生日蛋糕，提前给她庆祝，相信一定能得到她的理解。这样工作与生活就两不耽误。

工作只不过是你人生当中的一个阶段而已，而家庭是要伴随你一生的。除非你是老板，否则你是单位的螺丝钉，却是家里的顶梁柱，两者孰轻孰重？世界少了你还是世界，你没了就没了一切。这个问题你必须要认识清楚。工作中的努力与付出是必需的，但也不必为了工作而把家庭全部抛开，像那种高压力、高强度，完全没有自己私人时间的文化氛围，笔者并不欣赏，而且认为，在个体时代，这种价值观终究会走向失败。对于男性朋友，你需要明白，照顾家庭和孩子，并不是你妻子一个人的责任，你同样也是责无旁贷。

最后说明一点，在倡导工作与生活的平衡时，其前提是你把主要精力放在工作与学习上，这样才能获得发展。保证充足的睡眠、偶尔停下来休息、锻炼身体、回归家庭等，这些都是为了让你有更好的精力来处理工作和学习，支撑你走得更远、跑得更快，并不意味着你要把你的时间进行平均分配。你想获得成功，又想拥有和普通人一样的休闲时光，这很难办得到。

SELF DEVELOPMENT

第9章

进 化

9.1 有品牌才会有未来

↗ 李叫兽的逆袭

2016年年底，百度集团宣布以近亿元的估值，全资收购北京受教信息科技有限公司，出生于1991年的该公司创始人李靖出任百度最年轻的副总裁[15]。

然而，就在3年多前，当时读大三的李靖还在湖北武汉一所大学的教室里，听着百度的招聘宣讲会，规划着自己进入互联网公司的发展之路。不过，现实很残酷，在之后的面试中他被刷掉了。更残酷的是，他参加的面试统统被刷掉了，包括腾讯和一些咨询公司。

“失之东隅，收之桑榆。”在自媒体时代，加盟大企业逐级升迁并非唯一出路。2014 年李靖创办营销类公众号“李叫兽”。作为该公众号的唯一作者，李靖创作出百余篇高质量商业分析文章，如《做市场的人，不一定知道什么才是“市场”》《为什么你有十年经验，但成不了专家？》，独特的风格获得不少人关注。虽然年龄不大，但他以严谨的逻辑、独树一帜的方法论，获得了大量粉丝的关注，最高单篇阅读量超过千万次。

因此他的公众号也获得多项荣誉，如“虎嗅2016年度作者”“鲁豫有约&新榜联合发布2016最值得关注的深度自媒体”“2015WeMedia年度十大影响力自媒体”等。

2015年7月，为推进营销科学化，李靖创办北京受教信息科技有限公司，带领团队研发了一系列口碑良好的营销方法论与工具。

在校招面试中全军覆没的“李叫兽”，仅仅过去3年多时间，就成长为中国互联网公司第一梯队BAT[16]的最年轻副总裁，他为什么能够成功逆袭？

---

15 2018年4月18日，李靖通过朋友圈宣布了自己将从百度离职的消息。

16 BAT是中国三大互联网公司百度（Baidu）、阿里巴巴（Alibaba）、腾讯（Tencent）的首字母缩写。

这是因为他通过一篇篇高质量、高点击量的商业文章打造了个人品牌，而个人品牌使他的能力产生了溢价。本章就来介绍个人品牌。

如何定义你自己

来看一个网络段子。

男生对女生说：我是最棒的，我保证让你幸福，跟我好吧。这是推销。

男生对女生说：我老爹有 3 处房子，跟我好，以后都是你的。这是促销。

男生根本不对女生表白，但女生被男生的气质和风度所迷倒。这是营销。

女生不认识男生，但她的所有朋友都对那个男生夸赞不已。这是品牌。

公司有品牌，产品有品牌，个人也有品牌。所谓个人品牌，简单地说，当别人要给陌生人介绍你时，名字以外的描述和定义，就是你的个人品牌。个人品牌不是你是一个什么样的人，而是在别人心目中你是一个什么样的人，别人给你贴什么标签。

复杂一点说，除作为一个自然人的基本信息外，性格、爱好、工作、经历、专长等，都在根据不同人的不同世界观来形成对你的认知和评价，那么你的个人品牌就在这样一个长期积累的过程中形成了。这个逻辑和商业品牌的形成是一致的，并且更加具体、形象和细致。管理专家宋新宇博士认为，个人品牌像企业品牌、产品品牌一样也拥有知名度、信誉度和忠诚度。

也就是说个人品牌是个人在工作中显示出的个人价值，有点类似于平时在工作中所说的这个人口碑：这个人在别人心目中的印象是怎样的。例如，他的 PPT 做得很好；他做事情很靠谱；他人际交往能力很强；他演讲口才不错……这是口碑好的说法。再例如，他工作总是拖沓；他的周报经常出现小错误；他不能虚心听取别人的意见；他对工作总是挑三拣四……这是口碑差的说法。

但是口碑往往是一种被动的状态，而个人品牌则是人们主动而为之的状态，就是你能够把自己、你的产品或服务与他人区分开的特征。一说起相关话题，别人就会想到你，这就是你的个人品牌。例如，说起 PPT，会想到秋叶；说到读书会，会想到樊登；说到知识付费，会想到罗振宇；说到私董会，会想到肖知兴。这些名字的背后，都是一个个活生生的个人品牌。

西蒙·维托在《做独一无二的自己：职场人士个人品牌经营策略》一书中指出，一个成功的、有效的、著名的个人品牌必须具有下列特点：

- 不仅是一个名字，它还代表其本质、特质、身份；
- 独特，有别于其他东西；
- 被你所要影响的目标群体或客户清晰无误地完全理解；
- 能够吸引客户和项目，为你赚钱；
- 经过长年累积形成，经得起时间考验。

↗ 处处需要个人品牌

说到个人品牌，很多朋友都觉得和自己的距离太远。其实每个人都需要有自己的个人品牌，只是大多数人在大多数时候都忽视了这件事情。就像微信公众平台登录界面上所说的那样：最小的个体，也有自己的品牌。

有人说，打造自己的品牌是“自我吹嘘”，难免有王婆卖瓜之嫌；也有人说个人品牌并不需要刻意去打造，它更多是某个人潜移默化的做人和做事的风格及习惯，脚踏实地、勤勤恳恳也是一种个人品牌。

其实不然，有些人工作很努力，业绩也不错，可是工作很多年之后就是得不到高层领导的赏识和提拔，也许有人会说这肯定和这些人不会“溜须拍马”有关，可实际情况更糟糕，可能领导根本就不知道该员工的存在。哪怕你是创业，你要获得投资人的青睐，还得靠你的个人品牌。要知道，那些天使轮的投资、A 轮、B 轮，投资方主要看的就是创始人，你的项目有没有前景有时根本很难判断。所以，打造个人品牌对于职场人士格外重要，因为只有这样，才能让更多的人了解到你的专长，才能让需要你帮助的人找到你，才能让领导需要用人的时候想到你。

在互联网时代，终身雇佣的时代已经结束，稳定的工作不复存在。《时代》杂志专栏作家托马斯·费雷德曼说：过去，具有一般能力、胜任一般性工作的员工都能过上普通的生活。但在当今这个时代，过去那种平庸的工作方式已经彻底结束了……当有太多能力突出的外国廉价劳动力、廉价的机器生产、廉价的软件、廉价的自动化，以及廉价的优秀人才可以选择的时候，能力平庸的人根本没有得到任何关注的机会。

要想在竞争激烈的职场中脱颖而出，就必须塑造属于自己独特的个人品牌。

9.2 打造有生命力的个人品牌

那么如何打造个人品牌呢？打造个人品牌的 5 个关键因素如图 9.1 所示。一是独特性，做与众不同的自己；二是极致性，要有工匠精神，不做差不多先生；三是专一性，你的能量需要聚集；四是持续性，品牌是拿时间砸出来的，你需要持续坚持才能成功；五是发展性，你要持续不断地吸收能量，给自己充电。

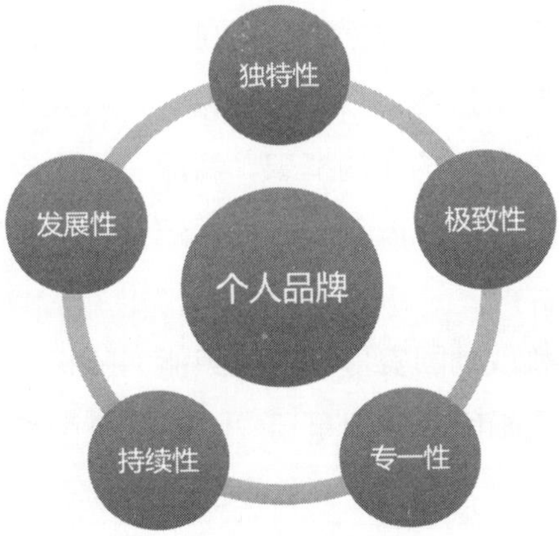

图 9.1　打造个人品牌的 5 个关键因素

↗ 做与众不同的自己

物以稀为贵，在战略管理上叫差异化，就是要有自己的特色。世界上没有完全相同的两片树叶，同样也没有完全相同的两个人，即使孪生姐妹或兄弟，也有很多不同之处。你与他人的不同之处，会在你的个人品牌中占据很大的成分。

迈克尔·波特说：战略的意义在于让你远离竞争，战略不是要你做得更好，而是要你做得不同。对于个人来说也是一样的，如果你与大多数人相比，没什么特别之处，那么你的个人品牌就无法体现出来，社会为什么要给你特别的回报呢？因为人们总是习惯于从差异性入手去记住一个人，只有你的某个特点深入人心，别人才会记住你。当自己的能力和风格形成特色时，你便具备不可替代的价值。因此，除满足公司的基本标准外，每个人都要注意个人特点的培养，你不必成为第一，但要做唯一。我就是我，不一样的烟火。

在 iPhone 诞生之后，其他科技公司纷纷效仿它的外观和功能，生产出了各种各样的智能手机，有的手机甚至功能还超越了苹果手机，但是为什么 iPhone 还能成为一枝独秀呢？因为它是唯一的、独特的、与众不同的、从 0 到 1 的创新，其他手机只是从 1 到 N 的创新。个人品牌和产品品牌也是一样的，模仿是个人品牌的大敌。

因此，你需要了解你的客户是谁？他们的需求、痛点、困难是什么？你的竞争对手（同行）采取什么样的模式？你处在什么样的适当位置或市场里？谁是你服务的最大和最终受益者？然后根据这些信息来进行定位。

可以从以下几个方面来打造自己的独特性：进入某个比较小众、竞争对手相对较少的细分领域；用一个结构化的框架，将原有的内容整合在一起；采取与众不同的方法、工具、步骤，进行微创新；与主流做法反其道而行之；将两件毫不相干的事情关联在一起。

例如，中欧商学院教授杨国安提出的组织能力的杨三角，里面的具体方法和工具和以往的内容基本是相同的，但是用一个新的模型框架把这些内容结构化整合在一起，就构成自己的个人品牌。而曾哥的西游领导力，则是将西游记与领导力两个看似不相关的事情结合起来，成为研究西游记中最懂领导力的，研究领导力中最懂西游记的人。

↗ 不做差不多先生

胡适先生有一篇寓言《差不多先生传》，讽刺了当时中国社会那些做事不认真的人。差不多先生的口头禅是“凡事只要差不多就好了”。于是，他把红糖买成白糖，把十写成千，把山西看成陕西，他临终前甚至说："活人同死人也差不多，凡事只要差不多就好了，何必太认真呢？"把差不多哲学发挥到了极致。

如今差不多先生在现实中依然大量存在。随着生活节奏不断加快，社会风气越来越浮躁，工匠精神越来越成为一种稀缺精神。许多年轻人说自己迷茫，但其实是犯了"眼高手低"的毛病，幻想着一步登天，不愿脚踏实地走好眼前的路，抱着"差不多"的心态，工作马马虎虎、粗枝大叶，从而导致工作质量下降，甚至导致错误的发生，在这种情况下，还何谈个人品牌。

不妨来看看各个领域内的牛人，如每年职业技能大赛当中的高手：用叉车穿针引线，在头发上刻字，用脚写书法……那些亮瞎眼的"绝活"绝对让你惊叹不已、自叹不如，你才会明白什么是真正的能工巧匠，只能说大写的"服"！什么叫绝招，就是把最简单的招式练到极致。

对品质的追求，决定一个人的优秀程度。要打造个人品牌，要有把事情死磕到底的工匠精神，做事一丝不苟、精益求精、追求极致。从别人的角度来看，你的做事态度和个人能力都是有保证的，别人使用你绝对可以放心的，你是一个值得信赖的人、靠谱的人。

↗ 你的能量需要聚焦

如果你仔细观察一下社会上的知名人士，就会发现大多数出名的人都是遵循"专注—专业—专家"的发展路线，长期聚集在某个特定的方向，把精力和时间全部投入在自己最擅长的地方进行饱和攻击。

例如，乐嘉将性格色彩在恋爱交友、婚姻家庭、人际关系处理等纵深应用方面研究得非常深，自己也出版了多本性格色彩的著作，因此成为知名的"性格色彩专家"，形成了鲜明的个人品牌。

与之相反的例子是牛群。牛群是中国第七代相声演员，他和冯巩这对黄金搭档曾经是相声界最完美的组合，先后 13 次登上春晚舞台。牛群还与周涛主持了《综艺大观》，可见当时牛群红火的程度。此外，他还玩起了摄影、杂志等，这还不止，他还当起了官。2000 年，牛群在事业最巅峰时，选择了离开演艺圈，去蒙城县当挂职副县长。然而在为县里拉资金搞建设时，他却被人质疑侵吞国家财产。

为了证明自己的清白，牛群自愿将自己的资产捐赠给中华慈善总会，使得自己一贫如洗。2004 年，证实自己清白后的牛群黯然离职。官场失意的他最终回到北京，又落选了曲艺协会副主席的职务，妻子也和他离了婚，生活一时很窘迫。虽然他想重回春晚舞台，但老搭档冯巩早和其他人磨合好了。于是他把目光锁定在了赵本山身上。2007 年春晚，他与赵本山、宋丹丹合作表演小品《策划》，扮演牛策划。但是当时几次彩排，牛群状态都比较拘谨，甚至还忘词，呈现出来的“笑果”也不太好。后来本山大叔就没有再跟他合作了，牛群就此沉寂，如今靠四处参加一些小节目或走穴维持生计。牛群这一生，当过文艺兵，做过杂志，说过相声，当过县长，做过综艺节目嘉宾，当过主持人，折腾来折腾去，从曾经的喜剧元老落魄到今天的境地，的确让人唏嘘。

所以说，要形成个人品牌，你的力量一定不能分散，要聚焦在一个特定的细分领域。经常见网络上介绍某人为连续创业者，认真研究你会发现，这些人创办的企业基本上不怎么样，因为他们打一枪就换一个地方，遇到困难就放弃，看到什么热就做什么，根本没有聚焦。

笔者朋友圈里有一个微信好友，以前开过工厂，创业失败后，便开始转行做其他生意，刚开始卖各种保健产品，后来开始卖红酒、礼品类的东西，过不了多久又开始卖保险。就这样，虽然每天不停地发广告，但由于缺乏一致性，始终未能建立自己的品牌，别人还以为他是个骗子，纷纷把他拉黑了。

↗ 品牌是靠时间积累出来的

一个产品如果才上市一两年，是很难形成品牌的。和产品品牌的建立一样，个人品牌的打造，也需要时间的沉淀。你只有在一个方向上坚持至少 5 年，才有可能成为所谓的业内人士或专业人士，还不一定称得上专家。

正如性格分析师彭萦所说，你写一篇文章爆红，是眼球，不是品牌；你写 100 篇文章，篇篇有人看，是积累，也不是品牌；你每年写 100 篇文章，坚持了 7 年，在某个领域里大家首先想到你，这才是品牌。

有人会问“罗辑思维”为什么运营几个月就迅速爆红了？你可能有所不知，它的创始人罗振宇曾是资深电视人，他是央视《对话》《中国房产报道》《商务电视》《经济与法》等栏目前制片人，还是中国传媒大学的博士，他能有今天，与他多年的积累是密不可分的。

不排除有一些人会在很短的时间内成名（如网红），大部分人的出名只能靠长时间的坚持与付出。据笔者观察，那些在职业发展上获得成功的人，都有一个共同的特征，那就是在自己所熟悉且擅长的领域，至少精耕细作了 10 年以上。而那些在职场上找不到位置的人，往往每隔一两年换方向，从来没有在某个方向上深入积累下去。有的人虽然在一个方向上的有长时间的坚持，但属于重复劳动，致使职业发展原地踏步。

电影《红海行动》取得口碑票房双丰收后，有人问主演张译为了演好这个角色做了哪些准备，张译说我当过 10 年兵，不知道这个算不算一种准备。它告诉我们，成功需要长时间的付出与积累。就像歌词里唱的那样：不经历风雨，怎么见彩虹，没有人能随随便便成功。不经历九九八十一难，就不可能取到真经。

在这里，要提一个概念：复利模型。举个例子，做事情 A，会导致结果 B，而结果 B 又会加强 A，不断循环，这就是复利的本质。例如，网站的访问量越多，在搜索引擎的排名就越靠前，那么访问量就越多，这就是一种复利效应。

当了解了复利的本质后，你就找到了建立个人品牌的秘诀了。说白了，就是要在一个领域持续不断地深耕，让你的专业成就越来越扎实，而这个会促进你获得更多资源和机会，反过来让你的专业更加厉害。

罗马不是一天建成的，打造个人品牌也不是一朝一夕的事，任何看得见的成功与光芒，背后都是你看不到的积累与努力。

↗ 持续不断地吸收能量

为了支撑你“专业化”的品牌形象，你要持续不断地学习。博客刚兴起时，看到很多人都在写，而且质量不错，但过了半年、一年就能发现能坚持写下去的人非常少。同样，公众号兴起时，很多人都开通了自己的公众号，但是只要过一年之后，你就会发现，很多人的公众号慢慢已停止更新了。

究其原因，这是因为大多数人的积累不够，分享一段时间以后，所积累的东西就所剩无几了。达尔文说过：真正存活下来的，并不是最强大的物种，也不是最具智慧的物种，而是对改变做出最快反应的物种。如果你要适应外界的这种变化，就必须保持大量的新知识吸收和思考才能持续地输出文章，写出与众不同的观点。而要持续有高质量的原创文章输出，就必须要强迫自己不断地阅读，而且是大量阅读，至少每天要阅读一两小时，每两周要读一本书，同时还要多思考，多实践。只有通过不断地更新专业领域的知识，实践和掌握各自的技能，才能保持在各自领域的领先地位。

2016 年，马云带领湖畔大学的学生到海尔集团交流，海尔集团首席执行官张瑞敏说他每年要读 100 本书，把现场的所有人都惊呆了。要知道，一年 100 本的阅读量意味着一周要读 2 本书，这对于一般的人来说都是不小的量，何况他还是海尔的首席执行官。马云当场表示，他毕业后到现在读过的书都不到 50 本，而且里面有一半还是武侠小说。当然并不能说明马云不爱学习，因为张瑞敏是读者型，而马云是听者型，他喜欢参加各种社交活动，通过与他人交流来学习。但是笔者依然认为，读书是一种非常重要的学习方式，一个人学习能力强不强，最关键就是看他平时爱不爱看书，看什么书。果不其然，2018 年马云高调宣布自己想读 100 本书。

除读书外，你要向这个行业里最优秀的人看齐。每个行业的优秀人才，都有自己聚集的圈子，你要想办法进入这个圈子，并以他们为目标，作为自己修炼成长的榜样，一步一步弥补与优秀之间的差距。这时，在职学习、进修等都需要提上日程，学会用新的知识充实自己的头脑。

学习意味着成长，它会使你获得更多的知识、更好的技能，不断增加你的品牌价值。有人说我没有时间，但是笔者认为，没有时间那都是借口，关键是不重视。如果你不能忍受学习，就得忍受生活的苦。因此，你时刻要保持“空杯”心态，付出时间和精力，通过大量“摄入”新能量，不断提升自己，才能维持你的品牌形象。

9.3 个人品牌也需要传播

如果要把个人品牌转化为生产力，还需要打造品牌知名度。这就需要传播，制造透明度，增加曝光率。品牌知名度的建立，主要从以下几个方面入手。

↗ 人际关系、人际关系、人际关系

在房地产领域，成功的关键是地段、地段、地段，在职业发展方面，成功的关键则是人际关系、人际关系、人际关系。

前文介绍过，要获得成功，首先是自己要行，其次是得有人说你行，最后是说你行的人得行。这个说你行且自己行的人，就是你要建立人际关系圈子的对象。也就是说，你要学会混圈子。你想在哪个层面上获得成功，就得进入哪个层面的圈子。你建立的人际关系圈子就是你的净资产，是你最宝贵的事业财富。这比你掌握的知识、工作头衔甚至薪水都更重要。

无论是在社交媒体上还是在真实世界中，打造个人品牌的关键都是人际关系网络。你要善于利用公司的平台，充分利用公司给你提供的每一次展示才华的机会，多参加所处行业的专业人士聚会，多结识一些行业内的知名人士。你认识的人越多，你所收获的就越多。而且，只要有听众的地方，你就要演讲。没有什么可以比通过向听众灌输你的思想和观点来打造个人品牌更有效的。在大型会议、论坛及人群聚集地，都要有你的声音。

每家公司都会有一些与外部交流的机会，如行业内举办的会议、论坛、展会，公司组织的参访、培训等，这些都是很好的建立人际关系的机会。例如，笔者所处的管理咨询行业，经常会举办各种行业展会、论坛，公司也举办各种沙龙、分享会等，通过在这些活动上的演讲，不仅是一次专业能力的锻炼机会，也是一次专业品牌传播的机会。

为什么有些人被猎头主动找上门？为什么有些人出去讲一次课就收好几万元？为什么有的人离职后也能创办自己的公司？原因是他们建立了自己的人际关系圈，打造了自己的个人品牌。

在人际关系构建的过程中，你不要急功近利，追求在短期内取得回报，这种放长线钓大鱼的做法是靠日积月累出来的。例如，曾哥有一些客户是之前听过他的演讲，有的成为“铁杆粉”，也有很多是“僵尸粉”，但是冷不丁过了三四年之后突然冒出来个需求，刚好曾哥在这方面擅长，于是就有了合作机会。

需要注意的是，人际交往的第一法则——不管是网络在线还是个人会面，索取之前必须要给予。你要确保一点，认识你的人至少也能从你们这段关系中得到与你差不多的好处。你给予的越多，就会有越来越多的人与你交往。当与你交往的人越来越多时，你对老板的价值就越来越大。如果他们得到的比你索取的东西少，就会有一种被欺骗的感觉，日后不会愿意向你提供帮助。只有创造了双赢结果，这样的关系才能持久。

↗ 发布、发布、发布

在过去，一个人要积累自己的名气可选的渠道有限。但是在现在，网络的传播力量实在太大了，像李叫兽、papi 酱等，都是借助网络来建立的个人品牌。SAP 公司的迈克尔·布伦纳说：我与每个同事都在脸书、推特与领英等社交媒体上保持联系，我不会太看重那些在社交媒体上毫无人际圈的人，代表他们没有影响力。

主动打造网络品牌最好的方法，就是有针对性地发布一些原创内容。有一个1%法则，意思是：如果在网上有 100 个人，那么只有 1 个人会创造内容，10 个人会与其互动（评论或提供改进意见），而其他 89 个人仅仅是浏览。例如，维基百科中 50%的内容是由 0.7%的用户提供的，而超过 70%的文章是 1.8%的用户分享的。也就是说只要你开始写作并分享就已经是 1%中的一员了。

因此，在一个大多数以转载和低质量文章的时代，在网络上最稀缺的资源之一就是高质量的原创文章。如果你想在网络时代长期保持自己的个人品牌，逻辑很简单，要做到却不容易：坚持长时间高质量输出原创文章，经常分享你擅长或有经验心得的内容，你就可以碾压无数人，你会发现这个圈子其实很窄，只要你能坚持几年，非常容易在一个小圈子里建立知名度并产生一定的影响力。就是偶尔有人抄袭或冒名，只要你坚持足够长的时间，总会有人发现真正的作者和来源。

例如，曾哥刚刚进入人才管理这个领域之前，对人才管理其实并不怎么了解。

当发现自己对这个领域有非常浓厚的兴趣时，就暗暗给自己定了一个小目标，每年要写 20 篇以上专业文章在杂志上发表。于是只要一有空闲时间，就把自己在项目实践中所思所想总结出来，发表在这个行业内具有影响力的杂志和新媒体上，如《中外管理》《人力资源》《中国培训》、“环球人力资源智库”、“三茅网”等。随着文章产量的增多，以及专著的出版，在行业内的影响力也越来越大，陆续收到一些杂志的约稿和很多企业咨询方面的需求，还不断地接到猎头的电话。

这样做的好处，第一，树立了你在这个行业内的影响力；第二，可以让你形成自己的知识结构。你通过学习、培训等方式，得到的知识，终究是别人的，不是你自己的。要想形成你自己的知识结构，你需要将这些外来吸收的知识应用到工作实践中。你写文章的过程，也就是对你自己在实践中的感悟和心得进行总结和反思的过程。在这个过程中形成的知识结构，才能真正称得上是你“自己的”知识。

创作只是一个开始，管理你的内容同样非常重要。你发布的内容必须是最新的。如果你将几年前发生的事情发布上去，就可能变成远古的恐龙，很快就没有关注度。要是你的微信公众号半年都没有更新过一次，自然不会有人关注查看。所以如果你不能每周至少更新一次，最好还是不要开通公众号。

在你发布的内容当中，必须要有 80%~90%是实质性的内容，那么你的粉丝才会接受 10%~20%的自我推广内容，因为你已经给他们提供了许多有价值的东西。

认真检查所写的任何内容，确保展现最好的自己。你在网络上的举止、谈吐、个人形象、身体语言、交往的人等，可能有助于打造自品牌，也可能彻底将你摧毁。

↗ 如何用朋友圈树立品牌

每个人微信上的好友都是与自己高度关联的人，因此朋友圈是你打造个人品牌非常好的阵地。虽然人们经常发朋友圈，但大多数人其实不懂得发朋友圈的窍门。在此笔者分享一些技巧。

一是不要什么内容都发。你的内容要相对聚焦，要有一定的原则，要对质量有一定的把关，特别是少转发那些假大空、毒鸡汤的文章。有一家公司的 CEO，朋友圈里每天全是转发自己公司公众号的文章，哪怕里面的文章质量很差他也会转发，这就给别人造成一个很不好的印象：他是缺乏工作质量要求的。更有意思的是，他自己写的文章刚开始时一天要连发四五次，甚至过了一两年之后，又经常拿出来发，让人感觉有点自恋过了头。

二是最好多发一些有自己观点的内容。内容不在多少，重要的是你自己写的，哪怕你是转发别人的文章，你也可以做一些点评，或者摘抄其中的核心观点上来，这样会显得你是有思想、有内涵的，而不是人云亦云、盲目跟风。

三是你也不要只发一种内容。例如，全是与工作有关的，这样会显得你缺少人情味，和别人有距离感；也不要全是与生活相关的，这样会显得你没有事业心，对工作不上心，特别是你的老板和上司看了之后会不舒服。

四是朋友圈更新频率要适中。至少隔三岔五要刷下存在感，不要两三周都看不到你的踪影，感觉人间蒸发了似的；但同时也不要一天到晚刷个不停，特别不要一天内反复刷屏发同样内容，也不要总是发自己的自拍照来臭美。

五是不要什么热就盲目跟风转发什么。这样只会使你发的内容淹没在刷屏的海洋之中，并且它还有一个风险就是，很多热点话题很可能是别人借机炒作的，你一不小心就被别人当枪使了，如罗笑笑事件。而你需要有自己的独立思考能力。

六是切忌在你的文字当中发一堆各种表情符号。这样显得你很幼稚，也整得有点像鸡汤文或微商广告段子。曾哥朋友圈里有一好友每次发朋友圈，就是一堆稀奇古怪的表情符号，看起来特费劲。

七是需要对微信好友进行分类。你所发的内容如果是不适合给所有人看，你可以限定范围。有的人会有两个微信号，一个用于工作，另一个用于生活，这就看你自己的精力了，我个人觉得运营两个微信号比较麻烦。

↗ 打造个人品牌的三板斧

总体来说，工作实践、写文章、演讲，是打造个人品牌的三板斧，如图 9.2 所示。工作实践是获取经验、技能，形成专业优势的主要阵地，这是核心；写文章是将经验内化为自己的思想，使自己向专家方向发展的必经之路，也是获取粉丝的重要途径，没有哪个行业不需要发表文章就能成为专家的，大部分的真正专家都出了书，没有文章那只能叫工匠；而演讲是写文章的一种补充，同时也是获取人际关系资源的主要方式之一。

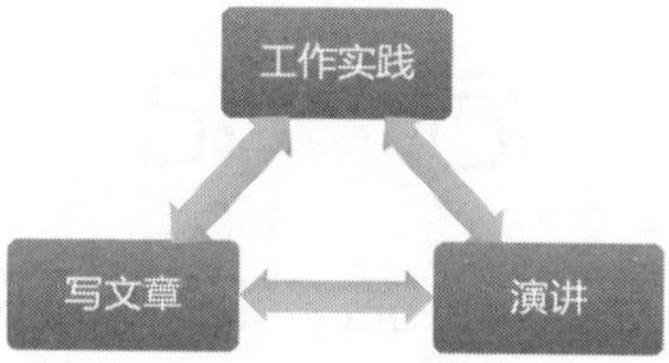

图 9.2　打造个人品牌的三板斧

但是，你也不能固守在单独的一种传播方式上，因为任何的传播渠道可能存在局限性，要尝试多种不同的传播方式，找到适合自己的。例如，可以选择微博、微信公众号、知乎、头条号、百家号、搜狐号、喜马拉雅、各种直播平台等。每一种新的传播方式出现之后，都代表不同的机会，每新增一种传播渠道都带来一些完全不同的关注人群，慢慢就会产生积累效应。

你建立的网络可以让你与认识的人保持沟通，也可以让你与陌生人建立全新的联系。你认识的人越多，就会发现更多的机会大门向你敞开。如果你能很好地打造与运用你的社交媒体，将让你在日后收获巨大的好处。

个人品牌就像一座花园。在你翻好了土并且播好了种子之后，你就将有所收获。然而，你在日后要花时间对其进行不断的维护和管理，否则这座花园就会荒废。在打造个人品牌时，你要随时留意受众的反应，并且进行不断的调整。

当不认识你的人也知道你是谁时，你的个人品牌就建立了。

后　记

——用我思考的余温，温暖你前行的赤足

经历者、思考者

写完这本书，前前后后已经过去两年，本书的另一位作者——曾哥，是我工作后的第一位领导和职场引路人。我们的工作主要是为企业提供人才管理咨询服务，涉及建立人才标准、实施人才测评、开展人才盘点和提供人才发展，每次撰写方案时，写到项目价值，总忘不了要提一提，我们和企业共同做的这件事对个体（每位员工）的价值究竟是什么。了解自己的能力特征，加深自我认知，以实现更好的自我发展，这是我们非常期望带给大家的体验，但碍于项目主体是企业，项目中的人才测评和反馈往往只是刚刚揭开个体发展的序幕。因此，曾哥和我决定更多地从个体角度，好好琢磨一下自我发展这个主题。

虽然，我们两人无论在年龄、个人经历还是思考认知等方面不尽相同，但也因为如此，不同的特质让本书拥有了更加丰富的内容和可能性。曾哥在职场多年，经历过低谷高峰，做过技术岗位也管理过团队，如今还是两个宝宝的父亲，他能从人生发展阶段，从自己的取舍选择，从多年的测评观察经验等多重视角来解构自我发展这一主题。而相比之下，我工作刚刚 3 年，似乎人生经历还不够丰富，但 8 年的专业沉淀，让我更擅长从心理学的角度来剖析行为，而我本身就正在经历着自我发展的困惑也思考着如何实现发展，这种当事人和旁观者重叠的身份，也让我有了一些与众不同的见解。

每当他人得知我的专业是心理学后，常常会发生下面一段对话。

对方："你猜猜我现在想什么？"

我："……"

我："猜完了。"

对方："啥？"

我："你猜。"

心理学显然不是算命看相，那心理学究竟是研究什么的？心理学是对人们的行为和背后的心理过程进行科学的研究，以描述、解释、预测和控制行为，提高人类生活质量为目标。这些概念听起来很大很虚，仿佛很难联系到人们的日常生活和工作中。但在思考自我发展的过程中，关于心理学本质的描述又跳了出来，和自我发展形成印证。首先，你需要描述现状，明白自己当前是什么样的？仅是能够描述现象还只是流于表面。其次，你还要挖掘行为和结果背后的深层原因。当人们对各种变量清楚之后，预测行为、控制行为就成为可能。最后，通过反复练习和成长，才最终成为更好的自己。

万事开头难，结尾也难

确定主题之初是令人兴奋的，但当真正开始动笔后，总会陷入时而激情澎湃、文思泉涌，时而一卡壳就是几周没有文字蹦出的境地，担心自己写得不好，语言不够通俗，也会否定自我，认为自己不到 30 年的成长经历不足以指导他人。书中提到的经历混淆经验、自我否定、心智模式难更新等现象也都在我身上试了一轮。

我开始思考两个问题：

（1）这本书究竟能让读者获得什么？

（2）写这本书的过程又让我获得了什么？

先来回答第 1 个问题，在写书期间，曾哥和我都阅读和研究了大量的书籍、个人发展案例和文献材料，这些海量的信息和我们的思维交流碰撞，最终浮现出一条自我发展的脉络（八大步骤），摆在你面前的十几万文字已经乘风破浪，冲出了信息的海洋，精练而优美。

管理咨询从业者的身份和测评项目的经历，让我们在日常工作中经常接触到大量对自我发展存在困惑的职场人，既有初入职场依然热血澎湃的"小年轻"，也有在岗多年激情不再的“老员工”，在各个阶段，我们都会对如何成为更好的自己充满疑惑。换句话说，你们的痛，我们都懂。

而市面上充斥着大量成功学的书籍，内容通常三分鸡汤，七分鸡血，初饮而下似乎特别过瘾，但谈到行动依然无从开始。我们日常做方案，总是聚焦于最终应用和落地，即使把项目价值和意义说得天花乱坠，如果不能真正解决客户的问题，应用于实际，都是白费努力。我们在书中提出了很多自我提升和改善的方法和技巧：如何认识到自己的能力特点？如何选择一个好的平台和领导？如何突破自己的心智模式、如何打造自己的个人品牌……

再来说第 2 个问题，写作本书的过程对我而言是一次自我实现的过程。其实每当想到自己的文字要公之于众，接受读者的阅读和指正，心理上还会有些不好意思，有点忐忑，也有点期待。作为人类，我们本能中就有分享和表达自我的需要和动机，我愿意把我觉得好的理念和方法传递给大家，并不是因为它绝对正确，而是一切都在探讨之间得以澄清，无限接近正确，也许我们和读者你并不能立刻面对面交流，但也非常希望诸位能够继续在日常工作和生活中去探索自我发展这一永恒的主题，这种对更好自我的追求，让平常不再庸常。

一切才刚刚开始

自我认知与发展是人们穷其一生的主题，愿此书成为你拨开漫漫迷雾的一束微光，愿你结合自己的生活与经历最终点燃火炬，照亮前方。我们无益再多给你一碗鸡汤，却还是奉献了一桌美味的思想盛宴；我们力求给出你发展的各种方法和招式，但也还需要你勤练内功，知行合一。

自我发展的路上，你我都不孤单！

徐金菁

2018 年 5 月

参考文献

[1] 彼得·圣吉. 第五项修炼：学习型组织的艺术与实践[M]. 张成林，译. 北京：中信出版社，2009.

[2] 瑞·达利欧. 原则[M]. 刘波，綦相，译. 北京：中信出版社，2018.

[3] 安德斯·艾利克森，罗伯特·普尔. 刻意练习：如何从新手到大师[M]. 王正林，译. 北京：机械工业出版社，2016.

[4] 查尔斯·都希格. 习惯的力量：为什么我们会这样生活，那样工作[M]. 吴奕俊，陈丽丽，曹烨，译. 北京：中信出版社，2017.

[5] 史蒂芬·柯维. 高效能人士的七个习惯（20 周年纪念版）[M]. 高新勇，王赤兵，葛雪蕾，译. 北京：中国青年出版社，2010.

[6] 吉姆洛尔，托尼施瓦茨. 精力管理：管理精力，而非时间　互联网+时代顺势腾飞的关键[M]. 高向文，译. 北京：中国青年出版社，2015.

[7] 卡尔·纽波特. 深度工作：如何有效使用每一点脑力[M]. 宋伟，译. 南昌：江西人民出版社，2017.

[8] 于尔根·沃尔夫. 专注力：化繁为简的惊人力量[M]. 朱曼，译. 北京：机械工业出版社，2013.

[9] 吉姆·兰德尔. 时间管理：如何充分利用你的 24 小时[M]. 舒建广，译. 上海：上海交通大学出版社，2012.

[10] 约瑟林·K. 格蕾. 管理你的每一天[M]. 刘帅，译. 北京：化学工业出版社，2015.

[11] Staffan Nöteberg. 番茄工作法图解[M]. 大胖，译. 北京：人民邮电出版社，2011.

[12] 李笑来. 把时间当作朋友（第 3 版）[M]. 北京：电子工业出版社，2013.
[13] 刘未鹏. 暗时间[M]. 北京：电子工业出版社，2011.
[14] 采铜. 精进：如何成为一个很厉害的人[M]. 南京：江苏文艺出版社，2016.
[15] 成甲. 好好学习：个人知识管理精进指南[M]. 北京：中信出版社，2017.
[16] 孙圈圈. 请停止无效努力：如何用正确的方法快速进阶[M]. 北京：团结出版社，2017.
[17] 布赖恩·费瑟斯通豪. 远见：如何规划职业生涯 3 大阶段[M]. 苏健，译. 北京：北京联合出版有限公司，2018.
[18] 丹·斯柯伯尔. 自品牌：社会媒体时代如何打造个人品牌[M]. 佘卓桓，译. 长沙：湖南文艺出版社，2016.
[19] 西蒙·维托. 做独一无二的自己：职场人士个人品牌经营策略[M]. 老傅，译. 北京：世界知识出版社，2010.
[20] 邱昭良. 复盘+：把经验转化为能力（第 2 版）[M]. 北京：机械工业出版社，2016.
[21] 刘伟，等. 这样学习更有效：成人学习导论[M]. 昆明：云南大学出版社，2007.
[22] 古典. 拆掉思维里的墙[M]. 北京：中国书店出版社，2010.
[23] 曾仕强. 我是谁[M]. 西安：西安出版社，2017.
[24] 奚恺元. 别做正常的傻瓜（全新第 2 版）[M]. 北京：机械工业出版社，2006.
[25] 汪中求. 细节决定成败[M]. 北京：新华出版社，2004.
[26] 稻盛和夫. 干法[M]. 曹岫云，译. 北京：机械工业出版社，2015.
[27] 大前研一. 专业主义[M]. 裴立杰，译. 北京：中信出版社，2015.
[28] 山下英子. 断舍离[M]. 吴倩，译. 南宁：广西科学技术出版社，2013.
[29] 近藤麻理惠. 每天怦然心动的人生整理魔法[M]. 颜尚吟，译，南京：译林出版社，2015.
[30] 彼得·德鲁克. 卓有成效的个人管理者[M]. 杨剑，译. 北京：机械工业出版社，2014.
[31] 威廉·安肯三世. 别让猴子跳回背上：为什么领导没时间，下属没事做？[M]. 陈美岑，译. 杭州：浙江人民出版社，2013.

[32] 芭芭拉·明托. 金字塔原理（第 2 版）[M]. 汪洱，高愉，译. 海口：南海出版公司，2013.

[33] 艾森·拉塞尔. 麦肯锡方法[M]. 张薇薇，译. 北京：机械工业出版社，2010.

[34] 艾·里斯，杰克·特劳特. 定位：有史以来对美国营销影响最大的观念[M]. 谢伟山，苑爱冬，译. 北京：机械工业出版社，2011.

[35] 马库斯·白金汉，柯特·科夫曼. 首先，打破一切常规[M]. 鲍世修，等译. 北京：中国青年出版社，2011.

[36] 戴维·迈尔斯. 心理学（第 9 版）[M]. 黄希庭，等译. 北京：人民邮电出版社，2013.

[37] 理查德·格里格，菲利普·津巴多. 心理学与生活（第 16 版）[M]. 王垒，王甦，等译. 北京：人民邮电出版社，2003.

[38] 戴维·迈尔斯. 迈尔斯直觉心理学[M]. 黄珏苹，译. 杭州：浙江人民出版社，2016.

[39] 戴维·迈尔斯. 社会心理学（第 8 版）[M]. 侯玉波，乐国安，张智勇，等译. 北京：人民邮电出版社，2006.

[40] 彭聃龄. 普通心理学（第 4 版）[M]. 北京：北京师范大学出版社，2012.

[41] 伊莲·艾伦. 每个人心中都有一个被低估的自我[M]. 陈楠，译. 杭州：浙江人民出版社，2015.

[42] 杰里·温德，科林·克鲁克. 超常思维的力量：与众不同的心智模式改变你的事业和生活[M]. 周晓林，译. 北京：中国人民大学出版社，2005.

[43] 卡罗尔·德韦克. 看见成长的自己[M]. 杨百彦，乔慧存，杨馨，译. 北京：中信出版社，2011.

[44] 卡罗尔·德韦克. 终身成长：重新定义成功的思维模式[M]. 楚祎楠，译. 南昌：江西人民出版社，2017.

[45] 古斯塔夫·勒庞. 乌合之众：大众心理研究[M]. 戴光年，译. 北京：新世界出版社，2011.

[46] 斯蒂芬·P. 罗宾斯，蒂莫西·A. 贾奇. 组织行为学（第 14 版）[M]. 孙健敏，李原，黄小勇，译. 北京：中国人民大学出版社，2012.

[47] 熊勇清. 管理学原理、方法与案例[M]. 上海：复旦大学出版社，2011.
[48] 熊勇清，等. 组织行为管理（原理·实务·案例）[M]. 长沙：湖南人民出版社，2011.
[49] 杰克·韦尔奇，苏茜·韦尔奇. 赢（纪念版）[M]. 余江，玉书，译. 北京：中信出版社，2013.
[50] 拉姆·查兰，斯蒂芬·德罗特，詹姆斯·诺埃尔. 领导梯队：全面打造领导力驱动型公司（原书第2版）[M]. 徐中，林嵩，雷静，译. 北京：机械工业出版社，2011.
[51] 丹尼尔·平克. 驱动力：在奖励与惩罚都已失效的当下如何焕发人的热情[M]. 龚怡屏，译. 北京：中国人民大学出版社，2012.
[52] 凯文·凯利. 必然[M]. 周峰，董理，金阳，译. 北京：电子工业出版社，2016.
[53] 尤瓦尔·赫拉利. 未来简史：从智人到智神[M]. 林俊宏，译. 北京：中信出版社，2017.
[54] 陈春花. 激活个体：互联时代的组织管理新范式[M]. 北京：机械工业出版社，2015.
[55] 中金公司研究部. 人工智能时代：10年之后我们还能干什么？[R]. 2017.
[56] 徐礼平. 基于职业年龄适配曲线的职业生涯管理[J]. 中国人力资源开发，2005（6）.
[57] 弗朗西斯卡·吉诺，布莱德雷·斯塔茨，乔恩·雅基摩维兹，茱莉亚·李，约亨·梅杰斯. 唤醒通勤时间[J]. 哈佛商业评论（中文版），2017（5）.